Brem-Gräser Familie in Tieren

Doris [redacted]

„Wär ich allein in einer Wüste, wo mir gruselte,
hätte ich da bei mir ein Kind, so verginge mir
das Gruseln, und ich würde mich ermannen;
soviel Adel und Lust liegt im Leben.
Und könnte ich nicht ein Kind haben: hätte ich ein Tier,
ich würde schon getrost."

Meister Eckhart

Luitgard Brem-Gräser

Familie in Tieren

Die Familiensituation im Spiegel der Kinderzeichnung

Entwicklung eines Testverfahrens

Sechste Auflage

30 Abbildungen

Ernst Reinhardt Verlag München Basel

Prof. Dr. phil. Luitgard Brem-Gräser, Dipl.-Psych., Lehrtätigkeit an der Fachhochschule München, Fachbereich Sozialwesen.

Die Deutsche Bibliothek – CIP-Einheitsaufnahme

Brem-Gräser, Luitgard:
Familie in Tieren : die Familiensituation im Spiegel der Kinderzeichnung ; Entwicklung eines Testverfahrens / Luitgard Brem-Gräser. – 6. Aufl. – München ; Basel : E. Reinhardt, 1992
ISBN 3-497-01124-X

ISBN 3-497-01124-X

Printed in Germany.
Gesamtherstellung: Buch- und Offsetdruckerei Sommer, 8805 Feuchtwangen

Inhalt

Vorwort zur 3. Auflage

Das anhaltende Interesse am Test „Familie in Tieren“ wird gefördert durch die lebhafte Diskussion über Struktur, Funktion und Zukunft der Familie in unserer Gesellschaft.

Der Familie kommt seit eh und je als primärer Sozialisationsfaktor eine zentrale Schlüsselfunktion zu, welche für jedermann den Zugang zu Lebensmöglichkeiten öffnet oder versperrt.

Das Individuum, vom ersten Lebenstag an, beglückt oder belastet mit einer „Zwangsmitgliedschaft“, kann nicht ohne weiteres der Zugehörigkeit zu einer Familie entfliehen; eine Scheidung ermöglicht zwar rechtlich ein Ausbrechen, doch gefühlsmäßiges Ablösen und Vergessen gelingt kaum. „Man ist also bürgerliches Zwangsmitglied einer Familie; von daher wird wohl auch das ambivalente Gefühl den Verwandten gegenüber, denen man nicht entrinnen kann, verstärkt.“ [11]

Die Einsicht, daß der Mensch seine frühesten und tiefsten Prägungen in der Familie erfährt und daß sich Kinder *und* Erwachsene ständig mit der Familie auseinandersetzen müssen, führte zu einer Erweiterung der Sicht vom Konflikt des einzelnen zum Konflikt der Familie als Ursachenfeld seelisch- körperlicher Erkrankungen.

Die Familie ist jedoch kein isoliertes, sich selbst genügendes Gebilde, sondern aufs engste verknüpft mit politischen Herrschaftssystemen. „Hängen nicht die Probleme der Familie ihrerseits wiederum von allgemeinen gesellschaftlichen Einflüssen ab? Und ist es dann genügend effektiv, das Spannungsfeld innerhalb einer Familie therapeutisch zu bearbeiten, wenn dieses Spannungsfeld in erheblichem Ausmaß durch außerfamiliäre soziale Faktoren mitgeprägt wird?“

Unter diesem Blickwinkel ergeben sich für den Test „Familie in Tieren“ neue Fragestellungen zum Beispiel: Gibt ein Vergleich der Tier-Familie- Darstellungen verschiedener Mitglieder *einer* Familie differenzierten Einblick in die Familiendynamik?, besteht eine signifikante Übereinstimmung zwischen Tier-Familie-Zeichnungen und unterschiedlichen gesellschaftlichen Ordnungen?, deutet die dargestellte Tier-Familie auf eine bestimmte Familienform hin?, beeinflussen die gesellschaftlichen Positionen des Vaters, der Mutter Wahl und Darstellung der vom Kinde gezeichneten Tiere?, bestätigt die Analyse der Tier-Familie-Zeichnungen einen Zusammenhang zwischen sozialer Stellung der Eltern und dem Vorherrschen eines spezifischen Erziehungsstils?

Bei der Bearbeitung dieser und ähnlicher Probleme muß mit einer kritischen Analyse der Familienformen in verschiedenen Gesellschaftsordnungen begonnen, entsprechende umfangreiche Testuntersuchungen vorgenommen und die Ergebnisse der Tier-Familie-Zeichnungen durch Parallelverfahren gesichert werden.

Derartige Untersuchungen wurden in den letzten Jahren von mehreren Kollegen eingeleitet, doch sind die Arbeiten noch nicht abgeschlossen; ich beabsichtige mich insbesondere der Analyse und dem Vergleich der Tier- Familie-Darstellungen verschiedener Mitglieder *einer* Familie zu widmen.

Vorwort zur 2. Auflage

Der Test „Familie in Tieren“ entstand – mehr oder weniger durch Zufall – in der Praxis der Erziehungsberatung im Jahre 1950.

Ein elfjähriger Bub, Zwillingskind, wurde mit den Klagen der Eltern und Lehrer, er sei faul, lahm, interesselos, unkonzentriert, unproduktiv zur psychologischen Untersuchung angemeldet. Nach Durchführung der einschlägigen psychologischen Tests, blieb die Ursache der massiven Leistungsstörung noch verborgen.

Einem Einfall folgend, wurde der Bub gebeten, seine Familie einmal als Tiere zu zeichnen, was er mit sichtlicher Freude sofort ausführte. Er zeichnete sich als winzige Laus im Fell des großen Löwenbruders (Zwillingsbruder als Löwe). Was mehrere Tests sowie Gespräche mit den Eltern, Lehrern und dem Buben selbst nicht verdeutlichen konnten, wurde evident bei der Betrachtung des Bildes: Der Elfjährige, konstitutionell zarter als sein Zillingsbruder, lebte von kleinauf so sehr im Schatten des Stärkeren, daß es ihm kaum gelang, ein Eigendasein zu führen; wie ein Parasit von der Kraft, den Ideen und Anregungen des „Wirts“ existierend, blieb er auf diese Weise unselbständig, passiv und unproduktiv.

Ermutigt durch diesen frappierenden Einblick, entwickelte ich in den folgenden Jahren den inzwischen international anerkannten und in sämtlichen Erziehungs- und Schulberatungsstellen der Bundesrepublik sowie in vielen Beratungsdiensten des Auslandes praktizierten Test „Familie in Tieren“.

Die erste Darstellung des Tests, im Jahre 1957 erschienen, eine Zusammenfassung der Ergebnisse siebenjähriger Arbeit, beabsichtigte, ihn der Praxis zugänglich zu machen.

In den folgenden Jahren wurde die wissenschaftliche Fundierung des Tests vertieft, so daß die zweite Auflage, obwohl die erste schon seit Jahren vergriffen ist und viele Nachfragen vorliegen, erst jetzt fertiggestellt werden konnte.

Bekanntlich hängt der diagnostische und prognostische Wert eines Tests von der Übereinstimmung der mit ihm erfaßten Fakten mit anderweitig betrachteten, definierbaren Äußerungen ab. So vergleicht man beispielsweise Testergebnisse mit Beobachtungen und Verhaltensweisen in anderen kontrollierbaren Situationen oder mit Daten der Lebensgeschichte bzw. klinischen Erhebungen. Zweifellos sind Gültigkeit und Objektivität eines Tests umso gesicherter, je besser die Testanalyse mit anderweitig gewonnenen, präzisierbaren und abgrenzbaren Ergebnissen übereinstimmt (nach H. Hiltmann).

Diesen Überlegungen folgend, wurde bei achthundert Untersuchungsfällen der Erziehungs- und Schulberatung außer der Zeichnung „Familie in Tieren“ eine gesamte psychologische Untersuchung vorgenommen und die verschiedenen Testanalysen einer vergleichenden Betrachtung unterzogen. In überzeugender Weise gelang es, der „Familie in Tieren“ einen eigenständigen Platz innerhalb der projektiven Methoden einzuräumen.

Besonders danken möchte ich für das lebhafte Interesse sowie die vielen Hinweise und Anregungen; sie ermutigten mich nicht nur, sondern förderten unmittelbar meine Arbeit.

Einleitung

Erziehungs- und Schulschwierigkeiten sowie alle Lebensschwierigkeiten können „familienbedingt" sein, das heißt, sie können ursächlich mit der Familie zusammenhängen.

Bekanntlich werden die meisten Kinder in den „Schoß der Familie" oder einer familienähnlichen Gruppe hineingeboren. Das Kind ist – zumindest in den ersten Lebensjahren – diesem engsten und unmittelbarsten Einfluß nahezu ausgeliefert. Wir wissen heute, daß im ersten Lebensjahr bzw. in den ersten fünf Lebensjahren die Charakter- und Intelligenzstrukturierung des Menschen grundgelegt wird, was die Möglichkeit permanenter Wandlungen zeitlebens nicht ausschließt.

Das Kleinkind erfährt seine ersten und tiefsten Eindrücke in der Familie; es erwirbt die grundlegenden sozialen und intellektuellen Fähigkeiten sowie die motivationalen Verhaltensdispositionen (Antriebsstruktur, moralische Orientierungen u. a. m.). Diese bilden die Grundstruktur seiner Persönlichkeit, auf der alle späteren Lebensprozesse aufbauen. Im Spannungsfeld der Familie bzw. einer analogen Gruppierung begegnet dem Kind die Welt; in diesem Umkreis erfährt es *Geborgenheit* und *Ungeborgenheit, Wunscherfüllung* und *Wunschversagung, Verwöhnung* und *Härte, Macht* und Ohnmacht, wobei Mutter, Vater und Geschwister dem Kinde gegenüber bestimmte Rollen spielen.

Während der Konzipierung des Tests „Familie in Tieren" war es noch zutreffend, vor allem der Mutter die Rolle der „Hüterin des Heims", welche den Familienmitgliedern, insbesondere den Heranwachsenden, Wärme und Geborgenheit „spendete" und dem Vater die Rolle des Hauptverantwortlichen im extrafamilialen Bereich, des Aktiven, Mächtigen zuzuschreiben. Die sich aus den Zeichnungen ergebende thematische Aufschlüsselung des Materials bestätigte diese genannten Rollenmarkmale: In den Tier-Familie-Zeichnungen wurde in überwiegender Anzahl die Geborgenheitsthematik durch „Mutterbilder" und die Machtthematik durch „Vater-Darstellungen" ausgedrückt.

Die Auswertung heutiger Tierfamilie-Zeichnungen ergibt, daß diese geschlechtstypischen Zuordnungen viel weniger als früher allgemein gültig sind. Vor allem in der modernen Mittelschichtfamilie vollzog sich ein Demokratisierungsprozeß, welcher zu einem Abbau der früheren patriarchalischen zugunsten einer „partnerschaftlichen" Ehebeziehung führte. „Sie (Partnerschaft) bezieht sich vor allem auf den innerfamilialen Bereich: Einmal hat sich eine weitgehende Entkopplung von Berufsrolle und Autorität vollzogen, deren Gewicht sich damit zunehmend auf die Ehefrau verlagert hat; damit einher geht zum anderen eine weitgehende Entdifferenzierung der Geschlechtsrollen; der Mann befaßt sich zunehmend mit Tätigkeiten, die traditionell mit der weiblichen Geschlechtsrolle assoziiert sind. Diese zunehmende Egalisierung und Entdifferenzierung der Geschlechtsrollen bedeutet für den Sozialisierungsprozeß des Kindes, daß die Mutter mehr und mehr Relevanz als Disziplinierungsinstanz gewinnt, während der Vater zunehmend Bedeutung in affektiver Hinsicht erlangt. Beide kontrastierenden Aspekte – affektive Unterstützung des Kindes und autoritäre Kontrolle – werden mithin typischerweise in jeder Elternfigur miteinander verbunden; . . .

Die Einbettung der Unterschichtfamilie in die dichten Sozialbeziehungen der Primärgruppen bedingt demgegenüber ... die für sie eher typische strikte Rollentrennung nach Entscheidungsgewalt und Kompetenzbereich im Ehepartner-Subsystem. ... Die Mutter ist hauptsächlich Instanz der Pflege und des Schutzes und Quelle von Affektionen, während der Vater primär Träger der Disziplinierungsgewalt ist." [10]

Diese Wandlungen der Rollenfunktionen ändern jedoch nichts an der Tatsache, daß nach wie vor die in der Familie erfahrenen Geborgenheits-, Kontakt- und Machterlebnisse von zentraler Bedeutung für die Entwicklung des Menschen sind. Somit wird die Relevanz des thematischen Aufbaus des Tests „Familie in Tieren" in die drei Themata: Geborgenheit, Kontakt, Macht durch die Änderung der Rollenfunktionen nicht beeinträchtigt.

Die spezifische Art und Weise, wie die ersten Bezugspersonen (Mutter, Vater, Pflegepersonen) dem Kleinkind begegnen, ob freudig bejahend oder gleichgültig, ablehnend oder haßerfüllt, wird unbewußt vom Kinde vermerkt und bildet das Fundament für ein sich stabilisierendes „Urvertrauen" oder „Urmißtrauen" (Erikson). Allerdings ist der Mensch anscheinend diesen Mächten nicht nur wehrlos ausgeliefert, er wirkt auch aufgrund einer Eigenaktivität durch sein Da- und Sosein gestaltend mit.

„Die Macht der Familie liegt in ihrer sozialen Mittlerfunktion. ... So wiederholt sich die Familie ihrer Form nach in den Sozialstrukturen der Fabrik, der Gewerkschaft, der Volks- und Oberschule, der Universität, der Handelsgesellschaft, der Kirche, der politischen Parteien und des Regierungsapparates, der Streitkräfte, der Krankenhäuser im allgemeinen und der Nervenkliniken im besonderen usw.

Auf Schritt und Tritt begegnen wir diesem Kontext den guten oder schlechten, geliebten oder gehaßten ‚Müttern' und ‚Vätern', den älteren und jüngeren ‚Brüdern' und ‚Schwestern', den verstorbenen oder heimlich herrschenden ‚Großeltern'. ... (Es) überträgt jeder von uns Teile seiner eigenen Familienerfahrung aus seiner ‚Originalfamilie' auf jeden anderen in seiner späteren ‚eigenen' Familie (also auf Frau und Kinder) und weiter auf jeden anderen in jeder Arbeitssituation." [12]

So ist es nicht verwunderlich, daß schulische Leistungen und die allgemeine soziale Anerkennung eines Kindes vorwiegend auf seinen „Startchancen" beruhen; auch ist abweichendes Verhalten, wie es sich u. a. in mangelnder und diskontinuierlicher Lern- und Handlungsfähigkeit sowie in Kommunikationsschwierigkeiten äußert, nur in unmittelbarem Zusammenhang mit „Sozialisationsdefiziten" interpretierbar.

Die fundamentale Bedeutung der Familie zwingt notwendigerweise zu einer intensiven Erforschung ihrer Genese und Struktur im allgemeinen; bei der psychologischen Durchleuchtung des einzelnen Menschen ist eine genaue Analyse seiner individuellen Familiengeschichte unabdingbar.

Bekanntlich befaßt sich eine umfangreiche Literatur mit dem Aufzeigen der Bedürfnisse des Individuums und seinen Konflikten; auch werden „Lebenshilfen" aller Art angepriesen: Gutgemeinte Ratschläge, Gebrauchsanweisungen für richtiges Verhalten im richtigen Augenblick, wissenschaftliche Abhandlungen, Trainingsangebote unterschiedlicher Güte – vom Sprachtraining bis hin zum Sextraining, vom „Urschrei" (Janov) zum Lebensquell –, sie alle sollen dem sogenannten Glück des gefährdeten Menschen in seiner bedrohlichen Umwelt dienen.

Ebenso steigt das Interesse an der Erforschung der Familie, ablesbar an der Häufung von Büchern über Sozialisation, welche vorwiegend die Familie kritisch unter die Lupe nehmen: „Zerschlagt die Familie", „Eltern und Kinder – Freunde oder Feinde?", „Patient Familie", „Der Tod der Familie", „Die Familie als Sozialisationsagentur", „Familiensoziologie", „Repressive Familienpolitik" u. a. m. Diese Buchtitel als Vorboten eines Zeitalters „ohne Familie" zu deuten, wäre zweifellos voreilig; es gilt erst einmal den Komplex Familie von den verschiedensten Seiten zu durchleuchten, um Material für eine produktive Kritik an der Institution „Familie" zu gewinnen. „Empirisch kann gewiß die gegenwärtige Lage der Familie noch bei weitem nicht für zureichend erforscht gelten, und Spekulationen über die Zukunft der Familie sind ... Schwierigkeiten ausgesetzt. Ist jedoch in der Tat die Familie in den gesellschaftlichen Prozeß unlösbar verflochten, so wird ihr Schicksal von diesem abhängen und nicht von ihrem Eigensein als dem einer sich selbst genügenden sozialen Form." [11]

Im Mittelpunkt der folgenden Darlegungen steht die verfemte, verleumdete, idealisierte Familie als Ort primärer Sozialisation des Menschen. Theorie und Praxis, in langjähriger psychologischer Beratungs- und Behandlungstätigkeit auf dem Gebiete der Erziehungs- und Schulberatung mit Eltern, Lehrern, Erziehern, Jugendlichen und Kindern stets aufs neue erfahren und erprobt, liefern das Material für diese Aufzeichnungen.

Mit den Worten: „Was machen wir nur falsch?" beginnt die Klage vieler Eltern über mangelnden Familienzusammenhalt, die resignierenden, vorwurfsvollen Jugendlichen, die lernunwilligen Kinder und nicht zuletzt über die eigenen ehelichen Probleme. Gewiß gibt es seit eh und je Schwierigkeiten zwischen Eltern und Kindern sowie zwischen Ehepartnern; für unsere Zeit scheint jedoch bezeichnend zu sein, daß alle Beteiligten, insbesondere die Eltern und Lehrer, massive Schuldgefühle entwickeln, weil es vielen nicht mehr befriedigend gelingt, die Familie im traditionellen Sinn als einen Hort der Geborgenheit und Sicherheit zu gestalten bzw. die Schüler-Klasse zu einer lern- und kommunikationsfähigen Gruppe zu entwickeln.

Kinder aller Schichten, insbesondere Jugendliche aus bürgerlichem Elternhaus mit relativ partnerschaftlichem Erziehungsstil, verlassen plötzlich die Schule, geben ihr Studium auf, ziehen in eine Wohngemeinschaft und führen ihr eigenes Leben. Insgesamt ist eine beängstigende Zunahme an schwerwiegenden emotionalen Konflikten zu beobachten und gleichzeitig ein stetes Anwachsen der Zahl der Beratungsstellen für Erziehungs- und Schulberatung, Ehe- und Familienberatung, Lebensberatung usw.

Vor nicht allzu langer Zeit wurde das einzelne Familienmitglied als Sorgenkind, Sündenbock, Prügelknabe, schwarzes Schaf oder Star bedenkenlos abgestempelt und gegebenenfalls sogar dem Psychiater zugeführt; heute dürfte es selbstverständlich sein, die seelisch-körperliche Verfassung des einzelnen vor allem in Wechselwirkung mit seiner jeweiligen Gruppe, in diesem Zusammenhang der Familie, zu verstehen.

Folglich gewinnt außer der individuellen Beratung und Therapie eine familienbezogene, wissenschaftlich fundierte Behandlungsmethode immer breiteren Raum. Der Test „Familie in Tieren", ausgeführt von verschiedenen Mitgliedern *einer* Familie, gibt Aufschlüsse über die teils unbewußte Struktur und Dynamik innerhalb der Familie, so wie sie das einzelne Familienmitglied erlebt. Auf diese Weise verhilft der Test zu einer Diagnose einer betreffenden Familie und stützt durch die Möglichkeit gemeinsamen Interpretierens seiner Aussagen durch alle Beteiligten die Therapie der Familie.

Eine derartige Erweiterung des Blickfeldes von Schwierigkeiten des einzelnen zu Problemen der Familie, von der Therapie des Individuums zur Therapie der Familie führt zwangsläufig über die Familie als Wurzelgrund seelischer Spannungen hinaus zu außerfamiliären Faktoren, welche wiederum in die Familie hineinwirken. So ergibt sich die zwingende Aufgabe, die Analyse der Konflikte in der Familie fortzuführen als Analyse sozialer Institutionen überhaupt und ihrer Verankerungen in der Struktur unserer Gesellschaft. „So wie eine individuelle Neurose oft auffaßbar ist als Symptom eines Familienkonflikts, so kann eine Familienneurose unter Umständen auch als Symptom eines übergreifenden gesellschaftlichen Mißstandes sich deuten lassen."

Desungeachtet quält jedoch viele Eltern schwieriger Kinder die Frage nach ihren eigenen Fehlern und sie fragen nicht nur ratlos: „Was machen wir falsch?", sondern: „Sind wir an allem schuld?" Der Ruf nach Information findet ein immer größeres Echo und die Bildung von Elterngruppen, deren Mitglieder aufgeschlossen das Thema *Erziehung* reflektieren und Lernprozesse eingehen, beweist die heutige problematische Erziehungssituation.

Heute beginnt eine Rehabilitierung der „armen", „geplagten" Eltern weniger deshalb, weil ihre Erziehungsweise zum großen Teil ihrer eigenen frühkindlichen Sozialisation entspräche, als vielmehr, weil eine neue – bereits mehrfach angesprochene – Erweiterung des Horizonts stattfindet.

Nicht die Erzieher sollen die eigentlich Schuldigen sein, sondern „die Gesellschaft"; nicht die Erzieher müssen sich ändern, sondern die „Gesellschaft" muß sich ändern. Bei dieser Argumentation wird allzu häufig übersehen, daß es *die* „Gesellschaft", als ein uns aufgezwungenes, undurchschaubares Geflecht anonymer Kräfte nicht gibt, sondern daß wir, der einzelne und seine Familie, einen Teil dieser Gesellschaft bilden und dementsprechend Verantwortung für uns *und* die Gesellschaft übernehmen müssen.

„In der Psychotherapiefeindlichkeit mancher radikaler Gruppen offenbart sich tatsächlich allem Anschein nach eine Art von Resignation. Viele leugnen deshalb einen Anteil von Selbstverantwortung für ihre unbewältigten Konflikte, weil es ihnen aus depressiver Verzagtheit heraus an dem Mut fehlt, sich ihr persönliches Versagen einzugestehen und sich damit auseinanderzusetzen. Das Bild einer völlig verkommenen Welt, als deren gelähmte Opfer sie sich darstellen, erlöst sie von dem Gefühl persönlich verschuldeten Gescheitertseins und ist zugleich ein gigantisches projektives Spiegelbild ihrer eigenen inneren Entmutigungen." So muß die verbessernde Änderung sich in allen Bereichen, im einzelnen, in der Familie, im Beruf, in den Institutionen und gewiß im besonderen in den gesellschaftlichen Strukturen vollziehen im Sinne einer, um es mit einem Schlagwort auszudrücken, „Demokratisierung".

„Die Familie tritt in der Geschichte zunächst als naturwüchsiges Verhältnis auf, das sich dann bis zur modernen Einehe differenzierte und kraft solcher Differenzierung einen Sonderbereich, den des Privaten, stiftet. Dem naiven Bewußtsein erscheint das Private als Insel inmitten gesellschaftlicher Dynamik, als Residuum des Naturzustandes, den man verklärt. In Wirklichkeit hängt die Familie nicht nur von der geschichtlich konkreten gesellschaftlichen Realität ab, sondern ist bis in ihre innerste Struktur hinein gesellschaftlich vermittelt." [11]

Die Auseinandersetzung mit dem Thema „Familie" ist für jedermann eine einzigartige Hilfe zur Selbsterkenntnis *und* zum Verstehen des anderen, insbesondere des Kindes.

„Kurzum, man muß so weit kommen, daß man aus der ganzen Familienvergangenheit die Summe zieht, um sich so auf eine Weise freizumachen, die für die eigene Person gewinnbringender ist als ein simpler aggressiver Bruch oder eine rohe räumliche Trennung. Gelingt einem eine solche Rekapitulation – sie erfolgt stets durch Beziehungen, wenn auch nicht unbedingt durch formale, therapeutische Beziehungen –, so kann man die an sich seltene Erfahrung machen, daß man seine Eltern in aller Freiheit wirklich zu lieben beginnt, anstatt unter einer knebelnden und zweifelhaften Liebe begraben zu werden, deren Opfer natürlich genau so die Eltern wie die Kinder sind." [12]

Um es noch einmal zu formulieren: Je genaueren Einblick der einzelne in seine Familiengeschichte nehmen kann, um so näher erfaßt er einen bestimmenden Faktor seines Lebens.

Dies bedeutet für die Praxis der Erziehungs- und Schulberatung, daß die genaue Erforschung der Familiensituation des Kindes und Jugendlichen eine unerläßliche Grundlage für die diagnostische und behandelnde Arbeit bildet, weshalb die psychologische Untersuchung eines Kindes in der Regel mit einer ausführlichen Anamnese beginnt, die nicht nur die Daten der Lebensgeschichte, sondern gleichzeitig ein Bild der Persönlichkeit von Vater, Mutter und Geschwistern ermittelt. Darüber hinaus gibt die Auswertung jedes mit dem Kinde durchgeführten Tests Einblick in seine Mitwelt; besonders dient die Exploration, das Gespräch mit dem Kinde, dem Kennenlernen der Bezugspersonen – diesmal aus kindlicher Sicht –. Für die Erhellung der vom Kinde erlebten Mitwelt ist neben dem Sceno-Test und dem Children-Apperceptions-Test sowie dem Thematic-Apperceptions-Test, der Test „Familie in Tieren" am aufschlußreichsten, hat er doch als einziger der genannten Tests den Vorteil, spezifisch auf die Familie gerichtet zu sein.

In der vorliegenden Studie werden der Ort der Bildbetrachtung *„Familie in Tieren"* in der Skala der Testmethoden aufgezeigt, die wissenschaftliche Fundierung des Verfahrens erläutert und anhand von Fallbeispielen ausführlich im einzelnen interpretiert.

Der Test entstand in der Praxis der Erziehungs- und Schulberatung und soll ihr verläßlich dienen.

In einzigartiger Weise gelang es mit Hilfe dieses Verfahrens, gestützt auf die psychologische Untersuchungsergebnisse von achthundert erziehungs- und lernschwierigen Kindern, jene Hauptrichtungen herauszuarbeiten, in denen das Kind seine Familie und sich selbst in ihr erlebt.

Beginnend mit einer methodologischen Vororientierung, in der verschiedene Wege, welche einen Zugang zur Persönlichkeit eröffnen, dargelegt und die direkte und die indirekte Methode voneinander abgehoben werden, ist der eigentlichen Testanalyse eine kurze geistesgeschichtliche und anthropologische Betrachtung über das Verhältnis des Menschen zum Tier vorangestellt. Besondere Beachtung finden entwicklungspsychologische und vergleichende Aspekte über die Beziehungen zwischen Mensch und Tier.

Den Ausgang des Verfahrens bildet die thematisch festgelegte projektive Zeichnung. Das Kind wird aufgefordert, seine eigene Familie als Tiere zu zeichnen. Zu einer wissenschaftlichen Fundierung dieses Ansatzes sind zwei Nachweise erforderlich: Einmal muß die Beziehung des heutigen Menschen – insbesondere des Kindes in den verschiedenen Altersstufen – zum Tier gesichert sein, zum anderen ist zu belegen, daß die gezeichnete Tierfamilie ein Projektionsträger der erlebten Familienverhältnisse ist.

Um diesen Anspruch zu erfüllen, wurde mit zweitausend Kindern eine Erhebung durchgeführt: Die Kinder bekamen vorerst die Aufforderung: *„Zeichne drei Tiere!“* und gaben auf diese Weise bekannt, *welche* Tiere überhaupt im kindlichen Erleben eine Rolle spielen; durch Auszählen der Häufigkeit der Darstellung einzelner Tiere ließ sich eine Rangreihe aufstellen. Die gleichen zweitausend Kinder wurden zwei Wochen später veranlaßt, ihre *„Familie in Tieren“* zu zeichnen.

Ein Vergleich zwischen der Häufigkeit der einzelnen Tiere im ersten und im zweiten Versuch verrät, in welchem Ausmaß die Aufforderung „Zeichne Deine Familie in Tieren!“ eine besondere Situation des Auswählens unter den bekannten Tieren herbeiführte.

In einer letzten Erhebung schrieben die zweitausend Kinder hinter die insgesamt in allen Zeichnungen („Zeichne drei Tiere!“ und „Zeichne Deine Familie in Tieren!“) dargestellten Tiere die *positiven* und die *negativen Eigenschaften*.

Und schließlich wurden an den zweitausend „Familien in Tieren“ die verschiedenen Möglichkeiten der Tierfamilien-Darstellung abgelesen und *Deutungsgesichtspunkte* ermittelt.

Diese Deutungskriterien weisen vorerst nur mehr oder weniger theoretisch auf bestimmte Familienkonstellationen hin, weshalb die psychologischen Untersuchungsbefunde von achthundert Fällen der „Erzieher- und Jugendberatung“ München, mit den Aussagen der jeweiligen „Familie in Tieren“ verglichen wurden.

An Fallbeispielen sind Testanalysen durchgeführt worden: Von dem abweichenden Verhalten eines Kindes ausgehend, wird die Zeichnung mit Hilfe der Testkriterien gedeutet. Die Relevanz dieser Deutungen wird sodann an den wesentlichen Daten aus der Lebensgeschichte des Kindes überprüft; ihre inhaltliche Bestimmung erhalten die Ergebnisse der Analyse der Zeichnung durch die Anamnese.

In einem Schlußkapitel ist die Verwendbarkeit der „Familie in Tieren“ innerhalb der diagnostischen Arbeit der Erziehungs- und Schulberatung [6] aufgezeigt, der psychagogische Wert des Verfahrens herausgestellt und es werden Hinweise für die künftige Entwicklung des Tests sowie ähnlicher Methoden gegeben.

I. Die methodologische Vororientierung

1. Die wissenschaftlichen Zugänge zur Persönlichkeit

Die seelische Wirklichkeit wird einmal im Erleben der eigenen Innerlichkeit, zum anderen im Erfassen von Ausdruckserscheinungen als Hinweis auf das seelische Leben bei anderen erfahren. Dieser doppelten Erfahrung entsprechend, lassen sich die psychologischen Methoden in solche der Selbst- und der Fremdbeobachtung einteilen. Das Ziel aller dieser auf das eigene Selbst, beziehungsweise das andere Selbst gerichteten Verfahrensweisen ist die Selbst- und Fremderfassung. Gegen die Selbstbeobachtung wurde als Haupteinwand geltend gemacht, daß es unmöglich sei, im gleichen Augenblick intensiv Erlebender und zugleich Beobachtender zu sein. Dieser an sich zutreffende Einwand konnte zum Teil widerlegt werden. Man spricht von „primärer Selbsterinnerung" [34] und meint damit, daß das „Erlebnisnachbild" [23] die teilweise Erfassung des Erlebnisses gestattet. Die Selbstbeobachtung liefert vorwiegend den allgemeinpsychologischen Forschungen Fakten, wärend die Charakterologie und die Entwicklungspsychologie sich zumeist auf Fremdbeobachtung gründen. Der Fremdbeobachtung ist das äußere Verhalten des Menschen im weitesten Sinne zugänglich; das Verhalten kann aber von der Persönlichkeit nicht getrennt werden, sondern ist immer, auch wenn es „aufgesetzt" ist, unlösbar mit ihr verbunden. So ist eine intuitive Erfassung des Menschen möglich, „die sich direkt auf dieses ungeschiedene Ineinander von Ausdruck und Erlebnis bezieht, ein Verstehen jener personalen Haltung mitsamt dem darin steckenden Erlebnismoment" [34], man kann zum Beispiel unmittelbar in den aufleuchtenden Augen des anderen dessen Freude erfassen. Dieses unmittelbare intuitive Verstehen des anderen ist die Grundlage aller psychologischen Arbeit. Als Kontrolle und Sicherung sind aber besondere Verfahren notwendig. Dem gleichsam evidenten Erfassen des anderen will die Diagnostik dienend zur Seite stehen; sie ist ein Teilgebiet des Forschungsbereichs der Charakterkunde. Als Lehre von den Mitteln und Methoden, mit denen man zur Erkenntnis fremden Seelenlebens gelangt, gliedert man die Diagnostik mit William Stern [34] in drei große Formkreise: Beobachtung des natürlichen Verhaltens; Experiment; Fernmethoden. In diesem Zusammenhang ist nur das Experiment von Bedeutung.

„Das Experiment ist eine methodisch vorbereitete, vervollkommnete und gesteigerte Beobachtung, bei der es nicht dem natürlichen Gang der Dinge überlassen bleibt, ob ein fragliches Phänomen eintritt . . . Das Experiment hat somit als Forschungsmittel den Vorteil, daß es im Gegensatz zur bloßen Gelegenheitsbeobachtung eine beliebig häufige Wiederholung des fraglichen Vorgangs zuläßt und auf diese Weise Gesetzmäßigkeiten ermittelt." [23]

Das Problematische eines Experiments liegt in der Schaffung einer Modellsituation. Denn „Grenzsituationen des Lebens, Krisen und Schicksalsschläge sind es, die oft erst den eigentlichen Kern in der Seele eines Menschen aufbrechen lassen." [23]

In Bezug auf das Experiment teilt Erich Stern [33] die verschiedenen Methoden in drei Gruppen ein: die subjektiven, die objektiven und die projektiven Methoden. Er führt aus, daß das Gemeinsame der subjektiven Methoden darin zu sehen ist, „daß hier der Prüfling eine Art Selbstanalyse geben soll, er soll sich selbst schildern, er soll selbst angeben, ob er gewisse Fähigkeiten, Eigenschaften besitzt oder nicht besitzt ... Hier immer und überall weiß er, daß er von sich selbst spricht, diese Tatsache ist in keiner Weise irgendwie verdeckt oder verschleiert." [33] Autobiographie und Fragebogen sind subjektive Methoden.

Die objektiven Methoden verlangen vom Probanden eine Leistung, die objektiv in Erscheinung tritt und objektiv bewertet wird. Für die Einordnung des Tests „Familie in Tieren" sind die Projektionen von besonderer Bedeutung.

„Projektive Vorgänge spielen ganz allgemein eine sehr große Rolle. In jeder Erzählung, in jedem Roman, in jeder Zeichnung, in jeder musikalischen Schöpfung drückt der Künstler Vorgänge aus, die sich in ihm selbst abspielen; er kann im Grunde genommen gar nichts anderes darstellen als das, was in ihm selbst gegeben ist; er projiziert es in Personen, die er schafft, in die Melodien, die er komponiert. Jedes Werk läßt so eine doppelte Deutung zu: eine objektive, die das Werk unabhängig vom schaffenden Künstler nimmt, es nach seinem künstlerischen Wert, seinem Ideengehalt beurteilt und bewertet und eine subjektive Deutung, die es als Projektion der psychischen Inhalte des Schöpfers auffaßt und aus dem Werk den Schöpfer zu verstehen, seine Persönlichkeit zu gewinnen sucht. Von hier aus nehmen die projektiven Tests ihren Ausgang. Bei ihnen handelt es sich darum, bewußt, unter genau festgesetzten Bedingungen projektive Prozesse beim Prüfling anzuregen und dann zu versuchen, die Ergebnisse derselben zu interpretieren." [33]

Vorzugsweise kommt der Projektionsprozeß im mitgeschöpflichen Bereich – aber auch zwischen Mensch und Tier – zur Auslösung und zum Austrag. Im wesentlichen sind drei Formen projektiver Technik zu unterscheiden [33]:

1. Die Projektion in der Handlung (Theaterspiel, Kasperletheater, Marionettenspiel, Sceno-Test, Welt-Test)
2. Verbale Projektion (Thematic-Apperceptions-Test, Children-Apperceptions-Test, Rorschach, Vetter-Auffassungstest)
3. Graphische Projektion (Schrift, Zeichnen)

Diese projektiven Methoden lassen sich noch einmal unterteilen in Interpretations- und Gestaltungstests. Bei beiden geht man davon aus, daß die Interpretation eines Vorgegebenen beziehungsweise die Eigenart der Gestaltung Rückschlüsse auf das Seelenleben des einzelnen gestatten. Es gibt zwei Formen graphischer Gestaltungstests: das athematische Zeichnen, bei dem der Zeichner seiner Phantasie freien Lauf läßt, irgendetwas zeichnet und das thematische Zeichnen, bei dem er eine gestellte Aufgabe erfüllt. Die bekanntesten graphischen, thematisch festgelegten Gestaltungstests sind folgende:

1. Zeichnen eines Männchens (Goodenough)
2. Zeichnen einer Frau, die im Regen auf der Straße spazierengeht (M. H. Fay)
3. Zeichnen der Familie (F. Minkowska, A. Porot)
4. Baumtest (K. Koch)
5. H.T.P.-Technik (house, tree, person), (Buck)
6. Meine Familie, ich, mein Haus (F. Minkowska)
7. Zeichne Deine Familie (M. Flury)

Die Zeichnung der „Familie in Tieren" gehört zu den thematischen Tests, weil durch eine begrenzte Anweisung die Gestaltung eines bestimmten Themas angeregt wird. Im Zeichner lösen sich ohne sein Wissen Affekte und Emotionen, die zur Gestaltung kommen. Auf dem Wege des Deutens werden dann Rückschlüsse auf die Persönlichkeit gezogen. Damit ist das Wesen aller Deutung gekennzeichnet, indem von einem Zeichen auf einen Tatbestand geschlossen wird, „sie geht von außen nach innen, sie ist Tiefenschau. Die Deutungsmaterie ist das mehr Äußerliche, Vereinzelte, Abgehobene; das Deutungsziel stets das mehr Innerliche, mit der Totalität der Person inniger Verschmolzene." [33]

2. *Die direkte und die indirekte Methode*

Die bisher erwähnten Einteilungsmöglichkeiten der psychologischen Methoden ergänzend, wird nun noch zu den direkten und indirekten Verfahren in der psychologischen Diagnostik Stellung genommen.

Der direkte Weg zeichnet sich dadurch aus, daß dem Probanden einsichtig, in unverschlüsselter Form unverhüllt Fragen gestellt werden, beziehungsweise er gebeten wird, etwas Bestimmtes darzustellen. Entscheidend ist, daß die Dinge beim Namen genannt und nicht stellvertretend gemeint sind. Die indirekte Fragestellung hingegen, geleitet von einem vorsichtigen, einfühlenden Herantasten, „umkreist" bestimmte Komplexe und überläßt es dem Probanden, diese zu artikulieren. Bereits im Alltag werden beide Verfahren mehr oder weniger bewußt praktiziert.

Drei Einsichten bewirkten, bei der Erhellung der vom Kinde erlebten Familienatmosphäre den indirekten Weg zu wählen: Erstens sind Kinder und Erwachsene nur allzu leicht betroffen und verletzt, wenn sie unmittelbar auf ihre Schwierigkeiten angesprochen werden und reagieren auf direkte Befragung häufig ängstlich, abwehrend, sich zurückziehend; hingegen werden die äußeren Daten des Lebens in der Regel freimütig bekanntgegeben, sofern sie nicht mit einer individuellen Problematik (z. B. Herkunfts-, Berufs-, Alterskomplex etc.) beladen sind.

Zweitens scheut man sich häufig aus psychagogischen Gründen, den vermuteten Komplex beim Namen zu nennen, um ihn nicht im unrechten Augenblick bewußt werden zu lassen. So hütet man sich zum Beispiel davor, ein Kind zu fragen: „Wen hast Du lieber, Deinen Vater oder Deine Mutter?" Die diesbezügliche indirekte Frage könnte etwa lauten: „Wenn Du Kummer hast, zu wem gehst Du dann?" Oder: „Wenn Du krank bist, von wem möchtest Du dann am liebsten gepflegt werden?"

Ein dritter Grund für die Bevorzugung der indirekten Methode liegt darin, daß bei sogenannten heiklen Fragen Kind und Erwachsener dazu neigen, dem gesellschaftlichen Kodex und nicht den Tatsachen entsprechend zu antworten. Fragt man beispielsweise eine Mutter: „Welches von Ihren Kindern haben Sie am liebsten?", dann hört man in der Regel: „Ich liebe meine Kinder alle gleich, das ist aber doch ganz selbstverständlich!" Eine in diese Richtung zielende indirekte

Frage wäre etwa: „Welches Ihrer Kinder gleicht Ihnen denn am meisten?", oder „Wenn nun aus pädagogischen Gründen eine Trennung der Geschwister erwogen werden und einer Ihrer drei Buben in ein Heim müßte, wer käme denn da in Frage?"

Ergänzend sei hinzugefügt, daß auch im erziehlichen Alltag das Problem direkter oder indirekter Erziehung auftaucht. Besonders bei Ermahnungen und Kritik reagiert der Betroffene oft mit Trotz, Verteidigung und scheinbarer Uneinsichtigkeit. Viel zu häufig wird gesagt: „Da hast Du aber beim Schreiben wieder geschmiert!", man könnte gewiß ebenso sagen: „Du möchtest doch sicherlich selbst schöner schreiben, nun probier's noch einmal." Bei der direkten Kritik besteht immer die Gefahr, daß der darin ausgedrückte Abstand zwischen Erzieher und Kind sich hemmend auf Leistungswillen und Selbstgefühl des Kindes auswirkt. Wirksamer jedoch als jegliche Kritik ist „positive Verstärkung", das heißt Anerkennen positiver Verhaltensweisen.

Zum Abschluß dieser methodologischen Überlegungen noch der Hinweis, daß die indirekten psychologischen Methoden nicht zu verwechseln sind mit sog. „Trick-Methoden", die den anderen auf-schlüsseln, ohne daß er es merkt. Der psychologische Test ist ein Hilfsmittel, welches vor allem für den rat- und hilfesuchenden Menschen mit seinem Einverständnis eingesetzt wird und – wie die ärztlichen Methoden – an ein berufliches Ethos gebunden ist, d. h. nicht im Sinne der Fremdbestimmung und Manipulation mißbraucht werden darf.

Diese Darlegungen begründeten in bezug auf den Test „Familie in Tieren", warum die Aufforderung nicht etwa lautet: „Wie stehst Du zu Deinen Familienangehörigen?" oder „Zeichne Deine Familie", sondern „Zeichne Deine Familie in Tieren". Bleibt noch zu erläutern, weshalb Tiere als Darstellungsinhalt und Zeichnen als Darstellungsform gewählt wurden.

II. Das Tier im Erleben des Menschen

1. Die geistesgeschichtliche Betrachtung

Die eigentliche Testbesprechung wird mit einem kurzen Überblick über das Verhältnis des Menschen zum Tier eingeleitet:

Seit je gehören Mensch und Tier zusammen wie Himmel und Erde. Davon künden der Schöpfungsbericht wie auch die ältesten Kulturdokumente. Das Tier ist Partner und Freund, aber auch Widersacher und Feind. In dieser Doppelrolle erfährt der Mensch von Anfang an das Tier.

Die Geschichte des Verhältnisses des Menschen zum Tier ist so mannigfaltig als es Völkerschaften und Kulturen gibt und es wechselt in dem Maße, wie die Kulturen und Religionen wechseln, untergehen und neu erstehen. So sinnvoll es wäre, an dieser Stelle in großen Zügen die Geschichte dieser Beziehung aufzuzeigen, muß doch ein kurzer Aufriß der diesbezüglichen Gedanken und Vorstellungen innerhalb des westlichen Kulturkreises im Rahmen des Gesamtthemas genügen.

Dem Christenmenschen ist es gemäß der Genesis immer schon klar gewesen, daß Mensch und Tier zwar einander zugeordnet, aber doch wesensverschieden sind. Im Verlauf des abendländischen Denkens hat man von stets wechselnden Standpunkten her versucht, den geistesgeschichtlichen Ort des Tieres zu bestimmen.

Der griechische Philosoph *Pythagoras* sprach den Tieren hohe Seelenkräfte zu, er vertrat die Wiederverkörperung mit Leidenschaft. Er leitete von dieser Überzeugung Menschenähnlichkeit und Gleichberechtigung der Tiere ab. Seine Anhänger durften keine Tiere töten, auch keine Kleider aus tierischen Stoffen tragen. Bei *Platon* lebt zwar noch der Gedanke der Wiederverkörperung, doch ist er geistig auf die unsterbliche Ideenwelt ausgerichtet, deren Teilhaber nur der Mensch und nicht das Tier sein kann. Menschen- und Tierseele wurden von ihm daher unterschieden. *Aristoteles* vollzog die Trennung systematischer. Er legte seine Ansicht in dem Buch „De anima" nieder. Während die Pflanze sich ernährt und fortpflanzt, kommt beim Tier hinzu, daß es sich bewegt und zu empfinden vermag. Allein der Mensch hat Vernunft. Aristoteles folgerte, daß den Tieren weder rechtlich noch moralisch ein Schutz zustehe.

Es gab aber auch im Altertum Denkrichtungen anderer Art. Bereits im ersten Jahrhundert nach Christi Geburt war es *Plutarch*, der die Tiere für beseelt und vernunftbegabt hielt.

Im Mittelalter wurde dem Tier in den meisten Ländern die Seele wieder abgesprochen. Um dem Verbrecher das Ehrlose seiner Tat bewußt zu machen, henkte man neben dem Mörder einen Fuchs oder einen Hund. Nach der Lehre des Aristoteles sprach man dem Tier bis in das hohe Mittelalter hinein eine Sinnenseele zu im Gegensatz zur Geistseele des Menschen; *Descartes* war es, der das Tier zum Automaten erklärte, den der göttliche Werkmeister geschaffen hatte. *Montaigne*, der vier Jahre vor Descartes' Geburt starb, knüpfte wieder bei Plutarch an und behauptete, keine einzige Fähigkeit der Menschenseele sei der Tierseele fremd.

Damit stand er in starkem Widerspruch zu dem Weltbild seiner Zeit. Erst *Leibnizens* These von der Gesamtschau des Lebendigen im Spiegel der Seele erhob auch das Tier wieder (ähnlich wie bei Aristoteles) zum echten Lebewesen und damit in die nächste Nachbarschaft des Menschen; denn „alle Seelen sind lebendige Spiegel des Universums“ (*Leibniz*).

So kommt es, daß schließlich beeinflußt durch *Hobbes* und *Humes* im achtzehnten Jahrhundert und später nur noch ein gradueller Unterschied zwischen Mensch und Tier anerkannt wurde. Auch der Mensch wird zum Gefangenen des Mechanismus seiner Sinne erklärt, bis *Darwin* dann nur noch Tiere unter Tieren zu erkennen wähnt. *Nietzsche* und *Spengler* vollziehen schließlich eine Art Verdammnis des Menschen, in dem sie ihn unter die Raubtiere einreihen. Im zeitgenössischen Denken ist man wieder versöhnlicher mit sich und dem Tier geworden. Doch da der moderne Mensch kein allgemein verbindliches Lebensgefühl anzuerkennen vermag, ist auch seine Einstellung zum Tier in keiner Weise eindeutig. Der Existentialismus zum Beispiel interessiert sich gar nicht für das Tier. Hingegen nimmt die Anthroposophie den uralten Menschheitsglauben an die All- Einheit wieder auf, wie das am eindringlichsten in dem Gedicht von *Christian Morgenstern* zum Ausdruck kommt:

Ich danke Dir, du stummer Stein,
und neige mich zu Dir hernieder:
Ich schulde Dir mein Pflanzensein.

Ich danke Euch, Ihr Grund und Flor,
und bücke mich zu Euch hernieder:
Ihr halft zum Tiere mir empor.

Ich danke Euch, Stein, Kraut und Tier,
und beuge mich zu Euch hernieder:
Ihr halft mir alle Drei zu Mir.

Wir danken Dir, Du Menschenkind,
und lassen fromm uns vor Dir nieder:
weil dadurch, daß Du bist, wir sind.

Es dankt aus aller Gottheit Ein-
und aller Gottheit Vielfalt wieder.
In Dank verschlingt sich alles Sein.

Am deutlichsten ist das Verhältnis von Mensch und Tier in der *bildenden Kunst* abzulesen. Hier wird die gegenseitige Abhängigkeit deutlich; erinnert sei an die magische Gewalt etwa des steinzeitlichen Höhlenbildes, durch das der Jäger sein Wild zu bannen versuchte. Späterhin erscheint dann das Tier im Kultbild, welches das Rätselhafte, Dämonische und Götterhafte dieses Verhältnisses bezeugt; zum Beispiel gestalten die Ägypter, Assyrer und Perser das Dämonische des Tieres, während die griechische und die germanische Kunst die menschenverbundene Deutung bevorzugen. Die Maler Chinas und Japans haben das Tier am tiefsten in seiner Eigenart verstanden. Für europäisch-abendländisches Gestalten war die künstlerische Darstellung der Griechen richtunggebend; sie bestimmten Wahl und Urform der Tiere; es sind dies die Tiere des Stolzes, der Kraft, der hohen Seelenhaltung, des Flugs, wie der Löwe, der Adler und andere. Auch bei den Germanen sind in großer Fülle Tierdarstellungen anzutreffen. An den Felswänden und auf den kleinen Geräten sind Pferde, Hirsche, Bären, Eber, Stiere, Hunde, Falken und Tauben zu finden.

In der christlichen Kunst wird das Tier eingereiht in das Heilsgeschehen als Zeuge wie als Widersacher. Bestimmten Heilspersonen und Heilsorten in der Bibel ist ein bestimmtes Tier zugeordnet: dem Paradies die Schlange, Simson der Löwe, dem Propheten Elias der Rabe, dem blinden Tobias das Hündchen, den Evangelisten Markus, Lukas, Johannes Löwe, Stier und Adler. Und Christus selbst, Hirte der Völker, trägt auf seiner Schulter das Lamm. Genau so sind den Bereichen der Dämonen und des Teufels Tiere beigegeben, die in mancherlei wechselnden Gestalten auftreten.

In der Tiersymbolik verschlüsselt und offenbart sich zugleich das Geheimnis der christlichen Lehre; das tiefe Einverständnis zwischen Mensch und Tier im Hinblick zu Gott kommt darin zum Ausdruck. Die Geschöpflichkeit, die Tier und Mensch eignet, macht beide gleichermaßen zu Verkündern Gottes oder des Widerpartners, des Teufels. Hoheit und Abgründigkeit, Heiligkeit und Bosheit werden im Tier offenbar. Wie sehr der Mensch dazu drängt, gerade im Tier sein Weltverhältnis und Gottverständnis zu klären, zeigt die Schöpfung von Wunder- und Fabeltieren. Bei den Griechen war es Phönix, der am Ende eines Weltalters sich selbst verbrennt, um gereinigt aus der Asche wieder zu erstehen. Vor allem aber wird immer wieder in der frühchristlichen Zeit und später die Geschichte vom Pelikan erzählt, der seine Jungen mit eigenem Blut tränkt, indem er sich mit dem Schnabel die eigene Brust aufreißt. Und die scheue, wilde Gestalt des Einhorns läßt sich nur von einer reinen Jungfrau gefangennehmen.

In unserem Jahrhundert ist es der Maler *Franz Marc*, der am eindringlichsten mit seinen wunderbaren Tierschöpfungen die vom Ursprung des Menschen her gesetzte, schicksalsträchtige Verwandtschaft dokumentiert.

2. *Die anthropologische Fragestellung*

Die Anweisung „Zeichne Deine Familie in Tieren“ könnte – kritisch betrachtet – das Mißverständnis auslösen, als sei stillschweigend eine Gleichheit zwischen Mensch und Tier vorausgesetzt; mit Nachdruck sei jedoch darauf hingewiesen, daß der Test „Familie in Tieren“ keineswegs auf einer leichtfertigen Gleichstellung von Mensch und Tier basiert, wohl aber auf dem Wissen um die Verwandtschaft alles Kreatürlichen gründet.

„Der tierische und menschliche Organismus lebt nicht nur, sondern er existiert, d. h. er bildet ein Verhältnis zu der Umgebung, die nicht nur Bedingung für die intraorganischen Lebensvorgänge ist, sondern *mit* dem Tier oder dem Mensch, *für* sie und *durch* sie als Sinngefüge existiert. Diese ‚mitlebende‘, erlebte und gestaltete Umgebung heißt die Umwelt des Tieres, die Welt des Menschen. ... Durch diese gegenseitige unlösbare Beziehung verstehen wir eine Verwandtschaft von Mensch und Tier, die wir in einem Begriff ausdrücken, nämlich in jenem der *Subjektivität*. Der Begriff des Subjekts ist umfassender als jener des Bewußtseins. Er meint eine in der Anschauung gegebene Seinsweise, die sich bekundet als der Grund einer Empfindlichkeit der für uns verständlichen Bedeutungen und einer Aktivität, die jene Bedeutungen konstituiert und sinnvoll beantwortet. Das Tier zeigt sich uns schon als ‚angeschaute Subjektivität', wenn wir feststellen, daß etwas die Bedeutung von Nahrung, Ziel, Gefahr, Artgenossen usw. für es hat. Nur aus der Beobachtung seines Verhaltens wissen wir, daß es diese Bedeutungen für das tierische Subjekt gibt. Das Verhalten aber ist nur verständlich, wenn wir die Bewegungen und Körperhaltungen nicht als eine Anzahl von Muskelkontraktionen auffassen, die im Zusammenhang mit Prozessen im Nervensystem stehen, sondern als Akte, die auf eine Situation gerichtet sind, also als Ausdruck einer erlebten Bedeutung und einer intendierten Handlung." [9]

Trotz aller Verwandtschaft, die den Menschen als Lesewesen mit dem Tier verbindet, bestehen offensichtliche Wesensunterschiede zwischen Mensch und Tier.

„Der Mensch ist nicht ein Tier mit einer Oberschicht geistiger Funktionen. Er ist inkarnierter Geist, d. h., daß in jedem Verhalten, das seine Leiblichkeit vermittelt, die ‚Dimension des Geistes' erschlossen wird." [9]

Portmann führt aus:

„Heißen wir das Gebaren der Tiere ‚umweltgebunden', so müssen wir das des Menschen ‚weltoffen' nennen, wobei mit diesem wundervollen Worte ein großes Vermögen von schöpferischem Verhalten gemeint ist, ein Schatz, von dem der Einzelne einen mehr oder minder großen Gebrauch machen, ein Gut, das auch vertan und vergraben werden kann." [28]

Die Sonderstellung des Menschen wird seit eh und je bevorzugt im Vergleich zum Tier nachgewiesen. Einer kausal-genetischen Ableitung des Menschen vom Tier – wie sie der Abstammungslehre zugrundeliegt –, steht jedoch eine Wesenserhellung des Menschen, die seine Andersartigkeit, verglichen mit dem Tier, voraussetzt, gegenüber.

„Die Würde und Unwürde des Menschen kann nicht aus dem Vergleich mit dem Tier abgeleitet werden. Die menschliche Eigenart kann ebenfalls nicht durch die in der Erforschung des tierischen Lebens gewonnenen Befunde ‚erhellt' oder ‚erklärt' werden. Die Einfachheit des tierischen Verhaltens ist nicht nur graduell von dem Verhalten des Menschen unterschieden; die höheren Funktionen und Daseinsweisen stellen ein qualitatives Novum dar. Der Tiervergleich und die Tierversuche haben den Sinn ‚einer indirekten Blickschärfung' (Kunz). Sie liefern der Humanpsychologie niemals ein sog. ‚biologisches Fundament', sie können damit auch nicht in irgendeiner Weise als Beweis herangezogen werden." [24]

3. *Die Beziehungen zwischen Kind und Tier*

Entwicklungspsychologische Aspekte

Den folgenden Ausführungen sind die Forschungsergebnisse *A. M. Krügers* [22] zugrundegelegt. Bereits gegen Ende des ersten Lebensjahres erlebt das Kind den Unterschied zwischen einem Stofftier und einem lebendigen Tier. Im ersten Lebenshalbjahr, wenn das Kind zu greifen beginnt, greift es nach Tieren in gleicher Weise wie nach den anderen Dingen seiner Umgebung; doch ab dem elften Lebensmonat tritt eine Wandlung ein: Durch seine spontane Bewegungsmöglichkeit wird das lebendige Tier offensichtlich vom Stofftier unterschieden und wegen seiner Beweglichkeit als Gefahr erlebt. Zunehmende Vertrautheit mit der näheren Umgebung sowie das Entstehen einer klaren Vorstellung vom Tier als Lebewesen bewirken, daß die Angst allmählich verschwindet und sich das Dreijährige dem Tier zuzuwenden beginnt.

Erst im Alter von ungefähr vier Jahren, nach endgültiger Überwindung der Furcht, bildet sich im Kinde eine gefühlsmäßig – teilnehmende Beziehung zum Tier; das Kind sucht Verbindungen zum Tier herzustellen und möchte es als Spielpartner gewinnen. *A. M. Krüger* ermittelte, daß Hund und Katze bessere Spielkameraden sind als beispielsweise die Eidechse. In dieser Altersstufe besteht für das Kind beim Spiel mit dem Tier gerade der besondere Reiz darin, daß die Reaktionen des Tieres nicht vorauszusehen sind.

Bei sechs- bis siebenjährigen Kindern überwiegen positive Reaktionen auf Tierbegegnungen. Nach *A. M. Krüger* lassen sich drei Arten kindlichen Verhaltens dem Tier gegenüber unterscheiden:

1. Indifferenz (keine Furcht, kein Mißfallen, geringes Interesse),
2. Sachlichkeit (Interesse vorhanden, Beobachtung gilt den Leistungen des Tieres),
3. Zärtlichkeit (Kind sieht und hört nichts anderes als das Tier, spricht zu ihm, streichelt und liebkost es, füttert es und will mit ihm spielen).

Ab dem neunten Lebensjahr wandelt sich die Beziehung zum Tier: Immer stärker wird das Tier als andersartige Kreatur erlebt und es verliert auf solche Weise an Eindruckskraft und Gefühlswirkung. Die Neun- bis Zehnjährigen – ihrer Altersstufe entsprechend – beobachten genau und erfassen die unterschiedlichen Verhaltensweisen einzelner Tiere deutlich.

Trotz dieser sachlichen Einstellung des älteren Kindes nimmt das Tier im Verhältnis des Kindes zur Natur bis in die letzten Jahre der Kindheit eine Sonderstellung ein. Erst in der Reifungszeit mindert sich im allgemeinen das Interesse am Tier; es können sich nun aber langdauernde, tiefe Bindungen an ein bestimmtes Tier entwickeln.

Jedes Kindesalter hat sein bevorzugtes Spielzeug, aber auch sein bevorzugtes Tier: Die Fünf- bis Neunjährigen möchten ein Tier zum Streicheln und zum Gernhaben, weshalb sie sich am stärksten von kleinen Hunden, jungen Katzen, Goldhamstern und Kaninchen angezogen fühlen; Zehn- bis Dreizehnjährige wünschen sich „interessante" Tiere wie Schildkröten, Vögel, Fische, Eidechsen; sie möchten Aquarien und Terrarien besitzen. Ab dem vierzehnten Lebensjahr ist der Hund das beliebteste Tier, weil man mit ihm am besten „sprechen" kann.

Vergleichende Gesichtspunkte

Mancher ist geneigt, eine Wesensverwandtschaft zwischen Kind und Tier zu statuieren, um „Instinktsicherheit" einerseits und „Geistlosigkeit" des Kindes andererseits hervorzuheben. So behauptet *G. Winkler* beispielsweise: Kind und Tier seien egoistisch, amoralisch, triebhaft und daher Augenblickswesen; das Kind habe einen „Urtrieb" zum Tier, welcher sich u. a. im Wunsche des jüngeren Kindes nach Zusammenleben mit dem Tier äußere, während ältere Kinder wirklich Tiere um sich haben wollen. *W. Hansen* tritt der These einer Wesensverwandtschaft zwischen Kind und Tier mit folgenden Argumenten entgegen: „Diese Bezeichnungen (egoistisch, amoralisch, triebhaft) darf man nicht ohne weiteres auf Kinder anwenden. Bestimmt aber ist es falsch, ein Tier egoistisch zu nennen. Bei ihm bestimmt der Instinkt das Handeln, und es steht daher außerhalb aller moralischen Bewertung."

Tierquälerei

Immer wieder klagen Erzieher darüber, daß Kinder zu Roheiten, Grausamkeiten und Schadenfreude neigen.

W. Hansen hebt hervor, daß in vielen Fällen die „Liebe" des Kindes zum Tier von einem Erlebnis der Macht bestimmt wird, welches Kinder beim Umgang mit Tieren spüren; es wäre verfehlt, voreilig auf einen Hang zur Tierquälerei und Grausamkeit zu schließen. Kinder sind beispielsweise stolz, wenn sie einen Hund an der Leine führen, wenn die Katze auf ihr Locken heranspringt und wenn der Hamster im Sandkasten unbedingt den vom Kinde gegrabenen Wegen folgen muß.

„Bei den meisten sogenannten Roheitshandlungen des Kindesalters legen jedoch entwicklungspsychologische Momente andere Deutungen nahe. Da ist zunächst der Umstand, daß Kindern die Möglichkeit des Mitfühlens noch in weitem Maße fehlt. Dem Erleben des Kindes ist die Innenwelt weder im eigenen noch im fremden Seelenleben erschlossen. Sein Auffassen richtet sich noch fast ausschließlich auf Äußeres. Daher vermag es sich in den, der unter seinem Tun leidet, noch nicht hinein zu versetzen.

Ein zweites Moment . . ., muß darin gesehen werden, daß das Kind bei seinem Tun auf andere Ziele gerichtet ist, als der Erwachsene annehmen mag, und daß durch intensive Beteiligung in dieser ihm naheliegenden Richtung Seiten, die dem Erwachsenen vordringlich sind, verdeckt werden. So können bei dem Schaden eines anderen die Sensation oder Komik, die dadurch dokumentierte eigene Überlegenheit oder der eigene Vorteil hervorstechen und zur Freude Anlaß geben, ohne daß echte Schadenfreude vorliegt. Beim Quälen von Tieren handelt es sich sehr oft um Erkenntnisstreben, das den Schmerz des Tieres nicht beachtet. Und wenn im reiferen Kindesalter die Machtkämpfe untereinander oder die Schikanen Erwachsenen gegenüber gelegentlich zu Brutalitäten ausarten, so darf man nicht das Rauschartige und dadurch Fesselnde dieser Austragungen übersehen, die den Blick einengen. Im übrigen sei daran erinnert, daß der seiner Geltung sichere Junge sich in Auseinandersetzung mit anderen durchweg fairer benimmt als der wenig Geachtete, der umso unangenehmer nach unten tritt, je mehr er sich nach oben bücken muß." [15]

A. M. Krüger, von einem „soziologischen" Gesichtspunkt ausgehend, nimmt folgende Einteilung vor:

Erlebt das Kind das Tier übergeordnet, dann bestimmen magische Vorstellungselemente oder starke Affekte (Furcht) das Verhältnis des Kindes zum Tier; ist das Tier nebengeordnet, so wird es vom Kinde als aktiver Spielpartner oder als Objekt interessierten und liebevollen Beobachtens angesehen;

schließlich kann das Tier untergeordnet sein, womit es zum Sammel- oder Erziehungsobjekt des Kindes wird; in diesem Falle kann sich zwischen Kind und Tier eine Art Despotieverhältnis entwickeln.

Gewiß darf nicht übersehen werden, daß das Erleben und Verhalten des einzelnen Kindes in hohem Maße von seinen Eindrücken und von seiner Erziehung bestimmt wird.

Verhält sich ein Kleinkind dem Tier gegenüber neutral oder gleichgültig, so entspringen diese Haltungen weniger einer besonderen Einstellung zum Tier als vielmehr einer allgemeinen Passivität und geringeren Ansprechbarkeit. Selbstsichere, aktive und aufgeschlossene Kinder werden von den Dingen ihrer Umgebung angezogen und abgestoßen; ganz selbstverständlich spüren sie eine starke Wirkung vom Tier ausgehend und erleben Furcht, Gefesseltsein, Freude, Zuneigung u. a. m. So erweitert die Bekanntschaft mit dem Tier den Horizont des Kindes und bietet Möglichkeiten einer speziellen Kontaktaufnahme, welche, allerdings von klein auf geübt, die Bindungsfähigkeit insgesamt differenziert.

„Der Umgang mit Tieren kann ... eine Fülle von Gefühls- und affektiven Erlebnissen verschiedener Art und verschiedenen Grades bedeuten: Freude und Schmerz, Erwartung und Enttäuschung, Zuneigung und Abneigung, Mut und Verzagtheit, Mitfreude und Mitleid, Selbstgefühl und Reue, Zutrauen und Furcht ..., Überlegenheit und Beschämtheit, um nur einige polare Gegensätze zu nennen, zwischen denen eine Skala verschiedener Gefühle möglich ist. So gewinnt das Tier für die seelische Entfaltung ... eine wichtige Funktion als Anreger reaktiver Gefühle und Affekte. Im Umgang mit Tieren durchläuft das Jungmädchen, ihm unbewußt, eine Schule der Gefühle, auch der Eigenwert – und Fremdwert –, der sozialen Gefühle und dies in einer Entwicklungsphase, die im Umgang mit Menschen Gefühlsarmut vortäuschen kann ... In keiner Persönlichkeitsanamnese ... mit Erziehungsschwierigkeiten sollte das Verhältnis zum Tier übergangen werden. ... Gerade bei gefühlsgestörten Mädchen (Kindern), bei solchen mit herabgesetztem Selbstwertgefühl, mit aggressiven Tendenzen, mit unentwickelten Gefühlen, die Gefühlsbarkeit vortäuschen, sollte Umgang mit Tieren, Pflege von Tieren in die Therapie eingeschaltet werden ...“ [38]

4. Die Fabel als Spiegelung des Erlebens

Reich und mannigfach verschlungen ist auch der Niederschlag der Mensch-Tier-Beziehung in der *Dichtung*, also der Sage, dem Märchen, der Legende, dem Sprichwort. Unmöglich an diesem Orte auch nur annähernd auf diese Zusammenhänge einzugehen; es sei jedoch die *Tierfabel* noch erwähnt, denn sie zeigt am deutlichsten, wie sehr der Mensch am Beispiel des Tieres seine eigene Lage zu klären versucht. „Die Fabel ist bewußte dichterische Umsetzung des Tieres in eine menschliche Sphäre nach Sprechen und Handeln, um dem Menschen im Tier einen Spiegel vorzuhalten.“ [5]

Auffallend bei den ältesten Fabeln ist, daß die Tiere stets die Rolle des „Menschlichen“ und nicht die dieses oder jenes konkreten Menschen spielen. Wir können verallgemeinernd sagen: die Tiere sind Symbole für „Triebhaftigkeit, Zuständlichkeit, Verkörperungen für besondere Eigenart und Verfassung. ... Die tierische Gegenständlichkeit wird zum Ausdruck einer Zuständigkeit. Die Tiere werden zu Symbolen, Entsprechungen, Sinnbildern bestimmter Wesensart.“ [13]

Der Grieche *Äsop* und der Römer *Phädrus* sind die Stammväter der Kunst der Tierfabel. Die im 10. Jahrhundert nach Christi Geburt entstandene literarische Sammlung von Romulus hat sie dem christlichen Mittelalter vermittelt. Am bemerkenswertesten ist das im Mittelalter weitverbreitete Tierbuch, der sogenannte *Physiologus*.

„Es ist eine christliche Zoologie, deren Ziel nicht Naturerkenntnis ist, sondern allegorische Naturdeutung. Wirkliche und fabelhafte Eigenschaften wirklicher und fabelhafter Tiere werden darin durch allegorische Deutung zu dogmatischen Tatsachen namentlich aus dem Kreise der Erlösungslehre oder zu moralischen Forderungen in Beziehung gesetzt. Wichtig ist also nicht, was ist, sondern was das Seiende bedeutet. Die Löwin, so wird etwa berichtet, bringt ihre Jungen tot zur Welt. Nach drei Tagen kommt der Vater und weckt sie durch sein Gebrüll zum Leben. Diese naturwissenschaftlichen Tatsachen festzustellen, ist nicht Sinn des Werkes, vielleicht bedeutet dieser Vorgang, daß Christus drei Tage tot im Grabe ruhte, bis ihn die Stimme des Vaters zur Auferstehung weckte." [5]

Im Reinecke Voß, zuerst 1498 in Lübeck gedruckt, haben wir die klassische Form dieser Tierdichtung, die zugleich zum unübertroffenen Volksbuch in Deutschland geworden ist. *Lessing* vor allem erhebt die Fabel zu einem vollendeten Lehrstück der Darstellung des Menschlich- Allzumenschlichen.

Und *Wilhelm Busch* führt am Beginn unseres Jahrhunderts in seinen Bildern und Reimgeschichten, dem Unglücksraben Hans Huckebein, dem Affen Fips und in Plitsch und Plum, den Hunden, die Tradition der Tierfabel weiter. Man blieb also in der Literatur nicht bei den Äsop'schen Fabeln stehen, sondern ging zur freieren, phantasievolleren Welt des selbsterdichteten Tierepos über. Das Tierepos ist oft Tummelplatz beißender Satire. Diese illustrierten Tierdarstellungen weisen einen wesentlichen Unterschied zu der malerischen Widergabe auf, denn im Illustrieren liegt ein Abkürzen und Deuten.

5. *Die Tierkarikatur und -satire*

Die Karikaturisten verwenden Tier und Pflanze überaus häufig in ihren Darstellungen. Meist sind es morphologische oder biologische Analogien oder aber auch zufällige Übereinstimmungen des Sprachgebrauchs, die dazu verleiten, den Menschen oder menschliche Einrichtungen in Tiergestalt zu verspotten. Die Einkleidung in Tiergestalt erhöht die satirische Wirkung.

„Seit Olims Zeiten spricht und reimt man von der königlichen Majestät des Löwen, der Grausamkeit des Tigers, der Gefräßigkeit des Wolfes, der Genäschigkeit des Bären, der Dummheit des Esels, der Treue des Hundes, der Weisheit des Elefanten, der Verschlagenheit des Fuchses, der Falschheit der Katze, der Geilheit des Bockes, der Unflätigkeit des Schweines, der Langsamkeit der Schnecke, dem Fleiß der Biene und so weiter fort. Der Satiriker kleidet die Menschen, die er in seiner Zeichnung verspotten will, unter drastischem Hinweis auf bestimmte Eigenschaften ihres Charakters schonungslos in das Gewand jener Tiere, denen solche Eigenschaften zugeschrieben werden." [21]

Wichtig ist, daß die Satire sich nur einer verhältnismäßig kleinen Anzahl von Tiertypen bedient, sie verwendet vorwiegend Tiere, die mit dem Menschen in ständiger Beziehung als Haus-, Zucht-, Jagdtiere leben. Zwei Gründe scheinen diese Beschränkung zu bedingen. Einmal will die Satire breite Schichten ansprechen, zum anderen entsteht sie auf rationalem Wege mit dem Ziel, menschliche Schwächen zu ironisieren (siehe Seite 61). Damit entfernt sich die Satire aber von symbolischer Erlebnisweise – wie wir sie in Mythen und Märchen finden –, die auf einem sinnlichen Akt gesteigerten Schauens beruht.

Es gibt keine Form der Existenzaussage, sei sie allgemein ideeller, künstlerischer, wissenschaftlicher und religiöser Natur, die nicht zum Tier, dem älteren Bruder, Bezug nähme. Nicht nur im Rahmen historisch-genetischer Sicht findet das Anliegen unserer Bildbetrachtung seinen Ort, auch eine Besinnung auf den religiös existentiellen Zusammenhang erhellt unser Problem. In seinem Verhältnis zum Tier nimmt der Mensch teil am Schöpfungsgeheimnis. Die gleiche kreatürliche Beschaffenheit mit den aus ihr sich bedingenden Gesetzen haben zur Folge, daß der Mensch – wie schon bereits erwähnt – im Tier sein Spiegel- bzw. Abbild glaubt erschauen zu können. Im Zentaur hat der Mensch sogar eine Zusammenschau geschaffen dessen, was Mensch und Tier bindet. In diesem Doppelwesen findet er eine einmalige Gestaltung seines Daseins. Halb Tier, halb Mensch, beiden Bereichen zugehörig, widerstreitend in beiden Bereichen, ist er das Wesen zwischen zwei Welten. Doch der Mensch „steckt im Naturgrund, aber er weiß es, weil er noch anders und mehr ist. Er schaut über die Natur hinaus, in dem er sie anschaut – als ihm nächste das Tier, das mit anima begabte animal . . . Es ist Gemeingut der Menschheit im Tier, die uns nächste Manifestation des Dämonischen in der Natur zu sehen." [4]

Die Beziehung des Menschen zum Tier, nur kurz skizziert unter verschiedenen Aspekten, berechtigt ohne Zweifel dazu, gerade das Tier als *Projektionsträger* für die Familienmitglieder im Erleben des Kindes zu wählen. Im Unterschied etwa zu einem Verfahren: „Zeichne Deine Familie als Pflanzen" hat der Test „Familie in Tieren" den eminenten Vorzug, daß das Tier einen größeren Aktionsradius hat und über die Tier und Pflanze verbindende Physiognomik hinaus echte Ausdrucksbewegungen zeigt.

III. Die statistische Auswertung von zweitausend gezeichneten „Familien in Tieren"

1. *Die zeichnerische Gestaltung des Kindes*

Das Zeichnen, eine der ältesten Ausdrucksformen des Menschen überhaupt, ist – den sprachlichen Ausdruck ersetzend – eine der wichtigsten Kunstformen. Kinderzeichnungen haben im allgemeinen wenig mit Kunst zu tun, denn der objektive Wert, der dem Kunstwerk eignet, kommt ihnen in der Regel nicht zu. Doch unterscheiden sich bereits die sogenannten „Kritzeleien" der Kleinkinder voneinander (man spricht etwa bis zum vierten Lebensjahr von Kritzeleien; sie sind gekennzeichnet durch das Fehlen jeglicher Struktur); sie entstehen aus dem Bewegungsdrang oder aus der Freude an der Bewegung. „Sie weichen voneinander ab in ihrem Antrieb, in ihrer Zügigkeit, in ihrer Hemmungsfähigkeit." [14] Daher ist der diagnostische Wert der Kinderzeichnung bedeutsam; verwunderlich allerdings, daß die Möglichkeit der diagnostischen Erhellung der Kinderzeichnung erst gegen Ende des vorigen Jahrhunderts voll wahrgenommen wurde. Diese Tatsache wird jedoch verständlich, wenn man bedenkt, daß erst um diese Zeit die Kindes- und Jugendpsychologie ihren Aufschwung nahm. *Erich Stern* [33] weist in diesem Zusammenhang darauf hin, daß Claparède im Zeichnen eine Art von Sprache sieht, die dem Kinde eigen ist und die oft eine feiner nuanciertere Äußerung darstellt, als andere Ausdrucksformen. Er erwähnt weiter die Forschungen der Psychologen Goodenough, Luquet und Kerschensteiner, die in der Zeichnung des Kindes einen Hinweis auf die Struktur seiner Persönlichkeit, die Erlebnisse und Konflikte, aber auch auf Höhe und Artung der Intelligenz sehen. *Richard Kienzle* [20b] betont, daß sich in der zeichnerischen Entwicklung die verschiedenen Kräfte nacheinander entfalten und daß deshalb in den einzelnen Altersstufen verschiedene Bildarten besonders häufig auftreten. Er gibt eine Aufstellung der „Wurzel- und Triebkräfte", die auslösend und bestimmend auf das bildnerische Tun wirken." [20a]

1. Der Äußerungs- und Bewegungsdrang (Bewegungsfreude, Spieltrieb, technisches Probieren, Nachahmen).
2. Der Ordnungsdrang, der dazu führt, daß die vorwiegend motorisch bedingten Kritzeleien geordnet, durch „Zumachen" begrenzt und geschlossen und in ihrer Struktur gerichtet werden.
3. Das Schmuckbedürfnis, welches zu verzierendem Linienspiel, zu ästhetisch rhythmischem Ordnen und zum Erfassen ornamentaler Gesetzmäßigkeiten führt.
4. Der Darstellungsdrang, sei es als Bedürfnis zur Selbstdarstellung oder als Abbildetendenz und Formstreben.

Durch die verschiedenartigsten Verbindungen dieser Tendenzen entstehen nach und nach unterschiedliche Gebilde, bei deren Gestaltung der eine oder andere Antrieb vorherrscht. Zum Beispiel:

1. Die gegenstandsfreie, ungeordnete Kritzelei, die nur aufgrund des Äußerungsdranges entsteht.
2. Die geordnete Kritzelei (Äußerungsdrang *und* Ordnungstendenz), bei der zwei Unterarten unterschieden werden können, die mehr rhythmische Kritzelei, bei der schon eine Mitwirkung der Abbildetendenz spürbar ist und die schlicht geordnete.
3. Das Ornament (Äußerungsdrang, Ordnungstendenz, Schmuckbedürfnis)
4. Die Darstellung (hier können sämtliche Antriebskräfte wirken):
   a) sinnbildliche Darstellung
   b) abbildemäßige Darstellung

Viele Merkmale, die bei der kindlichen Behandlung der menschlichen Figur beobachtet werden, erscheinen bei der kindlichen Darstellung der Tiergestalten wieder. Das Interesse der Kinder an Tieren, besonders an Vierfüßlern, führt sie dazu, dieselben schon auf einer frühen Stufe zu zeichnen. Katze und Hund figurieren unter den frühesten Modellen. James Sully führt aus, daß die ersten, „kunstlosen" – im Alter von drei und vier Jahren auftretenden – Versuche im Zeichnen von Tiergestalten eine große Unvollständigkeit in der Auffassung und einen Mangel an Sinn für Stellung und Gleichmaß aufweisen. [35] Dieses bestätigt viel später Richard Kienzle [20a], wenn er hervorhebt, daß anfänglich für Fische und Säugetiere gleicherweise „Urformen" gezeichnet werden. Allmählich unterscheiden sich die Tiere deutlicher durch Beifügung charakteristischer Merkmale: Die Fische erhalten Flossen, die anfangs durch gestrichelte Federn bezeichneten Vögel entwickeln sich über das Schwalben-Schema zum gefiederten, mit Schwingen und Schwanz versehenen Tier. Bei den Säugetieren tritt nach anfänglicher Gleichförmigkeit durch Anbringen von Gehörn, Schweif, Ringel- oder Mauseschwanz eine Differenzierung ein.

Die Seitenansicht bevorzugen die Kinder in der Regel von Anfang an; das jüngere Kind bringt noch keine klare Darstellung der Seitenansicht zustande, sondern zeichnet regelmäßig die Vorderansicht des Kopfes oder selbst bei Profildarstellungen zwei Augen.

Es versteht sich von selbst, daß das zeichnerische Können, vor allem aber die Einstellung zum Gestalten bzw. zum Musischen des einzelnen Kindes wiederum von der Atmosphäre im Elternhaus geprägt wird. Es gibt keine isolierte Erziehung zur Tierliebe und keine isolierte Erziehung zum Musischen, sondern nur eine Erziehung zur offenen Weltbegegnung. „Musisches Erleben ist weder eine seelische Randerscheinung noch ein einziger Bereich, das Musische ist eine zentrale menschliche Lebensform, ein Prinzip des Lebendigen. ... Die individuelle Auszeugung ist das Produkt eines Reifungsgeschehens und zugleich eines Lehr- und Lernprozesses." [7]

Zeichnung und Handschrift haben viel Gemeinsames. *Hans Wolff* [37] weist auf den Zusammenhang zwischen Handschrift und Zeichnung hin und bringt mehrere Beispiele, von denen drei erwähnt werden sollen. Die Schrift Michelangelos charakterisiert er als eigenwillig, gebändigt durch Instinkt und Gefühl für das Maß, die Zeichnung dementsprechend als wuchtig, großzügig, monumental. Die Schrift Raffaels sei die feingliedrige Schrift des Ästheten. In der Zeichnung erkennen wir weiche, verfeinerte, maßvolle Formen. Wilhelm Buschs Schrift zeugt von Vitalität, Kraft und Willensstärke, Verzicht auf alle Umschweife und alles Dekorative. Die Zeichnung zeigt in ihrer Schlichtheit die gleichen Züge. Trotz dieser Übereinstimmung zwischen Zeichnung und Handschrift sollen auch einige Unterschiede hervorgehoben werden. Bei der Zeichnung liegen Inhalt und Ausführung (Form) noch in der gleichen Sinnessphäre, dem Schauen. Beim Zeichnen ist der Inhalt das Bild, beim Schreiben ist der Inhalt das Wort, die Sprache. Somit ist das Zeichnen ursprünglicher als das Schreiben, das erst aufgrund einer Schriftvorlage erlernt werden muß.

Diese Ausführungen bedeuten in Bezug auf das diagnostische Verfahren „Familie in Tieren“ ein Zweifaches; erstens: die Kinder kommen der Aufforderung ihre Familie in Tieren zu zeichnen gern nach, da ja ihr Gestaltungsdrang angeregt wird; zweitens: das unmittelbar seelische Erleben ist ablesbar an den Zeichnungen. Eine weitere Aufgabe ist es, diese Aussagen nachzuprüfen beziehungsweise zu bestätigen. Bei der Deutung der „Familie in Tieren“ muß schließlich die zeichnerische Fähigkeit des Kindes mitberücksichtigt werden.

Ergänzend sei betont, daß bei der psychologischen Deutung einer Zeichnung auf ihre *formale* Auswertung nicht verzichtet werden kann. Erst die graphische Analyse, die unter Einbeziehung der von der Graphologie gewonnen Einsichten vorgenommen wird, verhindert Fehlschlüsse der inhaltlichen Interpretation.

2. *Die statistischen Erhebungen*

Bevor Zeichnungen der „Familie in Tieren“ analysiert werden, ist die Berechtigung des Verfahrens zu klären und sind Gesichtspunkte der Interpretation zu finden. Zu diesem Zweck folgende Fragen:

1. Welche Tiere spielen überhaupt im kindlichen Erleben eine Rolle?

2. Nimmt das Kind die Aufforderung, seine Familie in Tieren zu zeichnen freudig, ablehnend, gleichgültig auf? Was geht im Kinde aufgrund der Anweisung vor sich? Die Reaktion des einzelnen Kindes ist nur dann diagnostisch verwertbar, wenn man weiß, wie Kinder im allgemeinen reagieren.

3. Findet für die Darstellung der Tierfamilie eine charakteristische Auswahl unter den bekannten Tieren statt, so daß die Vermutung gerechtfertigt ist, daß durch die Test-Anweisung das Kind zur vertieften Darstellung seiner Erlebnisweise angeregt wird? Werden spezifische Tiere für spezielle Familienangehörige besonders häufig verwendet?

4. Welche Eigenschaften verkörpern für das Kind die einzelnen Tiere? Dieser Einblick ist entscheidend für die Deutung des Tiercharakters in Bezug auf den Charakter des betreffenden Familienangehörigen bei der Einzelauswertung.

5. Welche formalen und inhaltlichen Darstellungsmöglichkeiten kommen bei den zweitausend Zeichnungen vor? Diese bilden dann die formalen und inhaltlichen Deutungsgesichtspunkte bei der Einzelauswertung.

a) Die Versuchsanordnungen

Die Entwicklung des Tests basiert auf drei Erhebungen. Für die drei Erhebungen standen jedesmal die gleichen rund zweitausend Kinder zur Verfügung (Münchner Volksschulkinder: 1 067 Buben und 955 Mädchen). Zehnjährige sind für dieses Vorhaben besonders geeignet aus zwei Gründen:

Erstens befindet sich das zehnjährige Kind in der Hoch-Zeit der Kindheit. Solange die Kinder im Märchenalter leben, sind sie noch mehr oder weniger eins mit der Welt. Obwohl durch das erste Trotzalter und dem damit verbundenen Icherwachen eine erste Eigenständigkeit erreicht wird, rettet sich das Kind doch in der Märchenwelt ein Stück Zauber des Einsseins und der grenzenlosen Möglichkeiten. Die Tiere sind den Kindern noch Brüder und Schwestern, die im Märchen ebenso sprechen und handeln wie sie selbst. So kann sich das vier- bis fünfjährige Kind bald als Hund, bald als Löwe, bald als Katze fühlen. In der mittleren Volksschulzeit vom neunten bis zum elften Lebensjahr besteht zwischen dem Naiv-Kindlichen und dem kritischen Urteilen ein Gleichgewicht; jenes ist im Abklingen, das andere beginnt soeben aufzukeimen.

Zweitens ist es günstig, daß das zehnjährige Kind auf dem Höhepunkt der natürlichen Zeichenfähigkeit steht. Phasenspezifische Sonderheiten – wie sie besonders in den sogenannten „Erregungsphasen“ (Busemann) charakteristisch sind –, werden vorerst ausgeklammert. Ebenso wird bei den statistischen Erhebungen keine Rücksicht auf Geschlecht, Stammeszugehörigkeit und soziale Herkunft des Zeichners genommen.

Die erste Erhebung klärt die Frage, welche Tiere überhaupt im kindlichen Erleben eine Rolle spielen und welcher Stellenwert dem einzelnen Tier innerhalb der Gesamtzahl der genannten Tiere zukommt. Die Aufforderung lautet:

„Zeichne drei Tiere“

Die zweite Untersuchung fand vierzehn Tage später statt. Sie gibt Auskunft darüber, wie das Kind die Aufforderung, seine Familie in Tieren zu zeichnen stimmungsmäßig beantwortet. Zugleich wurde ermittelt, welche Tiere für die Tierfamilie verwendet werden. Ein Vergleich mit der ersten Erhebung zeigt auf, ob die Darstellung der „Tierfamilie“ zu einer besonderen Wahl verleitet. Die nachfolgende Anweisung ist das Ergebnis von Versuchen, die über Jahre hindurch getätigt wurden. Es galt, die einfache Anweisung „Zeichne Deine Familie in Tieren“ so einzukleiden, daß das Kind möglichst stark angeregt und gleichzeitig möglichst wenig festgelegt wird. Die Aufforderung lautet:

„Du kennst doch Märchen, da werden oft Menschen in Tiere verwandelt und umgekehrt. Stelle Dir einmal vor, Deine Familie wäre eine Tierfamilie und zeichne Euch alle, natürlich auch Dich selbst, als Tiere. Numeriere bitte die Reihenfolge, nach der Du zeichnest und schreibe unter jedes Tier, wen es darstellen und was für ein Tier es sein soll. Es kommt nicht darauf an, daß Du besonders schön zeichnest, sondern nur darauf, was Du darstellen willst.“

(Diese Anweisung kann ja nach der Entwicklungsstufe des Kindes etwas abgeändert werden.)

Mit Absicht heißt es in der zweiten Zeile „Deine Familie wäre eine Tierfamilie" und nicht „wäre verwandelt in . . .". Der Hinweis auf Märchen und Verwandlung soll nur als Einleitung mehr atmosphärischer Art dienen und nicht weiter betont werden, um das Kind in dieser Richtung nicht zu sehr festzulegen. Analog der ersten Untersuchung wurde auch bei der zweiten Erhebung die Häufigkeit bestimmt, mit der ein Tier gewählt wurde und anschließend eine Rangreihe aufgestellt. Darüber hinaus ist aufschlußreich, wie sich die gezeichneten Tiere auf Vater, Mutter, Bruder, Schwester, Großvater, Großmutter, Bub, Mädel, Onkel, Tante zahlenmäßig verteilen. Theoretisch besteht die Möglichkeit, daß es für jeden Familienangehörigen bevorzugte Tiere gibt.

Neben dem eigenen statistischen Wert jeder der beiden Erhebungen, bildeten sie auch noch die notwendige Voraussetzung für die dritte Befragung. Unmöglich, eine Eigenschaftsliste sämtlicher Tiere zusammenzustellen, bildeten die von den Kindern gezeichneten Tiere die Grundlage des Katalogs. So wurden vierzehn Tage nach der zweiten Erhebung die zweitausend Kinder veranlaßt, hinter die insgesamt ermittelten Tiere die guten und die schlechten Eigenschaften zu schreiben. In dem Katalog werden die einhundertacht Tiere alphabetisch aufgeführt. Ihre – von den Kindern genannten – guten Eigenschaften werden mit „+", die schlechten mit „-" in der Liste gekennzeichnet. Die Reihenfolge, in der diese Eigenschaften hintereinander aufgeführt werden, entspricht der Häufigkeit, mit der die Kinder ihrerseits sie angaben. Diese Eigenschaftsliste ist als Vororientierung für die spezielle Deutung des Tiercharakters von grundlegendem Wert.

Die Auswertung der drei Erhebungen ergibt die Grundlagen der Deutung des einzelnen Bildes „Familie in Tieren".

b) **Die Statistik**

„Zeichne drei Tiere"

Zweitausend Kinder zeichneten die Tiere in folgender Häufigkeit:

1.	Schlange	716	20.	Storch	88	39.	Strauß	28
2.	Hase	464	21.	Gans	96	40.	Adler	26
3.	Fisch	378	22.	Kamel	96	41.	Eule	24
4.	Vogel	362	23.	Käfer	66	42.	Walfisch	24
5.	Pferd	336	24.	Esel	64	43.	Raupe	22
6.	Hund	288	25.	Löwe	31	44.	Spatz	20
7.	Elefant	258	26.	Krokodil	32	45.	Haifisch	18
8.	Katze	202	27.	Henne	28	46.	Gemse	18
9.	Igel	166	28.	Hirsch	25	47.	Amsel	16
10.	Ente	152	29.	Fuchs	48	48.	Bär	14
11.	Schwan	152	30.	Kuh	46	49.	Fliege	14
12.	Schmetterling	152	31.	Hahn	40	50.	Huhn	14
13.	Schwein	144	32.	Wurm	40	51.	Stier	14
14.	Giraffe	140	33.	Reh	38	52.	Ziege	14
15.	Maus	108	34.	Affe	36	53.	Maikäfer	12
16.	Eichhörnchen	104	35.	Kreuzotter	36	54.	Känguruh	12
17.	Schildkröte	100	36.	Spinne	36	55.	Tiger	12
18.	Schaf	98	37.	Taube	32	56.	Zebra	12
19.	Schnecke	98	38.	Nashorn	28			

„Zeichne deine Familie in Tieren“
Zweitausend Kinder zeichneten die Tiere in folgender Häufigkeit:

Nr.	Tier	Anzahl
1.	Schlange	683
2.	Vogel	682
3.	Hase	644
4.	Hund	563
5.	Pferd	506
6.	Elefant	461
7.	Fisch	439
8.	Katze	399
9.	Ente	270
10.	Schwein	253
11.	Giraffe	227
12.	Löwe	224
13.	Maus	223
14.	Igel	220
15.	Schmetterling	214
16.	Affe	152
17.	Storch	150
18.	Hirsch	135
19.	Kamel	119
20.	Schnecke	117
21.	Reh	114
22.	Huhn	112
23.	Schwan	108
24.	Gans	107
25.	Schildkröte	103
26.	Esel	101
27.	Eichhörnchen	100
28.	Schaf	100
29.	Fuchs	99
30.	Bär	82
31.	Kuh	80
32.	Hahn	70
33.	Stier	58
34.	Steinbock	57
35.	Tiger	56
36.	Adler	52
37.	Eule	51
38.	Lamm	49
39.	Krokodil	46
40.	Käfer	43
41.	Wurm	43
42.	Nashorn	38
43.	Pinguin	38
44.	Gorilla	37
45.	Papagei	37
46.	Strauß	37
47.	Taube	31
48.	Dackel	30
49.	Raupe	28
50.	Walfisch	26
51.	Maikäfer	25
52.	Wolf	25
53.	Specht	23
54.	Spinne	22
55.	Ziege	22
56.	Eisbär	21
57.	Ochse	21
58.	Frosch	20
59.	Schwalbe	20
60.	Gemse	19
61.	Rabe	19
62.	Biene	17
63.	Kreuzotter	17
64.	Spatz	17
65.	Zebra	16
66.	Leopard	15
67.	Fledermaus	13
68.	Eidechse	11
69.	Känguruh	11
70.	Krebs	11
71.	Pfau	11
72.	Hai	10
73.	Widder	9
74.	Drache	8
75.	Seehund	8
76.	Libelle	7
77.	Ratte	7
78.	Ameise	6
79.	Fliege	6
80.	Iltis	6
81.	Wespe	6
82.	Büffel	5
83.	Chamäleon	4
84.	Karpfen	4
85.	Pelikan	4
86.	Seestern	4
87.	Biber	3
88.	Geier	3
89.	Lama	3
90.	Wiesel	3
91.	Hamster	2
92.	Kröte	2
93.	Maulwurf	2
94.	Möwe	2
95.	Pudel	2
96.	Salamander	2
97.	Aal	1
98.	Antilope	1
99.	Blindschleiche	1
100.	Einhorn	1
101.	Floh	1
102.	Greif	1
103.	Jaguar	1
104.	Kaninchen	1
105.	Luchs	1
106.	Mistkäfer	1
107.	Muschel	1
108.	Nilpferd	1

Verteilung der Tiere auf die Familienangehörigen

Tier	Va	Mu	Bru	Schw	Opa	Oma	J	M	Onk	Tante	Summe
Aal			1								1
Adler	12	7	5	3	1	5	16	2		1	52
Affe	18	17	31	24	5	9	41	4	1	2	152
Ameise		1		2		1	1	1			6
Antilope			1								1
Bär	24	6	12	9	3	5	14	9			82
Biber	1	1					1				3
Biene	2	4	4	3				4			17
Blindschleiche	1										1
Büffel	1			1		1	2				5

Tier	Va	Mu	Bru	Schw	Opa	Oma	J	M	Onk	Tante	Summe
Chamäleon	1	1		1				1			4
Dackel	6	6	9	1			5	3			30
Drache	1	3				1	1	1		1	8
Eichhörnchen	13	20	12	12	2	2	19	20			100
Eidechse	2		3	1			3	2			11
Einhorn	1										1
Eisbär	5	1	2	4		1	5	3			21
Elefant	222	59	47	22	23	15	58	15	2	4	467
Ente	33	63	37	49	5	19	18	45		1	270
Esel	24	20	21	12	4	3	8	8	1		101
Eule	6	17	6	2	2	8	5	5			51
Fisch	57	106	72	61	6	28	55	49	4	1	439
Fledermaus	3	1	3	3		1	2				13
Fliege	1		3			1		1			6
Floh		1									1
Frosch	4	3	5	2	1		3	2			20
Fuchs	17	17	23	14	3	7	11	5	2		99
Gans	11	27	18	22	3	6	5	15			107
Geier			1	1			1				3
Gemse	4	5	3	2		1	4				19
Giraffe	65	57	34	23	7	12	21	7	1		227
Gorilla	11	4	9	2			10		1		37
Greif	1										1
Hahn	13	15	11	12	3	6	4	6			70
Hai	2	2			3		3				10
Hamster		1					1				2
Hase	116	152	85	90	10	20	49	117		5	644
Hirsch	55	27	16	6	4	2	19	6			135
Huhn (Henne)	10	33	13	20	1	8	10	12	1	4	112
Hund	122	134	102	59	15	16	64	47	2	2	563
Igel	31	38	34	33	9	12	18	43	2		220
Iltis	1	1	3				1				6
Jaguar				1							1
Käfer	4	13	4	10	3	2	2	5			43
Kamel	25	38	14	10	5	8	12	5		2	119
Känguruh	1	4		1		2	1	2			11
Kaninchen							1				1
Karpfen				1			2	1			4
Katze	53	121	45	70	8	17	23	58	2	2	399
Krebs		2	2	5			2	2			11
Kreuzotter	4	4		4		2	2	1			17
Kröte	1			1							2
Krokodil	5	14	11	6	2	2	4			2	46
Kuh	9	25	9	12	2	5	12	4		2	80
Lama	1		1							1	3
Lamm	10	18	5	6			4	5		1	49
Leopard	6	2		1	1	1	4				15
Libelle			2		1	1	2	1			7
Löwe	76	44	28	16	9	6	38	7			224
Luchs	1										1
Maikäfer	6	7	6	2	1		2	1			25
Maulwurf	1	1									2

Tier	Va	Mu	Bru	Schw	Opa	Oma	J	M	Onk	Tante	Summe
Maus	19	33	36	53	10	11	28	32	1		223
Mistkäfer							1				1
Möwe				2							2
Muschel						1					1
Nashorn	13	9	6	1		1	7	1			38
Nilpferd					1						1
Ochse	7	6	2	3		2	1				21
Papagei	10	9	3	9			6				37
Pelikan	1	1			1		1				4
Pinguin	10	9	6	1			10	1	1		38
Pfau	1	1		3		1	3	2			11
Pferd	205	125	42	27	6	12	60	27	2		506
Pudel								2			2
Rabe	3	9	1	1		1	3	1			19
Ratte			2	2	1		2				7
Raupe	3	5	5	6	2	2	1	4			28
Reh	24	36	10	19	1	2	11	11			114
Salamander								1	1		2
Schaf	20	26	10	14	1	7	10	12			100
Schildkröte	16	21	21	18	2	7	11	6	1		103
Schlange	124	128	116	103	17	35	98	47	7	8	683
Schmetterling	22	49	24	33	6	15	17	48			214
Schnecke	13	27	27	17	3	11	7	10	1	1	117
Schwalbe		7	2	4			5	2			20
Schwan	24	28	11	14	2	4	9	15	1		108
Schwein	42	47	59	26	7	10	38	20	2	2	253
Seehund	1	1		3		1	1	1			8
Seestern	1	1					1	1			4
Spatz	2	2	2	4		2	3	2			17
Specht	5	5	4	3		2	3	1			23
Spinne	4	4	5	4	2	2			1		22
Steinbock	9	18	5	4		1	15	4	1		57
Stier	26	9	6	2	3	2	6	2	2		58
Storch	32	47	13	18	3	7	11	15	1	3	150
Strauß	5	6	6	8	1	2	3	6			37
Taube	7	14	1	1		1	4	3			31
Tiger	11	11	7	6	4	1	15		1		56
Vogel	91	160	91	96	13	18	63	144	4	2	682
Walfisch	9	2	3	3	1	1	5	2			26
Wespe	1	1	1	2				1			6
Widder	3			2			3	1			9
Wiesel		1					1	1			3
Wolf	8	4	3	2			7	1			25
Wurm	66	9	10	7		2	6	3			43
Zebra	5	5	2	2		1				1	16
Ziege	4	7	4	3		1	1	1	1		22
Summe:	1887	2026	1299	1166	229	402	1067	955	47	48	9126

Zusammenstellung der fünf, beziehungsweise drei Tiere, welche für die genannten Familienmitglieder jeweils am häufigsten verwandt wurden:

Vater	1887	Elefant	222
		Pferd	205
		Schlange	124
		Hund	122
		Hase	116
Mutter	2026	Vogel	160
		Hase	152
		Hund	134
		Schlange	128
		Pferd	125
Bruder	1299	Schlange	116
		Hund	102
		Vogel	91
		Hase	85
		Fisch	72
Schwester	1166	Schlange	103
		Vogel	96
		Hase	90
		Katze	70
		Fisch	61
Opa	299	Elefant	23
		Schlange	17
		Hund	15
Oma	402	Schlange	35
		Fisch	28
		Hase	20
Junge	1067	Schlange	98
		Hund	64
		Vogel	63
		Pferd	60
		Elefant	58
Mädchen	955	Vogel	144
		Hase	117
		Katze	58
		Fisch	49
		Schmetterling	48

c) Die Eigenschaften der Tiere und die im Volksmund geläufigen Redewendungen

Daß das kindliche Wissen tief hineinreicht in die Erfassung der Eigenart der Tiere, beweist die Eigenschaftsliste (siehe S. 40). Von einer Zusammenschau aller

Wissenschaftszweige im Hinblick auf die Beziehung vom Menschen zum Tier gewönne man die sichersten Aufschlüsse dieses Tests. Da es sich aber in unserem Zusammenhang um eine psychische Wirklichkeit handelt, sind alle diejenigen Wissenschaftsbefunde und Methoden vorzuziehen, die das Tier eben als ein Geschöpf dieser besonderen menschlichen Erfahrung aufzeigen. Hierher gehören die Forschungsergebnisse der Mythologie und der Symbolik, wie sie vornehmlich von *Jung* und seiner Schule erarbeitet werden, wie überhaupt das ganze weite Feld der Tiefenpsychologie herangezogen werden muß. Auch die Volkskunde mit ihren Teilbereichen: Aberglaube, Zauberriten vermittelt Aufschlüsse. Im Rahmen dieser Arbeit müssen wir uns auf Hinweise beschränken.

Der nachstehende Katalog soll vorwiegend am Beispiel der Folkloristik aufzeigen, in welchen Deutungszusammenhang die Aussagen der Kinder gebracht werden können. Dabei schien es uns nicht wichtig, möglichst alle folkloristisch auffindbaren Eigenschaften der von den Kindern genannten Tiere zu zitieren; man muß sich hier mit ein paar charakteristischen Eigenschaften begnügen, umsomehr als das Schwergewicht dieses Katalogs auf Aussagen der Kinder selbst liegt und nicht zuletzt als die Angabe des Kindes ihren diagnostischen Wert in sich bereits zur Genüge besitzt (die meisten Angaben sind dem Werk *Bächthold-Stäublis* entnommen, die anderen Quellen siehe Literaturhinweis). Auch sind nicht alle Tiere in der deutschen Folkloristik von Bedeutung; so kennen die Kinder einige Tiere (zum Beispiel: Antilope, Jaguar, Nashorn und so fort) lediglich vom Besuch des Tiergartens, durch den Zoologie-Unterricht oder durch Schilderungen der Bilder- und Jugendbücher. Für diese Tiere führt der Katalog einfach die bekannten, hervorstechenden Merkmale auf. Die genannten Wissenschaftsergebnisse sollen lediglich Zusammenhänge beleuchten. So mußte auch verzichtet werden, im Katalog jeweils die genealogische Rückführung wie auch eine Genese im Sinne der Tiefenpsychologie anzumerken. Wenn es auch entwicklungsgeschichtlich gerechtfertigt ist, sich über die Herkunft einer Eigenschaft klar zu werden, charakterologisch jedoch – und um diese Betrachtung geht es an dieser Stelle – ist es nicht von ausschlaggebender Bedeutung; kann man doch eine weitgehende Übereinstimmung feststellen darin, was die einzelnen Völkerschaften und Kulturen über die Eigenschaften der Tiere im Sinne dieses Themas aussagen. Gerade darin, daß fast ausnahmslos dem Tier ambivalente Bedeutung zugesprochen wird, liegt die Bestätigung dafür, daß zum Tier überall eine ähnliche Beziehung besteht.

Die am Schluß des Katalogs aufgeführte alphabetische Zusammenstellung der im Volksmund geläufigen Redewendungen – die keinerlei Anspruch auf Vollständigkeit erhebt – zeigt deutlich, wie sehr vertraut dem Menschen der Tiervergleich ist. Ohne es zu bemerken, fließt er ständig in das Denken und damit in die Alltagssprache ein.

Entscheidend ist, die im Phänomen selbst liegenden Aussagemöglichkeiten genau zu sehen. Da ist einmal die Wahl der Tiere: Sie hängt ab vom Land und der Stammeszugehörigkeit. Vermutlich wird ein am Meer wohnendes Kind mehr von Wassertieren sprechen als eines, das im Gebirge lebt. Weiterhin wird wichtig sein für die Wahl der Tiere, welche Tiere im Elternhaus beliebt sind oder der heimatliche Tiergarten aufweist. Was nun die Eigenschaften betrifft, so ist zunächst zu bemerken, daß fast jedes Tier ganz allgemein ambivalente Bedeutung besitzt. Darin drückt sich sein Symbolcharakter aus. Im Symbol verkörpert sich kein Kausalprinzip, wohl aber das der Gegensatzvereinigung. Das symbolische Verstehen setzt daher eine besondere Denkform, die Denkform der Entsprechungen voraus. Dabei wird dann die Forderung der Widerspruchslosigkeit unwesentlich zugunsten der Aufgabe des Sinnerfassens und Sinnvergleichens. Mit der Symbolerfassung wird die Ursachenforschung verlassen zugunsten der Wesensforschung, die vor allem durch das Studium des Ausdrucks möglich wird.

„Im Gegensatz zur Allegorie (griech. ‚bildlicher Ausdruck'), unter welchem Begriff eine bildliche Rede- oder Darstellungsweise verstanden wird, in der ‚das Besondere nur als Beispiel, als Exemplar des Allgemeinen gilt' (Frau mit Waage und Schwert als Darstellung der Gerechtigkeit), schaut man im Symbol ‚im Besonderen das Allgemeine', ohne es gewahr zu werden oder erst spät (Goethe). Allegorisch sind Gleichungen (Pseudosymbole), Symbole sind Gleichnisse.

Symbol bedeutet ursprünglich ‚das Zusammengeworfene', das aus zwei Teilen bestehende Zeichen (griech. symbolon), und es heißt deswegen ‚Sinn- Bild', weil es im Gegensatz zur Allegorie nicht durch Übereinkunft und willkürliche Festsetzung entstanden ist, sondern weil Sinne und Bild sich hier vollständig durchdringen und der Sinn vornehmlich im Bilde und weit weniger verstandesmäßig übermittelt wird. So werden Symbole zu Sinnbildern und die symbolische Identität zur Einerleiheit eines Wesens in seinen oft recht verschiedenen Erscheinungen (Stundenglas, Sense, Sichel, Knochenmann, erlöschende Kerze u. a. als Todessymbol). Die symbolische oder Wesensidentität ist mithin völlig anderer Natur als die begriffliche bzw. sachliche Einerleiheit." [27]

Der Katalog führt daher die positiven und negativen Eigenschaften desselben Tieres auf. Die Reihenfolge der aufgeführten Eigenschaften wurde durch die Häufigkeit, mit der die Kinder diese bestimmten, festgelegt. Es gehört zur Aufgabe genauer Testauswertung, im Einzelfall herauszufinden, welche Eigenschaften das Kind mit der Darstellung des Tieres meinte. So ist für einen Teil der Kinder das Äußere des Tieres bestimmend für seine Wahl, die zoologische Erscheinung, die Schönheit oder die Nützlichkeit, für den anderen Teil sind es mehr seelisch-charakterliche Qualitäten unter beiderlei Vorzeichen (siehe Edelmut und Mordgier des Adlers). Nicht zuletzt darf der Anteil der Spiel- und reinen Darstellungsfreude des Kindes am Zeichnen der Tiere nicht übersehen werden.

Es sei noch einmal kritisch vermerkt, daß die Eigenschaftsliste auf mehr oder weniger rationalem Wege zustande kam, das heißt, das Kind legte durch Nachdenken schriftlich die von uns dann später zusammengestellten Eigenschaften fest. Wir nehmen an, daß ihm diese Eigenschaften zuflossen aus Phantasie, Erlebnis, Erinnerung und Erkenntnis, wobei möglicherweise beim Aufschreiben die Kenntnis und beim Zeichnen mehr das Erlebnis in den Vordergrund rückten.

Am Schluß dieser Betrachtungen soll am Beispiel von zwei Äsopschen Fabeln sichtbar werden, wie sehr im Tiervergleich jenes allgemein menschliche Anliegen offenbar wird, vor- und miteinander in ein klärendes Verhältnis zu kommen.

Die Tugend der Tiere [1]

Wie sonderbar, sagte der König der Tiere, daß die Menschen von Löwenmut reden, wenn sie ihre eigene Kühnheit auszeichnen wollen:

Sie sprechen auch von Hundetreue, von Bienenfleiß, von Lammsgeduld und Schlangenklugheit, zählte der Fuchs auf. Und sie tun dies, schloß er, weil ihnen in ihrem Kreise die Vergleichsmöglichkeiten für ihre höchsten Ideale fehlen.

Löwe und Tiger [1]
Warum erregen wir Raubtiere, wie man uns nennt, weit mehr Aufmerksamkeit des Menschen als unsere zahmeren Gefährten? fragte der Tiger den Löwen.
Weil wir Furcht einjagen, antwortete der Löwe.
Nein, ich glaube, versetzte der Tiger, weil wir Bewunderung einflößen. Ich spüre jedesmal, daß der Mensch bei unserem Anblick bis in die Knochen hinein von Bewunderung ergriffen wird. Es ist, als ob er in unseren Vorzügen seine geheimsten Ideale erkennt.
Wir können unsere Meinungen vereinen, schloß der Löwe: In unserer großen Gegenwart erzittert der Mensch vor sich selbst.

Aal

Ein zwitterhaftes, geschlechtloses Wesen. In Sagen und Märchen wird von dämonischen, riesigen und unheilverkündenden Aalen berichtet.
\+ glatt, harmlos, nützlich
\– glitschig, steif

Adler

Er ist der König unter den Vögeln. Götter und Dämonen nehmen seine Gestalt an; daher ist er göttlich und heilig; auch begabt mit magischen Kräften. Er geleitet die Seelen ins Jenseits. Dem geistigsten der vier Evangelisten, Johannes, ist er als Zeichen beigegeben. Als Orakeltier kommt ihm weissagende Kraft zu. Ihm zu begegnen bedeutet Glück; vielwissend wittert er Gefahren voraus. Er kann ungeblendet in die Sonne schauen; gefeit gegen den Blitz. In Verbindung mit dem Phönix ist er ein Symbol der Erneuerung, in Verbindung mit der Schlange unheilverkündend. Adler und Schlange deuten die Zweiheit von Körper und Geist an.
\+ majestätisch, königlich, hochgemut, vornehm, stolz, edel, tapfer, scharfäugig, kräftig, wachsam, klug
\– mordgierig, blutdürstig, räuberisch, angriffslustig, rücksichtslos

Affe

Der Affe gilt als ein von Gott verwunschener Mensch. In seiner Gestalt erscheinen die Geister, auch der Teufel. Der Mensch verbindet mit ihm etwas Unheimliches, die Karikatur seiner selbst, den Vormenschen. Ihm im Traum zu begegnen, erfüllt mit Peinlichkeit oder Angst. Er gleicht dem vertierten Schatten des Menschen.
\+ zutraulich, lustig, drollig, unterhaltlich, witzig, neckisch, possierlich, anhänglich, klug, gelehrig, gescheit, schlau, menschenartig, scherzhaft, gelenkig

– zänkisch, streitsüchtig, frech, bissig, tolpatschig, eitel, bettlerisch, gefräßig, hinterlistig, diebisch

Der Affe und sein Kind [30]
Jupiter kam einmal, begleitet von seinen Mitgöttern, zur Erde herab, denn er hatte den Tieren versprochen, ihre Nachkommen anzusehen und dem schönsten Jungen einen Preis zu geben.

Von allen Seiten strömten die Tiere herbei; und da wimmelte es von jungen Säugetieren, Vögeln und Fischen. Auch eine Äffin drängte sich zu den Göttern; stolz trug sie ihr Affenkind im Arme. Aber ach – was war es für ein nacktes, flachnasiges, kleines Geschöpf! Als die Götter es sahen, brachen sie in ein lautes Gelächter aus.

Eng drückte die Affenmutter ihr verspottetes Kindchen an sich. „Lacht nur!", sagte sie. „Überhaupt – Jupiter kann seinen Preis geben, wem er will! Ich brauche ihn nicht; ich werde doch immer mein Kleines am schönsten finden."

Ameise

Sie spielt eine große Rolle im Aberglauben der Völker. Riesen werden in Ameisen verwandelt. Verstorbene erscheinen zu bestimmten Zeiten als Ameisen unter den Lebenden; Gottlose werden damit bestraft, daß sie in Ameisen verwandelt werden, schwarze Ameisen bedeuten Tod.
+ emsig, fleißig, arbeitswütig, reinlich, hilfreich, unverdrossen, sparsam, flink
– streitbar, kampflustig, beißend, aufgeregt

Antilope

Folkloristisch unbekannt; zierliches Tier mit schlanken Beinen und großen Augen.
+ anmutig, zart, schön, lieblich, sanftmütig
– scheu, fluchtbereit

Bär

Der griechischen Sage nach gehört der Bär dem weiblichen Geschlecht an; er ist eine weibliche Gottheit. Den asiatischen und slawischen Völkern gilt er als Weib, den europäischen als Mann. Wegen seiner Menschenähnlichkeit hält man ihn für ein verwandeltes Wesen: er ist zum Beispiel der verwunschene Prinz, der Jüngling oder Vater, der unter dieser Gestalt den Mut seiner Tochter erprobt. Im Alptraum erscheint die Wandlung der Seele oftmals als Bär; unter seiner Gestalt verbergen sich Dämonen und Helden. In der Legende ist er Reittier oder Diener der Heiligen, Begleiter der Mutter Gottes. Die Mütterlichkeit des Bären wird als das Höchste empfunden. Seine Kraft ist sprichwörtlich, er gilt als das schwerste Raubtier, dessen Gewalt zwölf Männern gleichkommt. Die Bärin ist Königin der Höhlen und Gebüsche; zu allem was in der Tiefe wohnt, hat sie eine Beziehung

(Bärengraben). Der Jungbär ist das Symbol der Gutmütigkeit und Gelehrigkeit.
+ gutmütig, tolpatschig, drollig, stark, mutig, lustig, vergnügt, anhänglich, verspielt, tanzend
– plump, brummig, falsch, naschhaft, listig, räuberisch, kindisch, täppisch, „schlecksig", mörderisch, grob, unberechenbar

Biber

Kommt im europäischen Bereich kaum noch vor, bekannt seiner Klugheit wegen.
+ fleißig, emsig, wertvoll
– scheu

Biene

Als Honigspenderin ist sie Symbol der Auferstehung, der Wiedergeburt. Ihrem Honig wurde schon früh reinigende und bewahrende Kraft zugeschrieben. Mit Honig reinigten sich die Mitrasgläubigen Hände und Zunge von allem Sündhaften. Auch der Trank der Götter wurde mit Honig zubereitet. Der süße Seim des Honigs wurde so zur Lebensspeise, die Biene Verkörperung des Lebens.
+ honigspendend, fleißig, emsig, gerecht
– stechend, saugend, menschenfeindlich, flüchtig, naschend

Blindschleiche

Sie soll blind geworden sein aus Strafe für ihr ruchloses Verhalten der Mutter Gottes gegenüber, der sie mit Beißen drohte. Sie besitzt wahrsagerische Kräfte.
+ harmlos, ungiftig, friedfertig, glitschig, gutmütig, geschmeidig
– scheu, furchtsam, ängstlich, schreckhaft, kaltblütig, langsam, mutlos, dumm

Büffel

In der deutschen Folkloristik unbekannt. Besonders auffällig sind seine mächtigen, halbmondförmigen Hörner und seine gedrungene Kraft.
+ mutig, stark, stürmisch, kraftvoll, witternd, hellhörig
– stumpfsinnig, herrisch, angriffslustig, träge, stur, zottig, plump

Chamäleon

+ farbenwechselnd
– falsch, unheimlich, unzuverlässig, untreu

Dackel

Als Haustier gilt er als besonders klug, anhänglich und eigensinnig. Seine kurzen, krummen Beine sind auffällig.

+ folgsam, gemütlich, verspielt, lebhaft, gutmütig, jagdlustig, teuherzig, anhänglich, schelmisch, schlau
– krummbeinig, albern, kindisch, eigensinnig, unfolgsam

Drache

Er ist ein Untier, ein Dämon aus der Welt der Antike und der Bibel kommend. Der Teufel erscheint in seiner Gestalt, ebenso Naturwesen, Bach- und Seedämonen vor allem. Uralt in Höhlen hausend ist er von verschlingender Gewalt auf Schätzen hockend; nur ein Held kann ihn bezwingen. In Märchen und Legenden erscheint er auch als Hausgeist, als Kobold, als kleiner Kerl; meist in Tiergestalt als Hundekopf, Habicht, Eule, Huhn, Kalb, Katze. Der Drachenkopf bedeutet Mannbarwerdung, Erwachsensein.

+ stark, kräftig, mächtig, tapfer
– mordlustig, freßgierig, wütend, angsterregend, falsch, feuerspeiend, schrecklich, bösartig, blutgierig, abscheulich, grausam, schuppig, menschengierig

Eichhörnchen

Dies unruhige Klettertier ist ein Orakelwesen; der roten Farbe wegen und seiner Schnelligkeit wegen gilt es als Verkörperung des Blitzes. Sein Angang bedeutet Glück. Eichhörnchen sollen verwunschene Menschen sein, die an der Fallsucht leiden.

+ neidlich, possierlich, zutraulich, putzig, sorgsam, flink, vorsorglich, fleißig, gescheit, schnell, federnd, lauschend, kletterlustig
– diebisch, scheu, schüchtern, ängstlich, genäschig

Eidechse

Sie steht zum Sonnengott in Beziehung, daher liebt sie die Sonne. Auf römischen Grabsteinen erscheint sie wie der Schmetterling als Attribut des Todesschlafes und der Auferstehung. Unter der Gestalt einer Eidechse verläßt die Seele des Menschen den schlafenden Körper. Bald glaubt man in ihr eine verwunschene Prinzessin, bald eine Fee zu sehen, bald wird sie als gutes, bald als böses Tier betrachtet; sie kann glückbringend sein, aber auch verderbenkündend; bald Hexentier, bald Schutzgeist.

+ flink, hurtig, sonnenhungrig, artig, gutmütig, harmlos, nützlich, aufmerksam
– faul, angstvoll, schreckhaft, empfindlich

Einhorn

Es ist ein wildes, ungeheures, starkes Tier, meist in Pferdegestalt. Ihm kommt keine bodenständige volksabergläubige Bedeutung zu. Seine Bekanntschaft beruht auf gelehrter, literarischer Überlieferung. Bekannt ist sein Kampf mit dem Löwen, der sich vor einen Baum stellt, in den das Einhorn sein Horn bohrt und somit schutzlos wird.

+ stark, mutig, kämpferisch

– unheimlich, feindlich, angriffslustig, grausam

Eisbär

Von ihm sagt man, er sei von so heißer Natur, daß er nie frieren müsse. Wer auf dem Fell eines Eisbären geboren ist, wird nie frieren und immer gesund bleiben. Träumt man von ihm, kommt Oststurm.

+ freundlich, unterhaltlich, wasserlustig, drollig, gutmütig, gelehrig

– gefährlich, heimtückisch, bettlerisch, fischgierig, schwerfällig

Elefant

Er erscheint als mütterliches Großtier, als Geschöpf der Mutter Erde selbst. Er orientiert sich nach den Sternen und ist ständig im Kampf mit dem Drachen. Treue ist seine große Tugend. In Wirklichkeit soll er ein Mensch sein. (Den Indern ist er Symbol der Weisheit und der Wissenschaft.)

+ stark, kräftig, gescheit, talentiert, verständig, arbeitswillig, folgsam, zutraulich, musikalisch, verträglich, gutmütig, treu, spielerisch, langrüsselig

– zerstörfreudig, habgierig, reizbar, verfressen, eigensinnig, dick

Ente

Sie hat eine ähnliche Bedeutung wie die Gans; ein Orakeltier, das das Wetter ansagt; auch ein Hexentier. Die Seelen der Menschen nehmen oft Entengestalt an. In den Sagen wird von goldenen Enten mit goldenen Eiern gesprochen; das Herz der Ente bringt Glück.

+ nützlich, arglos, sauber, fürsorglich, gutmütig, schwimmend, wackelnd, wasserfroh

– geschwätzig, gierig, streitsüchtig, habsüchtig, watschelnd, quakend

Esel

Es ist das Tier der heiligen Geschichte. In Sagen und Legenden kehrt er wieder als

Begleiter der Heiligen; fromm kniet er vor dem Allerheiligsten, viel ist die Rede von goldenen Eselsfüllen, von Goldeseln. Er dient aber auch dem Teufel. Seine Dummheit ist sprichwörtlich. (In der Antike galt er als Symbol der Geilheit und männlichen Schöpferkraft.)

\+ dienstbereit, fleißig, zahm, gutmütig, nützlich, hilfsbereit, treu, dankbar, ausdauernd

– störrisch, dumm, eigensinnig, falsch, bösartig, unlogisch, töricht, stumpfsinnig, langohrig, halsstarrig

Der halsstarrige Esel [30]

Ein Bauer wollte mit seinem Esel über das Gebirge; lange Zeit ließ sich das Tier folgsam von seinem Herrn am Zügel halten. Da plötzlich, ohne allen weiteren Grund, fing es an, sich störrisch zu benehmen. Es bäumte sich, zerriß die Zügel und rannte nun blindlings auf einen Abgrund zu. Der Bauer, der das Tier retten wollte, lief, was er konnte. Er erwischte den Esel auch glücklich am Schwanze und zog und riß ihn mit aller Kraft am Rande des Abgrunds zurück. Jedoch der Esel war nicht zu bewegen, einen Schritt rückwärts zu gehen. Es hätte wenig gefehlt, so hätte er seinen Herrn noch mit in die Tiefe gerissen. Da ließ der Bauer ihn los. „Nun denn!“ schrie er, „so tue, was du willst, halsstarriger Geselle! Geh deinen eigenen Weg! Du wirst schnell genug herausfinden, daß ich dein Bestes wollte!“

Eule

Sie gehört zu den dämonischen Tieren. Ihr Ruf bringt Tod; sie ist der Totenvogel, das Leichenhuhn, der Hexenvogel; die Hexen tragen ihre Federn als Haarschmuck. Des Teufels Großmutter ist eine Eule. Ihr Erscheinen bedeutet Unglück, doch gilt sie auch als Spottvogel, als lustiger Kauz.

\+ wachsam, scharfsinnig, beobachtend

– unheimlich, gespenstisch, scheu, schläfrig, faul, nächtig, gleichgültig, mäusefressend

Falke

Er ist ein vornehmes, heiliges, göttliches Tier. Der Held wird mit ihm verglichen, auch die Geliebte. Er bringt Glück. Im Mittelalter vor allem diente er den Fürsten als Jagdtier. In Märchen und Legenden weist er den Weg durch den Wald und ist geschätzt als Wächter vor dem Feind.

\+ tapfer, kühn, jagdlustig, gutfliegend, gutsehend, zähmbar

– mordlustig, blutgierig, beuteklauend

Fisch

Der Fisch gilt in vielen Religionen als heilig; Götter und Dämonen in seiner Gestalt sind nicht selten. Vor allem ist er Symbol der Fruchtbarkeit und des Geheimnisses; als solches dem Christus Jesus zugeordnet; er ist aber auch Zeichen des

Kindersegens. Seine Fähigkeit im Wasser zu wohnen, bringt ihn in Zusammenhang mit dem Ursprungselement überhaupt alles Lebendigen. So wird er zum Symbol der Schöpfung, als Traumerscheinung Zeichen des Unbewußten, das sich im Bilde des Wassers verkörpert. Der Fisch dient als Dämonenabwehr und als Liebeszauber.

\+ geschmeidig, wendig, stumm, zart, empfindlich, geheimnisvoll, schwimmend

– gefräßig, flüchtig, ängstlich, langweilig, schuppig, kalt, glitschig

Fledermaus

Sie ist ein Nachtvogel. Daher gilt sie von je als ein rätselhaftes, gespenstisches Zwitterwesen, scheu, ängstlich; scharfsichtig, dämonisch; teuflisch, aber auch heilbringend. Sie zeigt Leben und Tod an, bald ist sie den Menschen freundlich, bald feindlich gesinnt.

\+ seltsam, wachsam

– gespenstisch, scheu, geisterhaft, unheimlich, furchterregend, tagscheu, häßlich, hängend

Die Fledermaus [30]

Es gab eine Zeit, in der die Säugetiere und die Vögel erbitterte Feinde waren. Große Schlachten wurden zwischen ihnen geschlagen, und zwar mit wechselnden Erfolgen. Feige und unentschlossen entschied sich die Fledermaus für keine der Parteien. Jedoch, wenn sie bemerkte, daß die Vögel Vorteile im Kampfe erzielten, so gesellte sie sich zu ihnen und schlug auf die Säugetiere los. Wenn es hingegen aussah, als wollten die Säugetiere Sieger sein, war sie in deren Reihen zu finden. Das ging, solange die Feindschaft dauerte, und alle Tiere zu beschäftigt waren, sich mit der Fledermaus abzugeben. Dann wurde der Friede geschlossen. Wo die Feldermaus anklopfte, wurde sie mit Schimpf und Schande davongejagt. So blieb sie – bis heute – eine einsame Verbannte.

Fliege

Seit je gilt sie als lästiges Insekt. Sie bringt Krankheit, Pest, Verwesung. Die menschliche Seele vermag in Gestalt der Fliege zeitweilig den Körper zu verlassen, oder sie lebt nach dem Tode als Fliege fort.

\+ neckisch, schnellfliegend, seidenflügelig

– lästig, eitel, gefräßig, frech, störend, naschhaft, aufdringlich, bazillenverschleppend, unappetitlich, stechend, unsauber

Floh

Ein Geschöpf des Schmutzes, der Fäulnis und des Mistes; dient als Vorzeichen, als Wetterprophet. Es gibt schlechtes Wetter, wenn er dem Menschen besonders zusetzt.

+ klein, springend, hüpfend, munter, wendig, flink, gewandt, albern
– blutgierig, hinterlistig, unbequem, ekelhaft, schmarotzend

Frosch

Der Frosch ist ein Teufel- und Hexentier. In Sagen und Märchen gilt der Frosch oft als verwunschener Prinz. In ihm wohnen arme Seelen und die Unterirdischen. Er ist ein Symbol der Fruchtbarkeit.
+ ulkig, witzig, harmlos, vergnügt, gesprächig, wetterkundig, weitspringend
– aufgeblasen, großmaulig, blasiert, eingebildet, quatschhaft, protzig, schreimaulig, vorlaut, schlapp, kraftlos, naß, glitschig

Fuchs

Er gilt fast bei allen Völkern als Hexentier, als Begleiter teuflischer Wesen, als Unterweltdämon. In seinem Atem birgt sich die belebende Kraft der Welt, in Gestalt einer schönen Frau betört er die Menschen und zusammen mit dem Wolf hütet er geheime Schätze. Sein Erscheinen ist aber nicht nur unglückbringend; der Fuchs steht sogar unter den hilfreichen Tieren an der Spitze. In vielen Märchen tritt er als Helfer des Helden auf. In den mittelalterlichen Predigtmärchen hält man ihm vier Untugenden vor: Habsucht, Verzweiflung, Falschheit, Verschlagenheit.
+ schlau, gescheit, berechnend, flink, geruchsinnig
– verschlagen, diebisch, stehlerisch, räuberisch, hinterlistig, gefräßig, lauernd, falsch, gemein

Der Fuchs und die Trauben [30]
An einem Rebstocke, der sich an einer hohen Mauer emporrankte, hingen wundervolle, saftige Trauben. Das sah ein hungriger Fuchs und gierig machte er sich daran, die Trauben zu erwischen. Ein um das andere Mal sprang er; sprang ganz verzweifelt, so hoch er konnte; ja schließlich versuchte er sogar die Mauer zu erklettern.

Aber alles umsonst – sie hingen doch zu hoch!

Nun, da sagte der Fuchs verächtlich: Diese Trauben sind mir viel zu sauer!, machte ein hochmütiges Gesicht – und ging davon. –

Gans

Sagen und Legenden berichten von goldenen, spukenden Gänsen, auch von Hexen in Gansgestalt und von Gänsen als Teilnehmer der wilden Jagd. Im Volksmund spricht man vom Gänsehimmel und meint damit das Hinterhaus des Himmels. Ein Sprichwort sagt: Der stirbt nicht, der fliegt mit den wilden Gänsen. Gänsen zu begegnen bringt Unglück; fliegen sie hoch, entsteht bald Feuer; wenn sie baden, gibt es Regen.

(Nach dem griechischen Mythos ist die Urmutter und Rachegöttin Nemesis eine Gans; sie gilt als Urbild des Erdhaften, des Urchaos. Bei den Ägyptern, Griechen und Römern wurde sie als Opfertier gehalten.)
+ gutmütig, zutraulich
– schwerfällig, dumm, angriffslustig, geschwätzig, watschelig, fett, wackelnd

Geier

Er ist ein Totenvogel, ein Tier des Teufels, bringt Unglück.
+ tapfer, draufgängerisch
– blutgierig, aasgierig, mordlustig, einsam

Gemse

Sie spielt eine bedeutende Rolle im Dämonen- und Teufelsglauben; dadurch, daß der Mensch ihr nicht folgen kann in der Natur, hat er sie mit vielerlei mantischen Vorstellungen in Zusammenhang gebracht; sie gilt als klug und gemeinschaftlich gesinnt. In ihrer Gestalt sollen sich Mädchen und Hexen verbergen. Eine weiße Gemse bedeutet Unglück; dem Jäger, der eine Gemse erlegt, bringt sie den Tod.
+ wagemutig, wendig, steigfreudig, freiheitsliebend, genügsam, mutig, kühn, gewandt, leichtfüßig, selten
– scheu, tollkühn, wild, eigensinnig

Giraffe

Unbekannt in der deutschen Folkloristik. Physiognomisch bemerkenswert durch ihren langen Hals; sie ist das höchste Landtier der Erde.
+ langhalsig, schlank, verträglich, stolz, friedlich, umgängig
– vorwitzig, neugierig, gefräßig, schlacksig, bissig, launisch

Gorilla

In vielen Sagen gilt der Gorilla als arbeitsscheuer, auch schweigsamer Mensch. Besonders betont wird seine übermenschliche Stärke.
+ menschenähnlich, mutig, stark, mächtig
– räuberisch, kampfwütig, rachsüchtig, machtlüstern, gefräßig, bissig, gefährlich, kraftmeierisch

Greif

Es ist ein Zaubertier, das Schätze hütet. Man stellt sich ein Mischwesen vor, das

sich oft aus Greif und Roß zusammensetzt; auch der Teufel verkörpert sich in ihm.
+ schnell, wild
– einsam, unheimlich, mörderisch, frech, listig, menschenfressend, habgierig

Hahn

Er ist ein Orakeltier, verkündet den Tag, indem er die Nachtgeister vertreibt, in ihm wohnt Zauberkraft; er ist das Prinzip männlicher Kraft. Der weiße Hahn bringt Glück, der schwarze Unglück, der rote verkündet Feuer. Seine Opferung soll die Götter gnädig stimmen.
+ stolz, prachtliebend, väterlich, gravitätisch
– eingebildet, hochmütig, kampflustig, eifersüchtig, machtgierig

Hai

Auf deutschem Boden kaum von Bedeutung. Er ist ein hinterhältiges Wassertier, das sich gern den Menschen als Beute wählt.
+ gewandt, schnell
– menschenfeindlich, gefräßig, großmaulig

Hamster (Maulwurf)

Beiden gemeinsam ist die Wühltätigkeit, beide Tiere leben unter der Erde und beide besitzen auch Zauberkraft.
+ arbeitsam, sparsam, vorsorgend, hamsternd
– gefräßig, unersättlich

Hase

Der Hase ist ein Symbol der Fruchtbarkeit, des Triebes; das Frühlingstier. Wegen seines geringen Wertes war er das Opfertier der Armen. In seiner Gestalt verkörpern sich Hexen, Seelen von Verstorbenen, Hausgeister und Teufel. Sein Angang bringt in der Regel Unglück.
+ anmutig, sauber, vorsichtig, guthörend, harmlos
– feig, furchtsam, geschreckt, hastig, hoppelig

Hirsch

Der Hirsch ist ein Wesen der Erde, des Chthonischen, der Unterwelt, auf ihm reiten die Toten. Im Märchen erscheint er als Seelen- und Spuktier. In der Le-

gende gilt er als heilig, er trägt die Hostie, steht den Heiligen bei. Sein Angang kann glück- und unglückverheißend sein.
+ königlich, stolz, herrisch, majestätisch, edel, draufgängerisch
– streitsüchtig, scheu, herrisch, unwirsch

Huhn

Für das Huhn gelten die gleichen Anschauungen wie für den Hahn; es ist ein Wetter- und Orakeltier.
+ mütterlich, fürsorglich, liebevoll, nützlich, eierlegend, harmlos
– dumm, streitsüchtig, eifersüchtig, scheu, gefräßig, wasserscheu, gackernd

Hund

(Er gilt in vielen Religionen als Wächter der Unterwelt und als Götterbote.) Als das älteste Haustier dem Menschen vertraut, ist er doch von abergläubiger Scheu umgeben. Seinem überaus feinen Spürsinn schreibt man dämonische Kraft zu; er kann Zukünftiges erfahren, sieht Geister um sich, sein Bellen, Winseln und Heulen verkünden Unheil und Tod. Nicht selten erscheint in seiner Gestalt der Teufel (Mephisto – Pudel). Unter den übrigen Haustieren nahm der Hund lange Zeit die unterste Stelle ein als Begleiter der Bettler. Erst seit dem späten Mittelalter wird er Freund auch der Fürsten.
Folgende altarabische Sprichwörter charakterisieren recht eindringlich die Wesensart des Hundes:

Positive Eigenschaften:
Wachsamer als der Hund und das Schicksal
dankbarer als ein Hund
von besserem Gehör als der Hund
mutiger als ein Hund
Negative Eigenschaften:
Gieriger als der Hund nach dem Aase
neidischer als ein Hund
gemeiner als ein Hund
unverschämter als ein Hund
lästiger als der Hund

Schließlich ist der Hund das Brudertier geworden; in ihm verkörpert sich das Tierhafte überhaupt. Bemerkenswert noch, daß er das Tier der höchsten Anpassungsfähigkeit an den Menschen ist; er läßt sich gut dressieren.
+ wachsam, treu, anhänglich, gelehrig, dressierbar
– aufdringlich, bissig, rauflustig, streunend, ruppig, gefräßig, reizbar, eifersüchtig

Igel

Er bringt Glück wie Unglück. Physiognomisch sind seine Stacheln am auffälligsten.
+ neckisch, verschmitzt, drollig, nützlich, haushälterisch, sparsam, ulkig
– stachelig, schläfrig, hinterlistig, rücksichtslos

Iltis

Er verkörpert die Fruchtbarkeit; ein unheimliches Tier, daher erscheint es in Märchen als Friedhofsgespenst, sieht gut, aber hört schlecht.
+ flink, schnell kletternd
– gierig, beutelustig, räuberisch, pelzig, diebisch

Jaguar

Unbekannt in der deutschen Folkloristik. Tritt bei einem Volksstamm in Südamerika als Hund auf bei Bergtrollen, in anderen Ländern als Werwolf.
+ geschmeidig, flink, gewandt, lautlos
– räuberisch, blutgierig, listig, beutegierig, grausam, schleichend

Käfer

Der Käfer gehört zu den dämonischen Tieren. In ihm verbergen sich Seelen verwunschener Prinzen und Prinzessinen, Teufel und Hexen, Krankheitserreger und Tod. Als Orakeltier verkündet er Heil und Unheil.
+ drollig, fleißig, komisch, leuchtend, scheinend
– schädlich, gefräßig, umtriebig, krabbelnd, stechend

Kamel

Unbekannt in der deutschen Folkloristik. Als genügsames Wüstentier gilt es seit alters her als besonderer Freund der Beduinen.
+ genügsam, ausdauernd, bescheiden, arbeitswillig, gutartig, fleißig, treu
– dumm, nachgiebig, träge, trampelnd

Känguruh

Folkloristisch unbekannt; charakteristisch sind sein Beutel und seine weiten Sprünge.

+ fürsorglich, praktisch, flink, weitspringend, kindertragend
– spuckend, boxlustig

Kaninchen

Gleiche Bedeutung wie der Hase, seiner Fruchtbarkeit wegen, Symbol der Zeugung.
+ brav, zahm, folgsam, weich, mollig, zart
– fruchtsam, ängstlich, scheu, gefräßig

Karpfen

Im Volksaberglauben lebt er als eine besondere Fischspeise, vor allem als Weihnachtsspeise. Die Sagen berichten von hundertjährigen Karpfen, von Wassermännern in seiner Gestalt.
+ würdig, gelassen, vornehm
– großmaulig, plump, träge, schläfrig, kalt, gefräßig

Katze

Sie ist ein dämonisches Tier; Begleiterin der Götter und Göttinnen, der Hexen und Teufel, die sie oft selber verkörpert. Arme Seelen erscheinen in ihrer Gestalt. An sie knüpft sich eine Vielzahl Zauber-, Spuk- und Märchenvorstellungen.
+ schmeichlerisch, verspielt, reinlich, lustig, unterhaltsam, anhänglich, mäusefangend, kletterlustig, lieb, putzig
– falsch, grausam, bissig, hinterlistig, räuberisch, naschhaft, kratzend, krallend, schleichend, wasserscheu, scheinheilig

Krebs

Er ist als Dämon und Totentier bekannt. Seine Rückwärtsbewegung wird als unglückbringend gedeutet. Seine Scheren ziehen die Krankheit aus dem Körper.
+ bedächtig, scheu
– langsam, gefährlich

Kreuzotter (s. a. Schlange)

+ gewandt, klug, flink, wachsam
– menschenfeindlich, falsch, giftig, bissig, tückisch, dumm, gefährlich

Kröte

Sie ist giftig, ein Teufelstier und wetterverkündend wie der Frosch; glückbringend; Schatzhüter. In ihr wohnen arme Seelen.
+ schalkhaft, nützlich, wetterkundig
– plump, glitschig, ekelhaft, häßlich, unsympahtisch, stumpfsinnig, warzig, dick

Krokodil

Es spielt etwa die gleiche Rolle wie der Drache. Bekannt sind die Krokodilstränen als Zeichen der Heuchelei. Im übrigen verkörpert es das dumpfe, vegetative Leben im Sinne des Bösen.
+ geschmeidig, gelenkig
– unberechenbar, träge, heimtückisch, verschlagen, gefühllos, grausam, gepanzert, menschenfressend, blutgierig

Kuh

Sie erscheint als Fruchtbarkeitsdämon. In fast allen Mythologien verkörpert sie das Prinzip der Erde, der vegetabilen Mütterlichkeit.
+ geduldig, gutmütig, friedlich, geruhsam, milchspendend, gemütlich, verträglich, ausdauernd, nützlich, stark, fett, arbeitsam, wiederkäuend
– langweilig, dumm, gefräßig, plump, blöd, faul, träge, bockig, muhend

Lama (siehe Kamel)

Lamm

Das Lamm verkörpert das Gute. Abel, den Gott liebt, hütet die Schafe. Das Lamm ist das Symbol des Wachstums, die Lämmer, die den Wagen Marias ziehen, sind gute Menschen. Im christlichen Aberglauben gewinnt das Lamm durchaus positive Bedeutung, es stellt das Gütige, Sanftmütige, Leichte dar. Der Gebrauch als Opfertier ist selten.
+ geduldig, fromm, brav, folgsam, gutmütig, opferbereit, harmlos, friedfertig, zutraulich, genügsam
– langweilig, hilflos, dumm, bockig

Leopard

Folkloristisch ohne Bedeutung auf deutschem Boden. Charakteristisch für ihn sind Gewandtheit und Raubgier. Er gehört zur Familie der Katzen und kann deshalb mit deren Zuordnungen verglichen werden.

\+ gewandt, mutig, geschmeidig, wertvoll

– räuberisch, schleichend, falsch, gierig

Libelle

In der Libelle verkörpern sich See- und Wasserjungfern. Da sie unverletzlich scheint, gilt sie auch als Hexe.

\+ schön, schimmernd, beschwingt, leicht, zart, apart

– verletzlich, zerbrechlich, unstet, reizbar, durchsichtig

Löwe

Er ist der König der Tiere. Er verkörpert die Macht und die Kraft der Sonne. Er ist ein hilfreiches Tier, wer ihm begegnet hat Glück.

\+ königlich, selbstbewußt, kraftvoll, majestätisch, erhaben, heroisch, stolz, großmütig

– grausam, gefährlich, raubgierig, reizbar, blutrünstig, lauernd, freßgierig

Luchs

Der Luchs soll ein funkelndes Auge besitzen, mit dem er durch Wände sieht.

\+ schlau, gutsehend, gewandt, flink

– hinterlistig, räuberisch

Maikäfer

Er ist der Bote des Frühlings. Da und dort gilt er als wahrsagend.

\+ gesellig, nett, kinderlieb, surrend, krabbelnd, schön

– gefräßig, schädlich, hornig, plump, ungelenkig

Maulwurf

Gilt als ein blindes, geheimnisvolles Tier, das nur ungern an die Erdoberfläche kommt. Es symbolisiert den unterirdisch hausenden Vegetationsgeist, das verborgene Walten der Natur; bekannt aber auch als Teufels- und Hexentier, Zauber- und Seelentier.

\+ nützlich, wertvoll

– scheu, ängstlich, wühlend

Maus

Sie verkörpert die Zerstörung, das Unheil. Ihr Auftreten bringt Krankheit und Tod, sie ist ein Dämon, ein Teufelstier. (Bei den Griechen gab es einen Mäuseapoll, der die Pest schickte.)
+ drollig, ausgelassen, behend, schnell, schlau, spitzbübisch
– vorwitzig, frech, naschhaft, diebisch, spitznasig, listig, flink, scheu

Mistkäfer

Er ist ein Teufels- und Orakeltier. Nach christlichem Aberglauben hat er die Blutstropfen des Herrn bei seinem Kreuzestod getrunken.
+ fleißig, krabbelnd, glänzend
– gefräßig, eklig, stinkend

Möwe

Sie ist ein Orakel- und Seelentier, wenn sie aufs Land fliegt, kommt der Sturm.
+ wendig, geschmeidig, elegant, flink, schön
– streitlustig, beutegierig, gefräßig

Mops (s. a. Hund)

Ein Mischling unter den Hunden. Physiognomisch bestimmt durch seine Stirnrunzeln und die großen, hervorstehenden Augen.
+ spaßig, humoristisch, drollig
– dick, faul, verwöhnt, scheinheilig

Muschel

Aus der Muschel ist einst Venus, die Liebesgöttin entstiegen, sie ist ein Symbol weiblicher Liebeskraft.
+ geduldig, ruhig, köstlich, schalig, perlenenthaltend, glänzend, wertvoll
– schleimig, schlammig

Nashorn

Folkloristisch unbekannt, charakterisiert durch seine Schwerfälligkeit.
+ gutmütig, kräftig, plump
– dickfellig, stur, unverständig, unberechenbar

Nilpferd

In der deutschen Folkloristik unbekannt.
+ stark, kräftig, gutmütig
– schwerfällig, dumm

Ochse

In ihm verkörpert sich die Riesenhaftigkeit, die Stärke. Er trinkt Seen aus und weidet Berge ab.
+ stark, ausdauernd, beharrlich, arbeitsam
– derb, groß, primitiv, eigensinnig, träge, blöd, stumpf, vierschrötig

Papagei

An ihn knüpft sich kein deutscher Aberglaube.
+ gelehrig, lernbegierig, klug, aufmerksam
– geschwätzig, nachmaulend, vorlaut, eitel, kreischend, bissig

Pelikan

Die Legende erzählt, daß er seine Jungen mit seinem eigenen Blut nähre. Die christliche Kunst zeigt den Pelikan, der seine Kinder mit Herzblut nährt, als Symbol Christi.
+ selbstlos, barmherzig, kinderlieb, besorgt, fleißig
– gefräßig, nimmersatt, überheblich

Pfau

Sein Rad ist Sinnbild des gestirnten Himmels. Im christlichen Glauben gilt er als Symbol der Unsterblichkeit. Sein Schrei ist todbringend.
+ selbstbewußt, farbenprächtig, stolz
– eitel, geltungssüchtig

Der Pfau und der Kranich [30]
„Wie schön bin ich", sagte ein Pfau zu einem Kranich, „sieh', wie ich in allen Farben leuchte und prange. Wenn ich dein armseliges Gefieder hätte, würde ich mich verstecken vor Scham und Kummer."
„Oh", antwortete der Kranich, „ich leugne nicht, daß deine Federn prächtiger sind als die meinen. Aber wir könnten auch über das Fliegen sprechen. Ich schwinge mich hinaus, bis hoch in die Wolken; – und du? Du klebst an der Erde und bist gebunden, wie jedes andere Huhn, das im Miste scharrt."

Pferd

An das Pferd heften sich die mannigfaltigsten Vorstellungen des Menschen; es ist ein Wundertier, eine Gottheit, wilder, feuriger Begleiter der Götter, Flügelroß vor dem Himmelswagen, ein Dämon; der Tod reitet auf einem Pferd; die Toten verkörpern sich in ihm; es ist ein Symbol der Mütterlichkeit, des Erdhaften, Unterweltlichen, wie auch des Himmlischen. Adliger Begleiter des Menschen, doch infolge seiner Eigenwilligkeit ihm fremd und unheimlich; die Wolken haben Pferdeformen. Im Gewitter sprüht das Blitzroß. Pferde sehen in die Zukunft.

\+ edel, treu, stark, nützlich, dienstbereit, verständig, schnell, schön

– mißmutig, bissig, empfindlich, wiehernd

Pinguin

Folkloristisch unbekannt. Er ist ein Meeresvogel mit sackförmigem Rumpf, kurzem Hals und langem spitzen Schnabel, auf seinen kurzen Beinen steht er menschenähnlich aufgerichtet.

\+ gesellig, verträglich, vornehm, menschenähnlich

– hilflos, klatschsüchtig, langsam

Pudel

Als Spuk-, Geister- und Teufelstier bekannt; oft hütet er einen Schatz.

\+ gelehrig, wißbegierig, lebenslustig, lustig, anhänglich, modisch, spielerisch, niedlich, verzogen

– eitel, zerstreut

Qualle

An sie knüpft sich kein deutscher Aberglaube.

\+ schimmernd, weich, zart

– glitschig, quallig, formlos, brennend

Rabe (Krähe)

Der Rabe ist das Tier des Todesgottes, der Unterwelt: klug, weise, doch unheilverkündend. In ihm verkörpern sich böse Menschen. Von der Krähe sagt man, daß sie die Quelle des Lebenswassers kenne.

\+ klug, krähend

– nörglerisch, frech, zänkisch, stehlerisch

Ratte

Die Ratte gilt als Tier des Unrats, der Hexen und Dämonen; Zwerge und Kobolde stehen mit ihr in Verbindung. Von Ratten träumen, bedeutet Hungersnot und Krankheit.
+ widerstandsfähig, furchtlos
– häßlich, abstoßend, gefräßig, giftig, gefährlich

Raupe

Die Raupe wird von Hexen erzeugt, um Schaden vor allem auf den Feldern und in den Gärten anzurichten. Sie tritt auch als Krankheitsdämon auf, verführt zum Wahnsinn, erscheint als Alpdruck. In der Legende wird sie wie die Mäuse und Ratten verdammt und exkommuniziert.
+ zart, haarig, zierlich, seidenspinnend
– gefräßig, kriechend, langweilig, pelzig, wehrlos, schädlich

Reh

Vom Reh wird der Mensch hinab in die Unterwelt verlockt; in den Wäldern reiten fromme Frauen auf ihm. Es ist helläugig, sieht ohne Unterschied bei Tag und Nacht alles; seine Schnelligkeit wird in allen Sagen gerühmt. Ihm zu begegnen, bedeutet im Volksglauben Glück und Unglück.
+ graziös, anmutig, lieblich, sauber, zart, gelenkig, treuschauend, geschmeidig
– ängstlich, scheu, fluchtbereit

Salamander

Er ist ein Feuergeist; unheimlich, dämonisch. Schreck- und Spukgestalt, giftig, aber auch ein heiliges Tier. Sein Gerippe stellt wie das der Eidechse das Leiden Christi dar.
+ flink, schlau, farbenschön
– giftig

Schaf (siehe Lamm)

Schildkröte

Sie ist ein Symbol der Treue, der Keuschheit, der geschlechtlichen Reinheit. Mit ihrer geruhsamen Gestalt verbindet der Aberglaube das Chthonische, Zeitlose.

+ harmlos, geduldig, bescheiden, gutmütig, gepanzert
– stumpf, gefühllos, gleichgültig, schläfrig, schwerfällig, langsam

Schlange

Sie beschäftigt seit Urzeiten die Phantasie des Menschen. Die heilige Schrift nennt sie mit Namen (Gen. III, 1.). Sie verkörpert das Prinzip des Bösen; es heißt aber auch: seid klug wie die Schlangen; höheres Wissen ist ihr eigen, wie auch Kraft zur Heilung. Vielen Völkern gilt sie als Orakeltier. Den Stab des Äskulap umwindet eine Schlange. Glück und Heil bringen die Hausschlangen, die schwarze Schlange hingegen bedeutet Unglück. Sehr häufig wird sie zusammen mit dem Drachen genannt. Beide sind sie in der Symbolik vertauschbar; die Schlange oder der Drache sind oft auch Hüter eines Schatzes. Siegfried oder Michael überwinden den Drachen; von seinem Blut benetzt, versteht Siegfried die Sprache der Vögel.
Heilsgeschichtlich betrachtet erscheint die Schlange (oder Drache) unter doppeltem Gesichtspunkt: einmal ist sie Gegenstand der Verehrung (eherne Schlange des Moses), zum anderen aber das Prinzip des Bösen (Gen. III, 1.); kosmologisch gesehen ist sie das welttragende Prinzip wiederum in doppelter Weise: als Hüterin und Rächerin der Götter (Weltenschlange), dann als Symbol des Unterweltlich-Chthonischen, Erdhaft-Zerstörerischen.
Sie repräsentiert ganz allgemein das Lebendige im Sinne des Bewahrenden wie auch des Verderblichen, bald heilbringend, bald unglückverheißend, bald Dunkel, bald Licht, bald teuflisch-böse, bald göttlich-gut, bald männlich, bald weiblich, bald triebhaft, bald heilig, bald schlüpfrig, bald erhöhend.
+ geschmeidig, klug, schnell, gewandt, flink
– tückisch, verführerisch, böse, falsch, listig, täuschend, boshaft, schadenfroh, mißgünstig, feindselig, neidisch, eitel, giftspeiend, gefährlich, glitschig, bissig

Schmetterling

Allgemein gilt er als Seelentier. Kinderseelen nehmen seine Gestalt an, Elfen und Hexen. Als Krankheitsdämon schickt er die Pest, schlechte Gedanken, als Orakeltier kündet er Gutes wie Böses.
+ farbenprächtig, farbenfroh, gaukelnd, leicht, licht, lieblich, zart
– flatterhaft, eitel, naschhaft, empfindlich, schädlich, furchtsam

Schnecke

Sie wehrt böse Geister ab. Tötet man eine Schnecke, so gibt es Regenwetter. (In der Antike galt sie als Symbol der Scham. Auf Lampen und Gemmen findet man sie als Amulett-Tier.)

+ feinfühlig, zurückhaltend, ernst, gemütlich, gründlich
– schleppend, langsam, langweilig, schleimig, pappig, kriechend, glitschig, empfindlich

Schwalbe

Die Schwalbe gilt als heiliger Vogel. Ihr darf niemand Unrecht tun. Sie verleiht Glück, bringt Liebeszauber und zeigt das Wetter an.
+ lieblich, heimisch, zutraulich, treu, beschwingt, kunstfliegend
– scheu, schwatzhaft

Schwan

Er gilt als Tier der Sehnsucht, der Ahnungen, in seiner Gestalt steigen die geretteten Seelen auf zum Himmel. Götter und Dämonen erscheinen als Schwäne. Die Heldenjungfern, die Walküren sind Schwäne. Als Orakel-Tier kann der Schwan in die Zukunft sehen; verkündet Tod, Weltuntergang; sein Angang bringt Glück und Unglück.
+ elegant, prächtig, schlank, majestätisch, stolz, überlegen, langhalsig, reinlich
– überheblich, eifersüchtig, plusternd, angeberisch

Schwein

Das Schwein gehört zu den chthonischen Gottheiten. Es verkörpert Fruchtbarkeit. Tiermare erscheinen als Schwein. Auch der Teufel kommt in der Gestalt des Schweins. Sein Angang kann Glück, aber auch Unglück bringen. Bekannt ist das Sprichwort: „wer Schwein hat“.
+ nützlich, allesfressend, geduldig, fügsam, quietschvergnügt
– dreckig, träge, faul, plump, gefräßig, grunzend, dumm, schwerfällig

Seehund

Auf der Insel Rügen glaubt man, der Seehund stamme von ertrunkenen Menschen ab.
+ geduldig, gelehrig, artistisch, possierlich
– faul, schläfrig, plump, dick, fischfressend, glatt, glitschig, fett

Seestern

Folkloristisch unbekannt. Haut bestachelt, lebt räuberisch.

+ sternförmig, schön, selten
– stachelig

Spatz

Er soll aus dem Kopf eines Unholds entstanden sein, daher schreibt man ihm zunächst alle ungünstigen Eigenschaften zu; vor allem auf dem Lande: da gilt er als listig, falsch, prahlerisch, zänkisch, schädlich. In der Stadt hingegen wird er mehr als Freund erlebt. Seine Nähe bedeutet Glück. Im allgemeinen gilt er als „wissendes Tier“.
+ nett, zutraulich, lustig, lausbübisch
– frech, voreilig, vorlaut, keck, gefräßig, brotneidig, zänkisch

Specht

Der Specht ist ein dämonisches Tier; ein Symbol des Blitzes, er zeigt das Wetter an. Begegnet man ihm von rechts, bringt er Glück, von links Unglück.
+ fleißig, ehrgeizig, bunt, klopfend
– ruhestörend, trommelnd, hämmernd

Spinne

Sie erscheint bald als guter und bald als böser Dämon, bald als Hexe und Teufel, bald als Glückstier. Am Abend bringt sie Glück und Gaben, am Morgen Kummer und Sorgen. Man duldet sie im Haus, weil sie die giftigen Stoffe aus der Luft zieht.
+ kunstfertig, harmlos, fleißig, genügsam, zart
– grausam, abschreckend, tückisch, langbeinig, ekelig, häßlich

Steinbock
Im deutschen Aberglauben unbekannt. Er lebt in unwirtlichen Höhen in ständigem Kampf gegen Unbilden aller Art.
+ mutig, kühn, ernst, gutkletternd
– eigensinnig, scheu, tollkühn, gewalttätig

Stier

Er ist ein Symbol der männlichen Zeugungskraft, des Triebes, der Gerechtigkeit, des Schöpferischen. Er schiebt die Gebirge auseinander, vertreibt Ungeheuer.
+ kraftstrotzend, arbeitsam, kämpfend

– stur, reizbar, heißblütig, wild, jähzornig, unberechenbar, boshaft, menschenüberwältigend, störrisch, tollwütig, dickköpfig

Storch

Er ist ein heiliges Tier, in ihn kann sich nie eine Hexe verwandeln. Wo er sich niederläßt, bringt er Glück, Kinder und Kindersegen. Zanken Störche, gibt es Krieg. Ihr Klappern zu Beginn des Frühlings bedeutet, daß dieser warm werden wird.
+ gravitätisch, majestätisch, langbeinig, langschnäbelig
– fluchtgewandt, eingebildet, watend, schreitend

Strauß

Er besitzt keine abergläubische Wirkung. Dann und wann gilt er wie das Rebhuhn oder der Rabe als Vogel des Zwistes.
+ gewandt, flink, leichtfüßig
– furchtsam, verzagt, streitsüchtig, scheu, ängstlich, feige

Taube

Sie ist der Vogel des Eros, der Aphrodite; der heilige Geist im christlichen Kulturbereich. Eine Turteltaube hat Maria den Ehering gebracht. Sie ist ein heiliges Tier. In Gestalt einer weißen Taube steigen die Seelen der unschuldig verurteilten Menschen in den Himmel auf. Auf der Schulter des Papstes sitzen zwei Tauben, die ihm einsagen, was er zu tun hat.
+ friedliebend, gutmütig, freundlich, unschuldig, zahm
– ängstlich, scheu

Tiger

Er verkörpert die Triebnatur, die lauernde Macht, stets bereit aus dem Hinterhalt einzufallen.
+ stark, königlich, vornehm, selbstbewußt, gewandt, geschmeidig
– blutgierig, grausam, reizbar, fauchend, leise, schleichend, lauernd

Uhu

Er ist der Vogel der Unterwelt; der Totenvogel; er wohnt auf Gräbern. In ihm verkörpert sich der Waldgeist; auch der Alb; ebenso erscheinen Gespenster in seiner Gestalt. Wo er auftritt, ist Unglück im Anzug, Krieg, Teuerung, Hunger.

Luitgard Brem-Gräser

Familie in Tieren

Bildtafeln zu den Fallbesprechungen

Ernst Reinhardt Verlag
München Basel

Fall 1 Seite 100

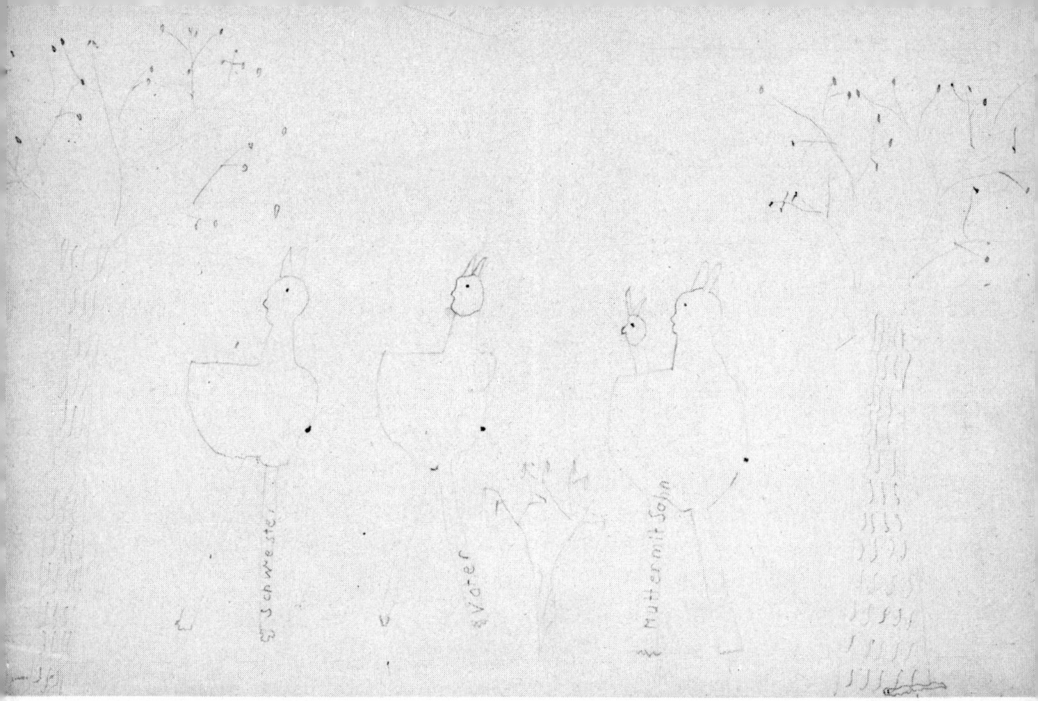

↑ Fall 2 Seite 101

↓ Fall 3 Seite 102

Fall 4
Seite 104

Fall 5 Seite 105

Fall 6 Seite 107

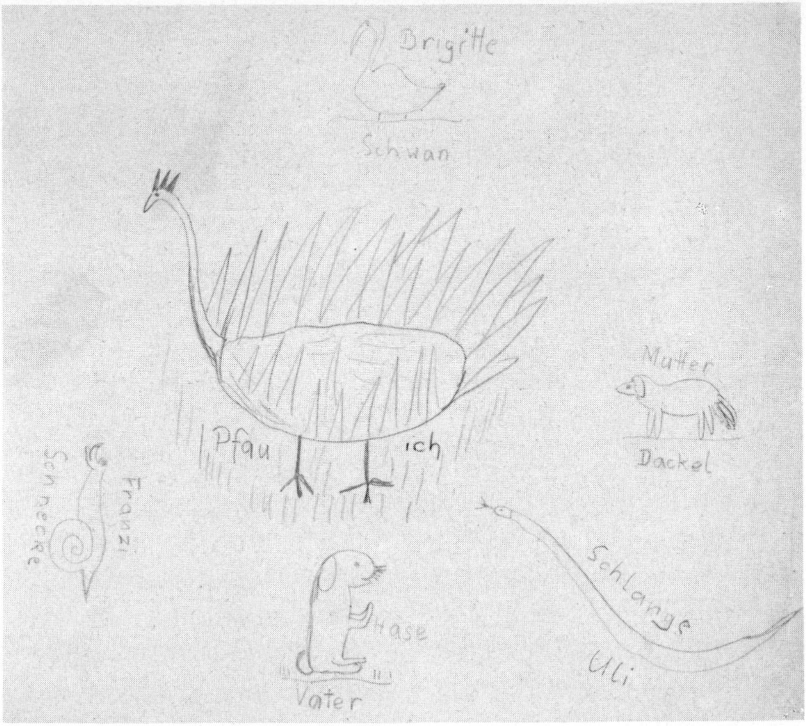

Fall 7
Seite 109

↑ Fall 8 Seite 111

Fall 9 Seite 113

↑ Fall 10
Seite 115

Fall 11 Seite 117

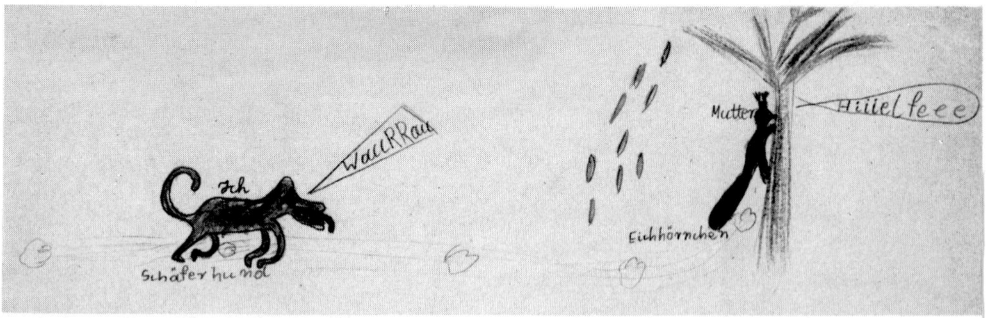

Fall 12 Seite 118

Fall 13
Seite 119

↑ Fall 14 Seite 121

Fall 15 Seite 123

Fall 16 Seite 125

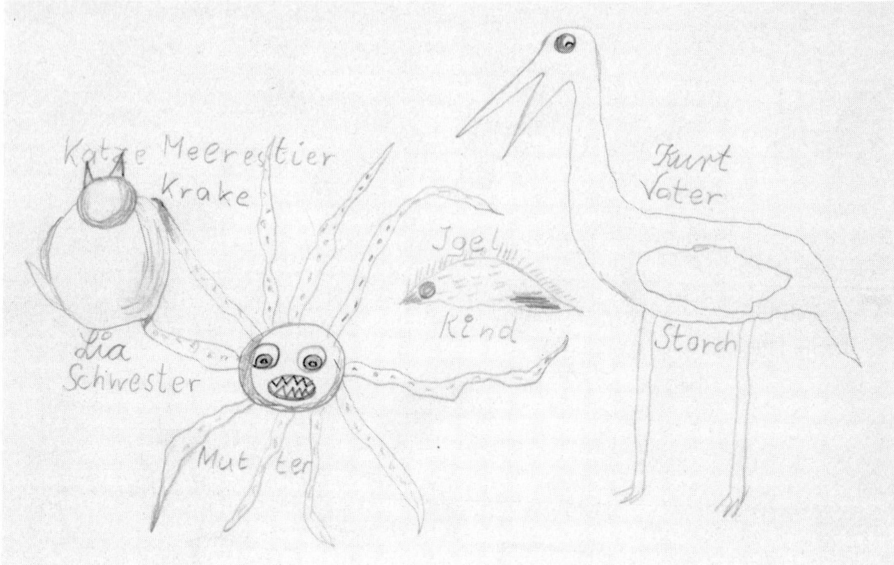

↑ Fall 17 Seite 126

↓ Fall 18 Seite 127

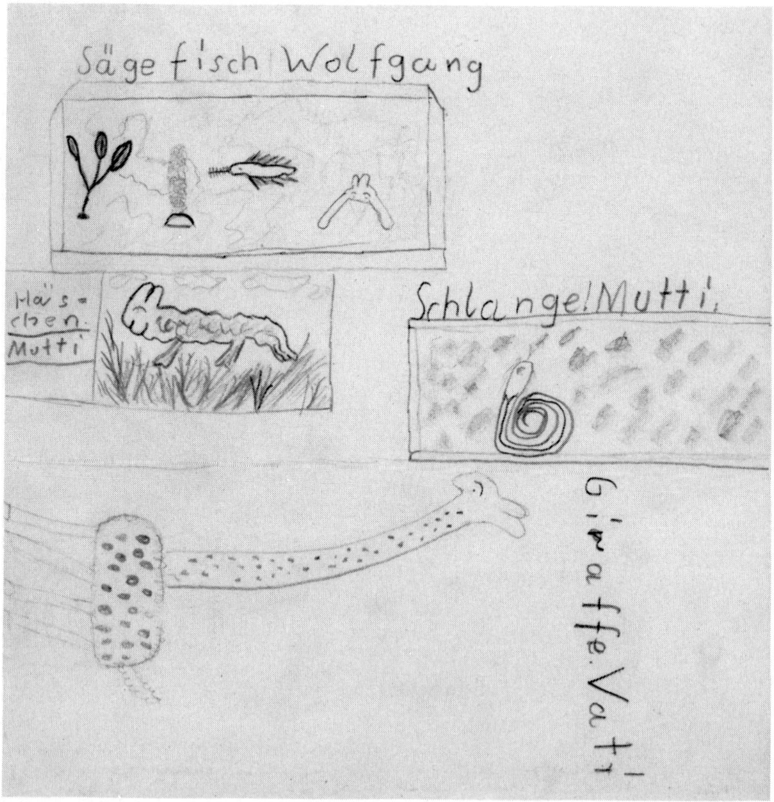

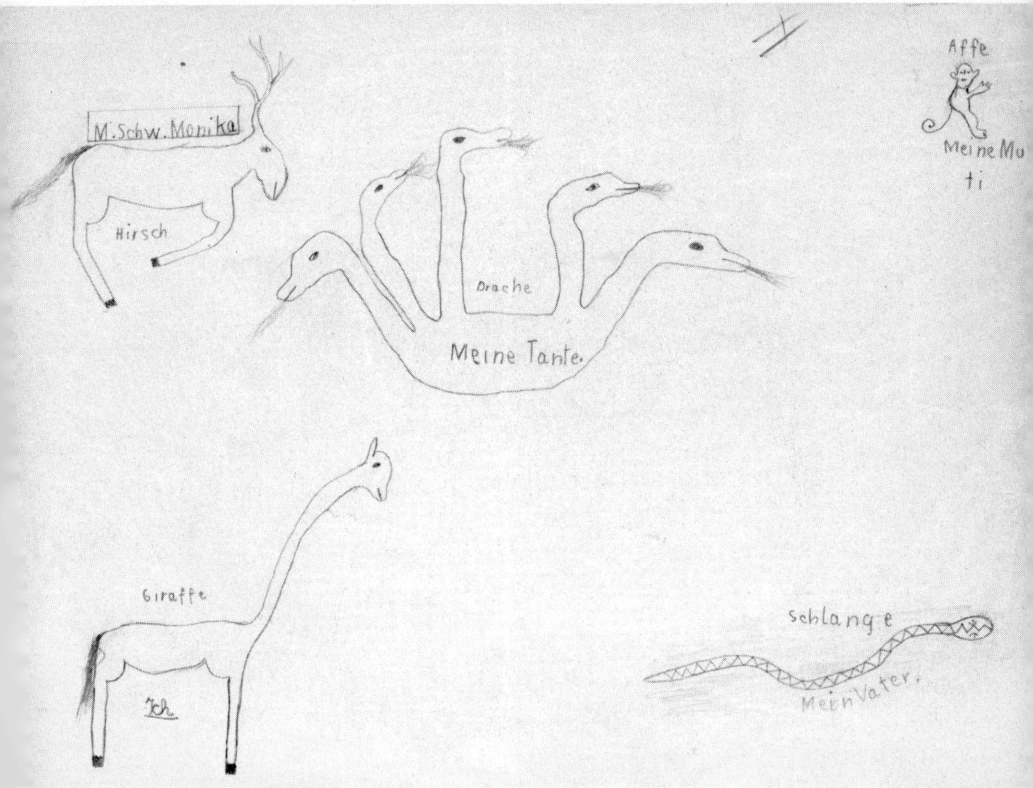

↑ Fall 19 Seite 129

Fall 20 Seite 131

↑ Fall 21 Seite 132

↓ Fall 22 Seite 133

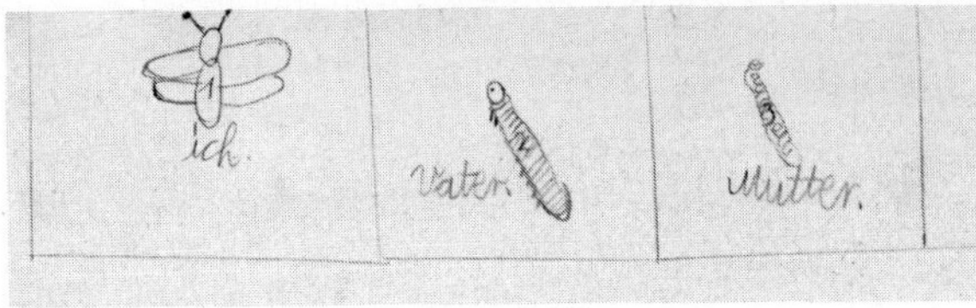

Fall 23
Seite 135

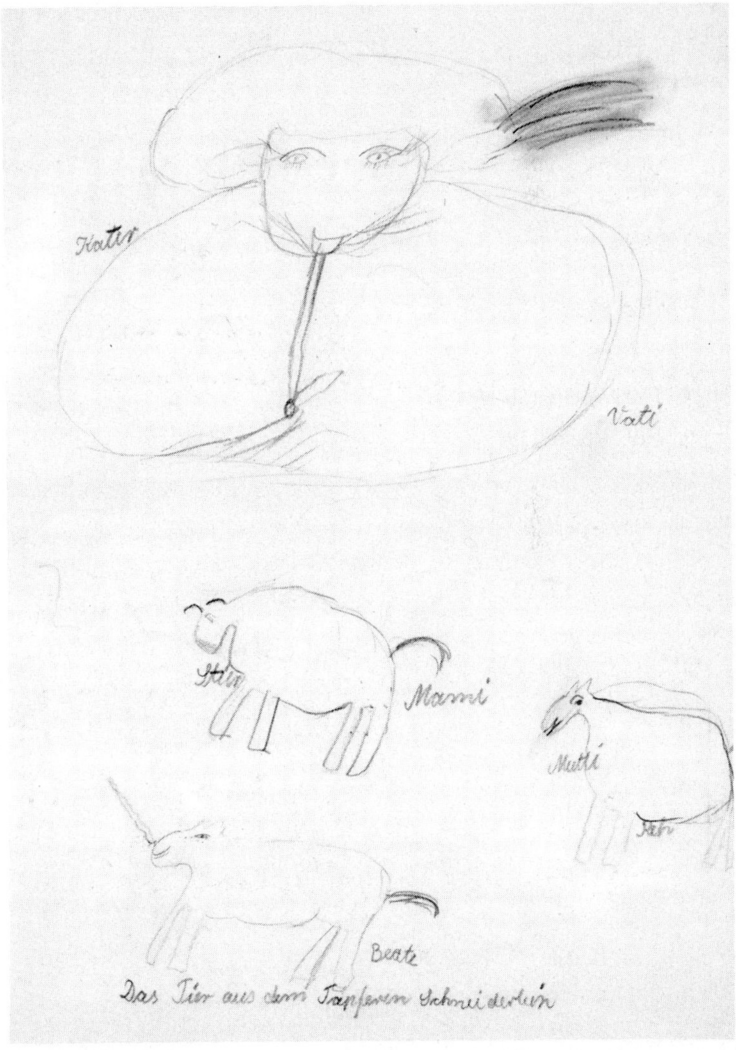

Fall 24 Seite 136

↑ Fall 25 Seite 138

↓ Fall 26 Seite 139

↑ Fall 27 Seite 140

↓ Fall 28 Seite 141

Fall 29 a Seite 142

Fall 29 b Seite 143

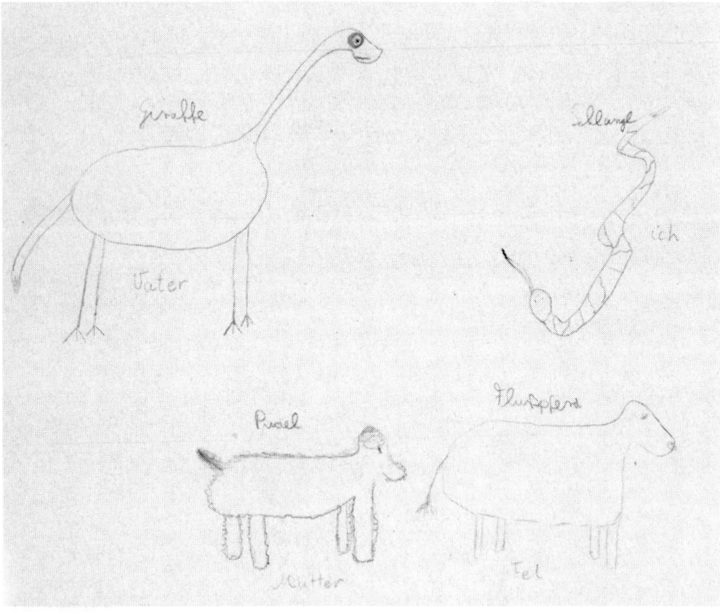

+ schwermütig, zurückhaltend, ernst, wachsam
– gedrückt, verdrossen, schläfrig, gespenstisch, unheimlich, grausam

Vogel

Der Vogel ist das eigentliche Luftwesen, der Götterbote. Er bindet Oben und Unten. An ihm liest der Mensch sein Schicksal ab, aus dem Vogelblut wird geweissagt. Geister und Seelen verkörpern sich in Gestalt des Vogels. Wenn ein Vogel ins Haus fliegt, bedeutet es Glück.
+ beschwingt, lustig, rege, singend, fidel, krähend, fliegend, krächzend
– schwankend, kleinmütig, flüchtig, frech, naschhaft

Walfisch (s. a. Fisch)

Hervorgehoben werden muß, daß er ein Säugetier ist (Jonasschicksal).
+ gelassen, friedlich, mächtig, ausdauernd
– plump, gefräßig, verschlingend, ungelenkig

Wespe

Die Wespe tritt auf als Zerstörerin, benagt die Früchte; sie ist vom Teufel geschickt, dessen Farben sie trägt, nämlich gelb und schwarz.
+ zierlich, fleißig, eifrig
– stechlustig, lästig, naschhaft, unverschämt, hinterhältig, giftig

Widder

Er verkörpert das Symbol der schöpferischen Naturkraft.
+ scharfsinnig, hellhörig, zäh, stark
– eigensinnig, verstockt, bockig, wild, gehörnt

Wiesel

Sein Atem ist giftig, macht krank und tötet. Es ist ein dämonisches Wesen, steht mit Hexen in Verkehr. In vielen Verwandlungssagen erscheint es aufgrund seiner erotischen Bedeutung meist als Braut. Ihm eignet eine bald gute, bald eine böse Bedeutung an.
+ flink, beweglich
– diebisch

Wolf

Nach der Legende ist er entstanden „aus einem Ungehorsam Evas, durch alle Weiber, die Gott nachahmen wollten". Er verkörpert das Böse, Reißende, er ist ein Dämon und Teufelstier. Geht die Welt unter, so verschlingt der Wolf die Sonne und den Mond. Die germanischen Götter reiten auf Wölfen. Im allgemeinen gilt er als Spukwesen, Unheilsgeschöpf; geht der Wind durchs Korn, so kommt der Wolf; im Kriege der Werwolf.

\+ stark, mutig, geschickt, tapfer

– räuberisch, verschlagen, mordlustig, durchtrieben, düster, grausam, unheimlich, raubgierig

Wurm

Über den zoologischen Begriff Wurm hinaus, wird sein Name verbunden mit dem kriechenden Tier schlechthin. Er tritt vor allem als Krankheitsdämon auf. Was irgendwie schmerzt und drückt am Körper, verursacht eben der Wurm (Herzwurm, Hirnwurm und so fort); auch die seelischen Zustände wie Gewissensbiß, Neid, Haß, siehe das Spruchwort: Würmer aus der Nase ziehen.

\+ behäbig, nützlich, zart, langlebig

– kriechend, hilflos, weich, glitschig, wühlend, ekelhaft

Zebra

Folkloristisch unbekannt. Zoologisch ein Tigerpferd mit langen Ohren und gestreiftem Fell.

\+ gestreift, gewandt, selten, gesellig

– hochmütig

Ziege

Sie ist ein Teufelstier; vom Teufel erschaffen; in der Sage häufig die Rede von Geistern, die in der Gestalt eines Ziegenbocks erscheinen. Die Ziege ist Wächter von Schätzen; ein Gewitter- und Sturmtier, selten glückbringend.

\+ lebhaft, lustig, zahm, milchspendend

– sprunghaft, bockig, störrisch, eigensinnig, boshaft, trotzig

Zusammenstellung der im Volksmund geläufigsten Tier-Redewendungen

sich aalen
aalglatt
Adlerauge
Affenliebe
nachäffen
Affengeschwindigkeit
einen Bären aufbinden
Bärenhunger
Bärenkraft
bärenstark
bienenfleißig
bocken
bockig
Sündenbock
die Böcke von den Schafen trennen
büffeln
Frechdachs
diebische Elster
Zeitungsente
Eselsgeduld
Eselsbrücke
Eselsohr
Schmutzfink
stumm wie ein Fisch
kleine Fische
Backfisch
sich fühlen wie ein Fisch im Wasser
jemandem einen Floh ins Ohr setzen
fuchsteufelswild
Schlaufuchs
Gänsehaut
Gänsefüßchen
Gänsemarsch
Grillen fangen
Grillen im Kopf haben
Hammelsprung
Leithammel
hamstern
Hasenfuß
Hasenpanier
Angsthase
da liegt der Hase im Pfeffer
Hecht im Karpfenteich
dummes Huhn
blindes Huhn
mit jemandem ein Hühnchen rupfen
hundekalt
hundemüde
hundetreu
vor die Hunde gehen
auf den Hund kommen
mit allen Hunden gehetzt
da liegt der Hund begraben
damit lockt man keinen Hund hinter dem Ofen hervor
kalt wie Hundeschnauze
aufpassen wie ein Schießhund
sich einigeln
katzbuckeln
die Katze aus dem Sack lassen
wie die Katze um den heißen Brei herumgehen
sich vertragen wie Hund und Katze
die Katze läßt das Mausen nicht
Katzenmusik
katzenfreundlich
Katzenjammer
eine Krähe hackt der anderen kein Auge aus
krebsen
Einsiedlerkrebs
Krokodilstränen
Kuckucksei
zum Kuckuck
dastehen wie die Kuh vor dem Scheunentor
lammfromm
Unschuldslamm
Laus in den Pelz setzen
Lausbub
lausekalt
Salonlöwe
Löwenmut
sich mausen
mäuschenstill
sich mopsen
schlafen wie ein Murmeltier
eine Natter am Busen nähren
ochsen
eitler Pfau
Pferdefuß
aufs hohe Roß setzen
Pferd am Schwanz aufzäumen
bestes Pferd im Stall
ihm geht der Gaul durch
Steckenpferd
des Pudels Kern
pudelnaß
pudelwohl
quallig
Unglücksrabe
stehlen wie ein Rabe
Rabenmutter, Rabenvater
Perlen vor die Säue werfen
saukalt
Saustall
schwarzes Schaf
schlangenklug

schlangenfalsch
sich schlängeln
Schneckentempo
Dreckspatz
spinnefeind
gehen wie der Storch im Salat
Taubenschlag
unken
einen Vogel haben
vogelfrei
loser Vogel
sich anwanzen
in ein Wespennest stechen
flink wie ein Wiesel
Wolf im Schafspelz
Wolfshunger
mit den Wölfen heulen
Bücherwurm
es wurmt mich
Unglückswurm

Farbbenennungen

fuchsrot
krebsrot
mausgrau
elefantengrau
rabenschwarz
schwanenweiß

Nun zu den eingangs gestellten fünf Fragen (siehe Seite 31):

Zu 1) Welche Tiere spielen überhaupt im kindlichen Erleben eine Rolle?

Bei der Betrachtung der zweitausend Zeichnungen „Zeichne drei Tiere" ergibt sich, daß insgesamt 56 verschiedene Tiere in verschiedener Häufigkeit gezeichnet wurden. Schlange, Hase, Fisch, Vogel, Pferd, Hund, Elefant, Katze, Igel, Ente, Schwan, Schmetterling, Schwein, Giraffe, Maus, Eichhörnchen, Schildkröte, Schaf, Schnecke, Storch sind jene zwanzig Tiere, welche am meisten gewählt wurden. Dabei fällt auf, daß es besonders charakteristische Tiere sowohl in ihrem physiognomischen Ausdruck als auch in den ihnen zugesprochenen Eigenschaften sind und daß sie keinesfalls ausgewählt wurden, weil sie leicht zu zeichnen sind.

Zu 2) Wie nimmt das Kind die Aufforderung, seine „Familie in Tieren" zu zeichnen auf?

Von den zweitausend Kindern beantwortete kein Kind mit Abwehr oder Befremden die gestellte Aufgabe! Allerdings geschah die Durchführung in Gruppen (Schulklassen). Mit erstaunlich wenig Hemmungen und viel Freude gingen die Kinder ans Werk. Was geht eigentlich im Kinde aufgrund der Test-Anweisung während der Zeichnens vor sich? Wie bereits darauf hingewiesen, haben die Kinder weitgehend die Neigung und auch die Fähigkeit, die Außenwelt beseelt zu erleben, sich eins zu fühlen mit der Welt. „Mit dieser ursprünglichen Vorstellung einer allbelebten Natur hängt auch der Glaube zusammen, daß das Übergehen in eine andere Gestalt möglich ist." [3] Das Zwei- bis Dreijährige nimmt, wenn es bald ein Hund, bald ein Elefant, bald eine Katze ist, nicht nur diese oder jene Eigenschaft des betreffenden Tieres an, sondern es *ist* das Tier. Dadurch, daß es sich selbst im Tier entdeckt, gelingt die Verwandlung. Dabei ist zu bedenken, daß es sich keineswegs um eine Identifikation handelt, denn von einer solchen kann nur dann die Rede sein, wenn zwei getrennt gegebene Dinge durch eine neue Erfahrung als ein- und dasselbe erschlossen oder erlebt werden. In diesem Falle müßte das Kind eine Eigenschaft von sich im Tier sehen. Tatsächlich aber sind, zumindest beim Kleinkind, Eigenschaften und Tier nicht getrennt; daher haben wir beim jüngeren Kind noch eine Vorform der Feststellung von Eigenschaften. Mit der Herauslösung aus der Welt, der Findung des Ich, vollzieht sich im Kinde ein Wandel; es beginnt Mensch und Eigenschaft zu trennen. So zeigt sich ontogenetisch das gleiche wie phylogenetisch, nämlich hinter dem jeweils vollzogenen Wandel hat sich das urtümliche Erlebnisbild unverändert erhalten; das heißt, sobald der Mensch der Frühzeit wie auch heute das Kind über das Tier zu reflektieren beginnen, *ist* dieses schon nicht mehr Eigenschaft, sondern *wird* zum Träger von Eigenschaften; die Möglichkeit der Verwandlung wird aber von der früheren Erlebnisweise her, die den Glauben an eine durch die allbelebte Natur gegebene Möglichkeit des Übergehens von einer Gestalt in die andere barg, trotzdem noch festgehalten.

Aber nicht nur die Zeichnungen sind ein Beweis für die Verwandlungsfähigkeit, sondern auch die Träume. Wir träumen oft vom Tier.

„Der Traum vom Tier verbindet uns mit unserer eigenen tiernahen Instinktgrundlage, mit den natürlichen Funktionen unseres Leibes, dem Drang unserer Triebe. Nie sind wir ganz vom Tier abgetrennt." [2]

Beim heutigen Menschen ist die Wirkkraft der Symbole größer im Traum als im wachen Zustand. Beim Tiersymbol nun handelt es sich um ein

„nichterzogenes, nicht differenziertes Stück ‚seelischer Energie', welches noch zwangsartigen Triebcharakter besitzt, also nicht durch Domestikation gezähmt ist. Das Tiersymbol weist auf das Außermenschliche, das Überpersönliche hin; denn die Inhalte des Unbewußten sind nicht nur die Residuen der Funktion der tierischen Ahnenreihe des Menschen ..." [19]

Im Traum nehmen wir das Tier in unsere Selbstschau hinein, es ist Symbol für das „Bezähmte und Wildgebliebene" in uns. Der „Schatten" ist psychologisch mit der Instinktwelt verbunden, er ist der Erde, der Natur verhaftet und bildet daher die Brücke zum Allgemein-Menschlichen. Durch ihn wird der Mensch zu seinen „natürlichen Wurzeln" und zu seiner „Erdgebundenheit" zurückgeführt.

Einige Zeichnungen der „Familie in Tieren" bewiesen, daß zwischen Traumgeschehen und Darstellungsvorgang tatsächlich Ähnlichkeiten bestehen, das heißt, daß bei beiden Vorgängen Bilder aus der Tiefe des Unbewußten ans Licht gelangen. So tauchte immer wieder bei Tierfamilien-Zeichnungen, die aus der Traumanalyse bekannte *Kontamination* (Vermischung) auf: Beispielsweise stellte ein elfjähriger Bub seinen Vater als Bären *mit* Hörnern dar. Der gleiche Bub bekam nach einigen Tagen die Aufgabe, einen Bären zu zeichnen, woraufhin er spontan den Bären *ohne* Hörner zeichnete. Gewiß bietet dem Kinde das Zeichnen seiner „Familie in Tieren" ähnliche Heilungsmöglichkeiten wie der Traum; es darf nicht übersehen werden, daß sich auch Kinder von den verdrängten Inhalten ihres Unbewußten gequält und irritiert fühlen.

„Die Instinkt- und Tierseele drängt sich der Phantasie in immer neuen Gestalten auf, so als wolle sie sich unter allen Umständen bemerkbar machen und dem Bewußtsein einprägen, und zwar als das, was sie in Wirklichkeit ist: als eine sorgfältig und religiös zu beachtende Grundtatsache des Lebens.

An und für sich ist das Tier weder gut noch böse, es ist Natur. ... Es kann nichts anderes wollen, als was ihm von der Natur vorgeschrieben ist. Es folgt, was dasselbe bedeutet, seinen Instinkten. Der Mensch ist das einzige Wesen, das den Instinkt – das ‚Tierwesen in ihm' – mit seinem Willen beherrschen kann; er kann ihn auch verdrängen, stören und verletzen. ... Der verdrängte und verwundete Instinkt ist die Gefahr des zivilisierten Menschen, die ungehemmte Triebhaftigkeit diejenige des primitiven. In beiden Fällen ist das ‚Tier' seiner eigentlichen Natur entfremdet, und für beide ist Bewußtmachen und Annehmen der Tierseele Voraussetzung zu einem voll gelebten Leben. Der eine hat das Tier in seiner Seele zu heilen und sich mit ihm zu befreunden, der andere muß es zähmen, um es zum hilfreichen Gefährten zu machen." [18]

Dieser kleine Exkurs sollte die Leichtigkeit, mit der es in der Regel auch dem älteren Kind gelingt, seine Familie in Tiere zu verwandeln, verdeutlichen.

Zu 3) Findet unter den bekannten Tieren eine charakteristische Auswahl für die „Familie in Tieren" statt?

Vergleicht man die Statistik der zweitausend Zeichnungen „Zeichne drei Tiere" mit jener der „Familie in Tieren", so fällt auf, daß fast doppelt soviel verschiedene Tiere bei den Tierfamilien (56 : 108) dargestellt werden. Diese Tatsache rechtfertigt die Behauptung, daß die Aufgabe, die Familienmitglieder in Tieren darzustellen, das Kind anregt, alle seine Erfahrungen und sein „Wissen" zu aktualisieren, um möglichst treffende Aussagen zu machen. Beiden Erhebungen ist auffallend gemeinsam, daß die zwanzig am meisten gewählten Tiere bis auf vier die gleichen sind. Die Statistik ermöglicht im Vergleich festzustellen, ob es sich bei dem dargestellten Tier um eine „Vulgär-" oder „Originalwahl" handelt.

Diese Aussage läßt sich durch Hinzuziehen der aufgegliederten Statistik noch differenzieren, insofern als sie angibt, wie häufig die einzelnen Tiere für die verschiedenen Familienmitglieder gewählt wurden.

Eine abschließende Zusammenstellung gibt an, welche fünf, beziehungsweise drei Tiere am häufigsten für jeweils ein bestimmtes Familienmitglied verwandt wurden. Dabei fällt auf, daß für den Vater und den Großvater der Elefant an erster Stelle steht, für Mutter und Tochter der Vogel und für Bruder, Schwester, Großmutter und Bub (!) die Schlange. Für den Vater werden mit Elefant und Pferd mehr bodenständige, kräftige Tiere, für die Mutter (Vogel, Hase) mehr zarte, flüchtigere gewählt. Weiterhin hat man den Eindruck, als seien die Mädchen einheitlicher in der Eigendarstellung als die Buben, – man könnte auch den Schluß ziehen, sie seien phantasieloser –, die eine viel größere Anzahl von Tieren für die Eigendarstellung verwenden. Für die Deutung des Einzelbildes ist wichtig, daß typisch männliche oder weibliche Tiere verhältnismäßig häufig sowohl für weibliche als auch für männliche Familienangehörige gewählt werden (siehe Gans, Hirsch, Hahn, Huhn, Kuh, Ochse). Es ist daher zu vermuten, daß für die Kinder nicht der Gesichtspunkt des Geschlechts maßgebend war, sondern der wesensmäßige des Männlichen und Weiblichen, welches sich häufig genau auf Mann und Frau akzentmäßig im umgekehrten Sinne verteilt.

Eben diese gleiche Erscheinung fällt auf, wenn man die Wahl der Tiere in der Satire mit der Wahl in den „Familien in Tieren" vergleicht. Während die Satire diejenigen Tiere bevorzugt, mit denen der Mensch in ständigem Kontakt lebt wie Haus-, Zucht- und Jagdtiere, werden bei der Darstellung der „Familie in Tieren" eindeutig Tiere der Mythologie bevorzugt wie: Schlange und Vogel; sie stehen an erster Stelle. Die Satire – ebenso die Allegorie – stellt in der Regel eine beißende Ironisierung dar, die auf intellektuellem Wege gewonnen wird.

„Die allegorische Verbildlichung gründet nicht auf Wesenserfassung, sondern auf logisch-verstandesmäßiger Analyse des Inhaltes, bei der vor allem die Gefühlssphäre völlig ausgeschlossen bleibt, daher das ‚Frostige' der Allegorie." [32]

Diese Gegenüberstellung mit dem statistischen Befund macht offenbar, daß das Kind durch die Aufforderung zum Zeichnen in der Regel nicht zu einer ironisierenden Darstellung der Familie angeregt wird, vielmehr einer wesensmäßigen. Was das Verhältnis von Schlange und Vogel – den meist gewählten Tieren – betrifft, so sind beide miteinander wesensverwandt, insofern als sie auf einer Ebene – nur an entgegengesetzten Polen – vorgestellt werden können. Sie bezeugen im Vergleich gesehen, die Ambivalenz zwischen dem Erdhaft-Gebundenen und dem Luftig-Gelösten.

Zu 4) Welche Eigenschaften verkörpern für das Kind die einzelnen Tiere?

Die Eigenschaftsliste beweist, daß das kindliche Wissen tief hineinreicht in die Erfassung vom Wesen der Tiere. Es gehört zur Aufgabe einer genauen Auswertung des Einzelbildes, herauszufinden, welche Eigenschaften das Kind mit der Darstellung des Tieres meint. So ist für einen Teil der Kinder das Äußere des Tieres bestimmend für seine Wahl, die zoologische Erscheinung, Schönheit und Häßlichkeit, für den anderen Teil sind es mehr seelische Qualitäten (wie Edelmut und Mordgier des Adlers).

Zu 5) Welche formalen und inhaltlichen Darstellungsmöglichkeiten kommen bei den zweitausend Tierfamilienzeichnungen vor?

Der Erörterung dieser Frage wird ein besonderer Abschnitt eingeräumt, weil sie bedeutend umfangreicher als die vorhergehenden Fragestellungen behandelt werden muß.

3. Die formalen und inhaltlichen Merkmale

Die Zeichnung „Familie in Tieren" wird formal *und* inhaltlich gedeutet: Unter *formaler Deutung* versteht man die Analyse dessen, *wie* gezeichnet wird; sie wertet also die graphischen Merkmale aus.

Die *inhaltliche Analyse* befaßt sich mit dem, *was* gezeichnet wird und versucht, den Inhalt der Zeichnungen zu deuten.

Die graphische Auswertung ist aus folgenden Gründen unumgänglich notwendig: Man muß bekanntlich bei allen projektiven Methoden berücksichtigen, daß die Projektion die tatsächliche Situation widerspiegeln oder aber auch das Gegenteil, nämlich Wunsch oder Befürchtung aufzeigen kann. In jedem Fall aber ist die Richtung erkennbar, in der sich das Erleben vorwiegend bewegt. Wenn sich zum Beispiel ein Kind als gebieterischen Löwen darzustellen versucht, dabei jedoch mit zartem, unsicherem Strich zeichnet, oder aber den Löwen kleingezeichnet in eine Ecke stellt, dann liegt die Vermutung nahe, daß der Wunschtraum, ein Löwe zu sein, auf der Kompensation der eigenen Zartheit und Schwächlichkeit beruht. Auch kommt es immer wieder vor, daß Kinder bei der Darstellung von Familienangehörigen Strichcharakter und -führung wechseln, manchmal zarte Striche für die Mutter und „harte" Striche für den Vater wählen oder umgekehrt. So bildet die genaue graphische Analyse das Rückgrat der inhaltlichen Ausdeutung; sie trägt dazu bei, Fehlschlüsse oder Vermutungen zu korrigieren, beziehungsweise zu bestätigen.

Der graphologischen Betrachtungsweise begegnet man häufig mit Skepsis; auch will man ihr die Wissenschaftlichkeit streitig machen und sie einreihen in die Sparte jener Pseudodeutungen von Kaffeesatz und Pendelbewegungen.

„Die Erfassung des Eigengehalts eines Erscheinungsdinges ist nicht ohne weiteres Intuition. Müller und Enskat unterscheiden denn auch scharf zwischen der Erfassung von Anmutungsqualitäten und dem intuitiven Deuten. Stelle ich fest, daß ein Mädchenantlitz ‚lieblich', eine Gewitterwolke ‚drohend' oder eine Schrift ‚schwer' wirke, dann ist das keine intuitive Deutung, sondern ein erlebnismäßiges Sehen von Eindruckscharakteren. Wenn aber *A. Henze* von einer Schrift sagt, ‚Spaten, Pferde und lederne Buchsen' oder von einer anderen ‚eine frisch gewaschene Schrift mit Sammetweste und galvanisch vergoldeten Knöpfen', dann kann diese ‚Deutung' nur intuitiv gewonnen sein. . . .

Um Mißverständnissen vorzubeugen, muß betont werden, daß sich auch die wissenschaftliche Graphologie der Intuition bedient, sich jedoch nicht mit vorintellektuellen Erkenntnismitteln begnügt. Wo nämlich Wissenschaft möglich ist – und das ist zweifellos auch bei der Form- und Bildcharakteristik wie bei der Symbolik der Fall –, werden wir sie der nur intuitiven Kennerschaft, die sich naturgemäß nur allzu häufig irrt, immer vorziehen. Die symbolische und ästhetische Interpretation der graphischen Formensprache ist alles andere als etwa ein subjektives, will sagen unverbindliches, nur für das urteilende Subjekt gültiges Verfahren." [27]

Diese Auffassung bestätigend, sind folgende graphischen Merkmale bei der Auswertung des Tests „Familie in Tieren" zu unterscheiden:

Die graphologische Analyse

a) *Die Strichstruktur*
   Strichcharakter (fest, tonig; scharf, zart)
   Strichführung (elastisch – unelastisch; sicher – unsicher; abgesetzt – unabgesetzt)
b) *Die Flächenbehandlung* (Konturierung, Schattierung, Schraffierung, Schwärzung)
c) *Die Formbehandlung* (groß – klein)

a) Die Strichstruktur

Der Strich ist das stoffliche Bauelement, das Urelement jeder Zeichnung, denn seine Beschaffenheit ist wesentlich mitbesimmend für den Charakter einer graphischen Darstellung.

„Man kann ihn daher auch sacheigenschaftlich bestimmen und dergestalt die ihm zugrundeliegenden Bewegungseigenschaften (dynamisch – adynamisch, elastisch – starr, spröde, straff – lasch) sowie seine Randbeschaffenheit, seine Tingierung und seine Richtungsbeschaffenheit beschreiben. Man kann den Strich aber auch bildhaft betrachten, und somit gehört er sowohl der kinetischen wie der eidetischen Graphologie an und kann als Bewegungsvorgang wie als Bilderscheinung erfaßt werden." [27]

Die psychologische Analyse jeder Zeichnung beginnt mit einer Untersuchung des Striches.

„Der Strich ist das Grundelement der Schrift (Zeichnung), aus dem ihre Formen entstehen ... In der Linie selbst ‚waltet' ein lebendiger Rhythmus ... Wir können die Schrift (Zeichnung) mit der Melodie, den Strich mit dem Ton vergleichen, aus dem sich die Melodie aufbaut. Die Unterscheidung zweier verschiedener Sänger wird dem Musikalischen auch dann gelingen, wenn jeder der Sänger nur ein und denselben Ton singt. Ein undefinierbares Etwas in der Stimme, das man ihre Klangfarbe nennt, macht diese Unterscheidung dem im Hören Geschulten und Veranlagten möglich auch ohne, daß sich die Stimme in eine besondere Tonskala hinaufzuformen braucht. Deutlich tritt diese Tatsache auch beim Geigenspiel hervor. Es gibt nicht zwei Geiger, die denselben ‚Strich' haben. Und gerade im Sinne dieses musikalischen Vergleichs ist der Strich der schreibenden Feder – abgesehen von der sonstigen Formung der Handschrift (Zeichnung) und die übrigen Formen erst sekundär aus sich heraustreibend – verschieden." [16]

Strichcharakter

Die Festlegung des Strichcharakters ergibt sich aus der Kombination der vier Grundqualitäten:

	druckstark – druckschwach
	breit – schmal
(1) fester Strich	(druckstark und breit)
(2) toniger Strich	(druckschwach und breit)
(3) scharfer Strich	(druckstark und schmal)
(4) zarter Strich	(druckschwach und schmal)

Der Schreibdruck

Auf den ersten Blick scheint die Zeichenfläche nur aus zwei Dimensionen zu bestehen: der horizontalen und der vertikalen. Sie hat aber unverkennbar eine dritte Dimension

„und zwar nicht nur deshalb, weil das Papier eine wenn auch nur geringe Dicke besitzt, sondern weil es, motorisch und psychologisch, eine Schreibbewegung gibt, die in der Richtung einer dritten Achse senkrecht auf die beiden anderen und damit auf die Schreibfläche einwirkt: der Druck, mit dem die Schreibhand (oder die Schreibfinger) den Griffel aufdrückt." [26]

Ein bestimmter Druck ist die unabdingbare Voraussetzung dafür, daß Zeichnungen oder Schriftzüge erkennbar werden; der Schreib- oder Zeichendruck kann stark oder schwach oder auch wechselnd stark und schwach sein.

Die Zeichenfläche begegnet dem Zeichner als Widerstand – er kann nicht in die Luft oder in die Erde ausweichen – und zugleich als Kontaktmittel. Die *Druck-*

stärke kennzeichnet, auf welche Weise der Schreiber oder der Zeichner Widerständen bzw. Kontakten, Gegenständen, Aufgaben begegnet: kräftig, durchsetzungsfähig – beharrlich, eigensinnig oder zart, zurückhaltend – schwach, nachgiebig. Im *Druck* zeigen sich also die „Triebstärke“, die „natürliche Lebensenergie“ und die „Vitalität“. Es ist keineswegs – wie fälschlicherweise oft behauptet wird – der Wille, welcher sich im Druck kundtut, sondern „die natürliche biologische und keineswegs rein bewußte Willensanstrengung“ (*Pokorny*)

Druckstärke läßt also auf Triebstärke, Vitalität, Durchsetzungskraft, *Druckschwäche* auf Zartheit, Zurückhaltung, Weichheit, Nachgiebigkeit schließen.

Der *Schreibdruck* entspringt bewegungsphysiologisch einer „einfachen“ Schreibhaltung und ist gekennzeichnet dadurch, daß „bei Einwirkung von Außenkräften von einer Seite her auf ein Glied des Körpers und bei der Kompensation immer nur der eine Muskel in Tätigkeit tritt, der der Richtung dieser Kräfte entgegenwirkt“ (Pophal). Die Antagonisten (Gegenmuskeln) treten nicht in Aktion. Dem *Schreibdruck* liegt also ein verhältnismäßig einfacher Koordinationsvorgang zugrunde, der „von der Zweckmäßigkeit gesteuert wird“. Um den *Schreibdruck* zuverlässig zu ermitteln, prüft man die Papierrückseite und stellt fest, ob Druckspuren vorhanden sind. Man spricht von einem unregelmäßigen Druck, wenn starker Druck und schwacher Druck wechseln. Bleiben die starken Druckspuren in der Minderzahl im Verhältnis zu den Zeichen, die keine Druckspuren aufweisen, so liegt ein schwacher Druck vor.

Schreibdruck kann man auch dann beobachten, wenn ungenügende Vitalkraft durch eine kompensatorische Spannung ausgeglichen werden soll; in einem solchen Falle ist zwar eine bewußte Willensanspannung eingeschaltet, nicht aber echte Willenskraft. Diese spezielle Form des Schreibdrucks wird gedeutet als „Beharrlichkeit, Unbeugsamkeit“, „Eigensinn, Unnachgiebigkeit“ etc.

„Der Unterschied liegt darin, daß der natürliche Behauptungswille eine unmittelbare, der unbeugsame Eigensinn eine mittelbare, kompensatorische, durch den Willensmangel hervorgerufene Erscheinung wäre. Der starke Schreibdruck in diesen letzten Fällen ist dann eine Art Irradiation der Spannungsmotorik, welche sich ohne allzu große Schwierigkeiten unterscheiden läßt.“ [26]

Wie ausgeführt, ist der „normale“ Schreibdruck „von der Zweckmäßigkeit gesteuert“. Im Gegensatz zu dieser angepaßten Haltung sind bei der sog. „Versteifungs-Innervation“, die das Gelenk umgebenden Muskeln in „gleichseitiger, ungeordneter und häufig krampfhafter Kontraktion“ *(Pokorny).* Diese „Versteifungs-Haltung“ stört oder hindert jede freie, natürliche Bewegung; sie richtet sich nicht gegen eine bestimmten Widerstand, sondern ist „nach allen Seiten in einer angespannten Qui-vive- Haltung“ *(Pokorny)*, welche einengt und begrenzt.

Abschließend: „Der Schreibdruck ist, wie gezeigt wurde, der graphische, motorische Ausdruck eines überaus wichtigen Strukturelements der Persönlichkeit.

Druck, der nicht zu schwach, nicht zu stark und ‚rhythmisch‘ ist, steht in engster, also auch in ausdrucksmäßiger Beziehung zu dem Radikal der Lebenskraft, der ‚libido‘, also der Triebstärke. Auf ihr ruht das charakterliche Leben auf, von ihr bezieht es das innere Gewicht, den Nachdruck, die echte Tatkraft und biologisch-positive Durchhalteenergie. Mit ihr verknüpft ist alles biologisch und soziologisch zweckmäßige Funktionieren der Persönlichkeit, die menschlichen Beziehungen und die Kontaktfindung, die ‚Weltverbundenheit', die das Gegenteil einer menschlichen und kosmischen Isolierung und Abseitshaltung ist. In ihr erscheint zugleich auch der rezeptive Aspekt der gesunden Mitfühl- und Einfühlfähigkeit, die gleichweit ist von Empfindlichkeit wie von dickfelliger Unempfänglichkeit." [26]

Die Strichbreite

Die *Strichbreite* spielt beim Tiefendruck einer Zeichnung eine große Rolle. So unterscheidet man bei Zeichnungen den breiten, dahinfließenden und den dünnen Strich. Die *Strichbreite* ist kennzeichnend für das Berührungserlebnis, für die Art und Weise des Kontakterlebens und verrät, ob „breite" Hingabe oder distanzierende Berührungsscheu vorherrschen.

Der *schmale* Strich drückt eine sensorisch überwachte, „feststellende" Berührung aus; „je schmaler der Strich ist, desto mehr tritt eine zwar oft intensive und feinsinnige Ansprechbarkeit in Erscheinung" (Pophal). Dünnstrichigkeit weist somit auf Zurückhaltung, Scheu, Schüchternheit, „Bescheidenheit", „Vorsicht" und „Ängstlichkeit", sowie auf „Leichtigkeit" und „Feinheit".

Im Gegensatz zum *schmalen* Strich entspringt der *breite* Strich einer Kontaktfreudigkeit, „sinnenhaften Ansprechbarkeit" und „Fülle des Erlebens"; er kann aber auch auf „Breitspurigkeit", „Ungeniertheit", „Dreistigkeit", „Sicherheit" und Stabilität hinweisen.

Eine vorläufige Deutung des einzelnen Strichcharakters ermöglicht die Zusammenschau von Druckstärke und Strichbreite.

Der *feste* Strich (druckstark und breit) vermittelt den Eindruck vitaler Durchsetzungskraft gepaart mit Sinnen- und Genußfreude; Verläßlichkeit und Festigkeit können ebenso wie Robustheit und Grobheit das Persönlichkeitsbild beherrschen.

Dem *tonigen* (teigigen) Strich eignen drei Qualitäten: Gleichmäßigkeit, Ungespanntheit, Breite, Druckschwäche. So äußern sich im tonigen Strich (druckschwach und breit) mäßige bis schwache Vitalität und Lebenskraft, sowie „breite" Hingabe. Im Vordergrund steht die gemüthafte Kontaktnahme, weniger die Durchsetzung.

„Eine mehr gleichmäßige und wenig gespannte Dickstrichigkeit findet sich erfahrungsgemäß mit Vorliebe bei Genußmenschen, Feinschmeckern und wollüstigen Naturen, weiterhin bei bequemen und nachlässigen und schließlich auch bei unsauberen Personen. Im letzteren Falle macht die Schrift (Zeichnung) häufig einen schmierigen und schmuddeligen Eindruck, und solche schmierige Breitstrichigkeit deutet nicht nur auf körperliche Unsauberheit, sondern häufig auf schmutzige Gesinnung." [26]

Am Rande sei vermerkt, daß der *breite* Strich auch ein wichtiger Bestandteil des Eindruckscharakters der Wärme und Fülle ist und in dieser Eigenschaft auf Farbensinn (Poppée) und seelische Wärme hinweist.

Der *scharfe* Strich (druckstark und schmal), druckstark und gleichmäßig dünn, verrät eine kräftige Vitalität, gepaart mit einer Berührungsscheu, Zurückhaltung evtl. „Magerkeit". Im *zarten* Strich (druckschwach und schmal) drücken sich zarte Konstitution und vorsichtige Berührungsweise aus.

Die „Zartschreiber“ fallen „durch ihre große Sensivität, ihre Empfänglichkeit für Sinneneindrücke, ihre Sensibilität und Erregbarkeit auf ... Sinn für Sauberkeit bis zum Reinlichkeitsfanatismus, Mäkligkeit im Essen, hypochondrische Befürchtungen und nicht selten eine Überempfindlichkeit gegen Geräusche und bestimmte Gerüche sowie gegen Temperaturveränderungen. Im Urteil sind die Zartschreiber stark abhängig von Sympathien und Antipathien. Leicht zu begeistern und ebenso schnell ernüchtert und mit Lob und Tadel rasch bei der Hand, lieben sie das Übertriebene, Absonderliche und Extravagante. Während einschneidende Ereignisse sie vielfach kaum zu berühren scheinen, legen sie Nebensächlichkeiten und belanglosen Dingen eine unangemessene Bedeutung bei. Takt, Zartsinn, eine Abneigung gegen alles Rohe, Derbe, Grobe sowie Unsinnlichkeit wird selten bei ihnen vermißt.“ [27]

So charakterisieren den „Zartzeichner“ verminderte Antriebsenergie und geringe Belastbarkeit ebenso wie Feinfühligkeit und Empfindsamkeit.

Neuere Untersuchungen zwingen zu noch differenzierteren Unterscheidungen. Man findet bei genauer Analyse der Strichstruktur außer Druckstärke und Strichbreite weitere Unterschiede, von denen insbesondere die „Spannung“ hervorzuheben ist. Die „Spannung“ wird im Zusammenhang mit der Strichführung besprochen.

Strichführung

Die Strichführung untersucht, *wie* der Strich *verläuft*, gleichviel ob er fest, tonig, scharf oder zart ist. Die Strichführung kann sein:

elastisch – unelastisch
sicher – unsicher
abgesetzt – unabgesetzt

Die Strichelastizität

„Spannung ist ein individuell und typisch entscheidendes und für die Charaktersynthese unentbehrlich gewordenes Grundmerkmal, das höchste Aufmerksamkeit und genaue Untersuchung erfordert. ... Spannung ist ein konstitutionelles Moment. ... Die individuelle Spannung, die immer leib-seelisch ist, also den ganzen Organismus erfaßt, drückt sich in einer kennzeichnenden und erkennbaren Bewegungsart aus. Die Motorik der Körperhaltung (Physiognomik) und die Körperbewegungen (Pantomimik), der mimischen Bewegungen der Gesichtsmuskeln wird durch den individuellen Grad der psychophysischen Spannung bestimmt.“ [17]

Man sollte sich bei der Untersuchung der Spannung als „Modell“ die Gegensätze: *elastisch-unelastisch* vergegenwärtigen. „*Elastisch* ist der Strich, wenn er schwingend, federnd verläuft, nicht einfach glatt fließend, aber auch nicht verzittert. *Unelastische* Striche können verschiedener Art sein: einfach glatt, also zwar fließend, aber nicht flüssig, nicht schwingend ...“ [17] Mit anderen Worten: Von der Vorstellung der „Elastitzität“ wie sie etwa ein Gummiband besitzt, ausgehend, ist der elastische Strich weder zu weich noch zu fest, sondern federnd und dehnbar, immer in seinen ursprünglichen Zustand zurückstrebend. Die *Elastizi-*

tät umfaßt alle Abstufungen zwischen weich und fest. Dennoch kann die *Elastizität* mehr der Weichheit oder mehr der Festigkeit zuneigen; „straff" entspricht einer mittleren Gespanntheit.

Roda Wieser gibt zur Erläuterung die folgende Skala an:

„schlaff – weich-straff-fest – starr
(unelastisch) – (elastisch) – (unelastisch)" [36]

Welche seelischen Vorgänge drücken sich im Elastizitätsgrad eines Strichs aus?

„Die vom Leben erfüllte Bewegung erscheint in ihrem Ablauf stets elastisch federnd, d. i. schwankend zwischen individuell bedingten Spannungsgraden von weich und fest; solche federnden Schwankungen sind rhythmisch auftretend und darin von einer den Lebensvorgängen innewohnenden Gesetzmäßigkeit erfüllt und durchpulst. *Ein* Lebenspuls durchdringt sie und verwebt sie untereinander. Je schwächer aber die Durchdringungskraft eines solchen Lebenspulses ist, umso mehr schwindet in der Bewegung bzw. im Ausdrucksbild ihrer Spur ... der Eindruck der Elastizität. Umgekehrt gesprochen: an ihre Stelle tritt das Erscheinungsbild der Unelastizität. Wo diese als Schlaffheit des Strichs auftritt, vermittelt sie mehr den Eindruckscharakter der *Zerlösung* (Zerfließen, Sichaufweichen, Verschwimmen); wo sie als Starre des Strichs auftritt, vermittelt sie mehr denjenigen der *Verhärtung* (Erstarrung, Verkrustung). Aufs seelische Leben übertragen: Die seelischen Vorgänge als Abläufe, als Regungen und Bewegungen stehen nicht mehr in lebenserfüllter Korrelation zu rhythmisch in Erscheinung tretenden Abläufen und Geschehnissen des kosmisch verwobenen Lebens. Die solchermaßen sich absondernde Seele fällt der Verarmung anheim." [36]

So wird das Erscheinungsbild des unelastischen Strichs als „Seelenverarmung" gedeutet. Bedeutsam ist der Hinweis Roda Wiesers, daß es *feste* Korrelationen zwischen Spannungsgrad und der Ausgeprägtheit der jeweiligen Egoismen, m. a. W. der Tiefe des Kontaktnehmens *nicht* gibt. *Druckstärke* und *Spannungsgrad* als Zeichen für *Vitalität* und *Elastizität* scheinen zwar Urelemente der Persönlichkeit und als solche unabhebbare Persönlichkeitsmerkmale zu sein, bestimmen jedoch den Einzelnen nicht ausschließlich; man muß neben Anlage und Umwelt einen dritten Faktor, das verantwortliche Ich, als entscheidende Wirkkraft anerkennen.

„Anstatt zur Überantwortung an die Triebe der egoistischen Selbstverhärtung führt es (das Ich) auf der einen Seite zur selbstlosen Selbstbewahrung und auf der anderen Seite, anstatt in die Selbstzerlösung, zu einer Form der Selbstlosigkeit, die dennoch keine Absage an die Selbstbewahrung des Eigenwesens bildet. Es versteht sich, daß eine solche Wirkkraft des Ich soviel wie *urteilende* Hintanstellung persönlicher Interessen und Gefühle zugunsten des Außer- und Überpersönlichen anstrebt. Daran, wie einer mit dem Leben fertig wird, ist u. a. in hohem Maße *auch* die jeweilige Geschmeidigkeit der *Intelligenz* beteiligt. ... Ob aber das Ich solche Fähigkeiten des Denkens und schließlich auch des Wollens im Sinne der Agape betätigt oder ob es sie bewußt in den Dienst des selbstischen Ich stellt oder ob es jene Fähigkeiten mehr unbewußt der Verwirklichung des eigenen Triebbegehrens dienstbar macht, – das alles ist wiederum erst eine sekundäre Frage." [36]

Der Wirksamkeit und Eigenart des Ich kommt man bei Betrachtung des Gegensatzpaares *sicher – unsicher* näher auf die Spur.

Die Strich-Sicherheit

Beim *sicheren* Strich wird der Bewegungsablauf ungehemmt zu Ende geführt – eine Unterbrechung braucht den Eindruck der Sicherheit keineswegs zu mindern –, während der *unsichere* Strich gehemmt wirkt und häufig „zittrig" erscheint. Die von *R. Pophal* geschilderten Erscheinungsweisen des „homogenen Strichs (Webstrich)" und des „granulierten Strichs (poröser Strich)" entsprechen ziemlich genau denen des sicheren und unsicheren Strichs. Noch näher ist der *sichere* Strich durch einen „einheitlichen Aufbau bei innerer Differenziertheit" gekennzeichnet; er ist „organisch gebildet gewebt, fest, dicht, ruhig, gleichmäßig". Im Gegensatz hierzu ist der unsichere Strich uneinheitlich aufgebaut und mangelnd differenziert, weshalb er „unklar, trübe, unruhig, flimmernd, ungleichmäßig" erscheint, evtl. als „Strickstrich".

In Übereinstimmung mit dem Erscheinungsbild deutet der *sichere* Strich auf Selbstsicherheit, innere Festigkeit und Stabilität hin, während der *unsichere* Strich von Unsicherheit, mangelnder Festigkeit und Labilität zeugt. Eine „spannungsarme und unsichere Strichführung" ist „immer ein Zeichen von verminderter Zielenergie" *(Heiß).*

Die Strich-Verbundenheit

Beim *unabgesetzten* Strich liegt der Akzent auf der Unbekümmertheit, mit der die Hand in den Raum der Zeichenfläche verstößt; die aus der vitalen Schicht gespeiste Motorik überwiegt die Sensorik.

Beim *abgesetzten* Strich ist es umgekehrt: Die motorische Bewegung erscheint durch das kritische Bewußtsein gebremst, womit sich in der Überwachung durch die Sensorik eine stärkere Distanzierung und Objektivierung verrät.

Allerdings gilt es zu bedenken, daß der *unabgesetzte* sowie der *abgesetzte* Strich sicher bzw. unsicher geführt werden können; beim *abgesetzten – sicheren* Strich schaltet sich die Überwachung *bremsend*, beim *abgesetzten – unsicheren Strich hemmend* ein.

„Im gedanklichen Ablauf neigt der Schreiber (Zeichner) einer stärker verbundenen Schrift (Strichführung) dem logisch-verbindenden Denken, im Handeln der praktisch-flüssigen Gestaltung, im Verhalten und in der Ansprechbarkeit mehr der Stetigkeit und Einheitlichkeit zu.

Der Schreiber (Zeichner) der unverbundenen Schrift (Strichführung) steht dem einfallsreichen, zertrennenden und intuitiven Denken näher, zeigt in seinem Handeln die unterscheidende Gründlichkeit und in seinem Verhalten und Fühlen eine ins einzelne gehende und momentbedingte Ansprechbarkeit." [17]

Eine ähnliche Deutung gibt *R. Pokorny*: „Grob bildlich gesprochen darf man vielleicht als Merkwort sagen: die Lücken ... sind die Fenster ins Wesensinnere des Objekts." [26] Der Vollständigkeit wegen seien noch einige Störungen der Strichführung genannt (nach *Heiß*):

Gebrochene Strichführung = Strichanflickungen

Zittrige Strichführung	=	Verunsicherung des Duktus
Ataktische Strichführung	=	mangelnde Koordination der Bewegung
Druckverteilungsstörungen	=	Druckschwankungen, Verklecksungen.

„Immer haben sie (die Störungen) ihre Bedeutung, immer sind sie Anzeichen von vorhandenen, vielleicht unbemerkten und ungefährlichen Beeinträchtigungen im vitalen Bereich ... Sie geben oft Aufschluß über Grenzen der Belastbarkeit und die vitalen Kraftreserven ..." [17]

b) Die Flächenbehandlung

Die Flächenbehandlung weist folgende Merkmale auf:

Konturierung
Schattierung
Schraffierung
Schwärzung

Konturierung

Die *Konturierung* stellt eine feste Umgrenzung der Form dar und deutet durch das klare Hervorheben des Gegenstandes auf eine vorwiegende Beteiligung der Verstandeskräfte hin.

Schattierung

Im Gegensatz zur Entstehung der klar umrissenen Form bei der *Konturierung*, entspringt die *Schattierung* einer „mehr vitalbedingten Pendelbewegung" (*M. Renner*) und läßt auf diese Weise vor allem ein Überwiegen der Antriebskräfte erkennen.

Schraffierung

Die *Schraffierung* (Überkreuzen abgesetzter Strichführung) ist zwischen der *Konturierung* und der *Schattierung* zu lokalisieren; Verstandes- und Antriebsbeteiligung halten sich die Waage.

Schwärzung

Die *Schwärzung* besteht in einem Ausfüllen des Gegenstandes, welches kein plastisches Hervorheben, keine „Farbigkeit oder Fülligkeit" wie beim Schattieren bewirken soll.

Es gibt *Schwärzungen* aufgrund fester, toniger, scharfer und zarter Striche; die Ausdrucksqualität der Strichstrukturen wird in der *Schwärzung* um ein Vielfaches erhöht. Während des Schwärzens überläßt sich der Zeichner mehr der Regie der Antriebe (feste und scharfe Striche) oder der Stimmungen (tonige und zarte Striche), weniger der des Verstandes; die Wiederholung beim *Schwärzen* wirkt eher zwanghaft als gesteuert. Darum bekundet die *Schwärzung* aggressive Entladung (fester und scharfer Strich) oder depressives Sichgehenlassen (toniger und zarter Strich). Die fehlende Durchsetzung der Verstandeskräfte gibt die *Schwärzung* insofern an, als sie aufzeigt, daß Stimmung *oder* Antrieb innerhalb der Persönlichkeitsdynamik die Führung haben.

c) Die Formbehandlung

Bei der Formbehandlung ist in diesem Zusammenhang nur das Gegensatzpaar:

groß – klein

von Bedeutung.

Große Form

Sie ist die „Ausdruckspur eines ungehinderten Vorstoßes in den Raum der Zeichenfläche, eines gelösten Umsichgreifens" (*M. Renner*).

Die *große Form* deutet – positiv betrachtet – auf „Begeisterungsfähigkeit, Enthusiasmus, Großzügigkeit, Weitblick und Pathos" *(Pokorny)*; sie kann „großes Selbstbewußtsein" anzeigen. Negativ: „Flüchtigkeit", „Zerstreutheit", „Leichtsinn", „Schwärmerei", „Mangel an Wirklichkeitssinn" *(R. Heiß)*; Aufgeblasenheit und übersteigertes oder kindlich-naives Selbstgefühl.

Kleine Form

Die kleine Form entsteht aus einer Bremsung oder Hemmung des Antriebs durch Zügelung bzw. Unsicherheit und deutet dementsprechend auf:

„Besonnenheit, Vorsicht, Bedachtsamkeit, Konzentrationsgabe, Sachlichkeit, Gründlichkeit" *(Pokorny)* und „verringerte Entflammbarkeit und Selbstbeschränkung" *(R. Heiß)*; mit mehr negativem Vorzeichen: „Kleinlichkeit, Pedanterei, Bedenklichkeit, Illusionslosigkeit" *(Pokorny)*; „schwaches Selbstgefühl, Minderwertigkeitsgefühle" *(R. Heiß)*.

Mit Absicht wurde der graphologischen Analyse, um ihre Wichtigkeit zu betonen, eine eingehende Darstellung gewidmet. Noch einmal sei hervorgehoben, daß auch Kinderzeichnungen sich wesentlich in ihrer formalen Gestaltung voneinander unterscheiden. So sind die geschilderten Merkmale durchaus an der Kinderzeichnung abzulesen und es ist berechtigt, charakterologisch zu deuten. Gewiß darf nie übersehen werden, daß die ermittelten Charaktereigenschaften –

der Plastizität und der sich steigernden Eigenverantwortlichkeit des Kindes entsprechend – Wandlungen erfahren. Es erübrigt sich, besonders herauszustellen, daß erst die Zusammenschau aller genannten Merkmale eine verläßliche Deutung erlaubt.

Speziell für die Bildanalyse ergeben sich bei der Überprüfung der zweitausend „Familien in Tieren" noch eine Reihe weiterer bei der Auswertung zu beachtender Gesichtspunkte, die in Abhebung von den oben erörterten als inhaltliche Merkmale bezeichnet werden, weil ihre Deutung eine Interpretation dessen darstellt, *was* gezeichnet wird:

1) Die Reihenfolge des Zeichnens der Tiere
2) Darstellung der Familie mit gleichen oder verschiedenen Tieren
3) Gruppierung der Tierfamilie
4) Größenverhältnis der Tiere im Vergleich zur Wirklichkeit
5) Ausdrucksgebaren der Tiere
6) Charakter der Tiere

Zu 1)

Wird die *Reihenfolge der Tiere* dem Alter entsprechend gewählt, dann verliert sie an symptomatischem Wert. Allerdings kann darin auch ein Bejahen der gegebenen Familienhierarchie ausgedrückt werden, wie sie nun einmal unter anderem auch das Alter bestimmt; oder aber mangelnde Auseinandersetzung mit dem „Stellenwert" der einzelnen Familienangehörigen. Die Hintergründe hierfür können Anerkennung des Vorgegebenen, mangelnde Eigenständigkeit, Desinteressiertheit und Stumpfheit sein.

Im übrigen erhält das zuerst und das zuletzt gezeichnete Tier erhöhte Bedeutung. Das erste Tier wird meist viel spontaner gezeichnet als das letzte, bei dem mehr überlegt wird; es ist oft dasjenige Familienmitglied, welches bis an den Schluß „verschoben" wird. Beide stehen dem Erlebnismittelpunkt nahe. So ist es von Bedeutung und damit als Hinweis anzusehen, an *welcher* Stelle Vater oder Mutter erscheinen; ebenso ist es wichtig, welchem Geschwister oder sonstigem Familienmitglied eine Sonderstellung durch die Reihenfolge eingeräumt wird.

Zu 2)

Immer wieder stellt sich heraus, daß mit der Darstellung *gleicher Tiere*, die Familie als Einheit, als Zusammengehöriges, als in gleicher Atmosphäre lebend gemeint – das heißt real vorhanden oder gewünscht – war. Durch die gleichen Tiere wird mehr oder weniger das gleiche „Nest" ausgedrückt. Wenn dann auch die Physiognomie gleich ist, kann sich hierin ein mangelndes Erfassen von Individualitäten anzeigen, was häufig bei Schwachbegabten der Fall ist. Allerdings kann auch die Sehnsucht nach Geborgenheit, nach Familieneinheit so übermächtig sein, daß, wie in Fallbeispiel IV, nur noch ein Vogelnest mit nicht unterscheidbaren Jungen gezeichnet wird.

Anders ist es, wenn Wasser-, Land- und Lufttiere für die gleiche Familie verwendet werden, wenn jeder in einem anderen Raum atmet, sich ernährt und ruht und vielleicht zwischen den einzelnen Tieren bekannterweise eine ausgesprochene Feindschaft oder aber Freundschaft besteht. In diesem Fall gilt es, die Beziehungen der Tiere untereinander recht genau zu beachten (vergleiche Katze und Maus, Hund und Katze).

Eine dritte Möglichkeit ist dort gegeben, wo die Familie zwar mit verschiedenen Tieren gezeichnet wird, aber wiederum einzelne Familienmitglieder *gleich* dargestellt werden. Bei *gleicher* Darstellung nur einzelner Familienangehöriger, ist bestehende oder gewünschte Wesensverwandtschaft zu vermuten, wobei noch eine betonte Absetzung von den übrigen Andersdargestellten hinzukommt.

Zu 3)

Es gibt mannigfache Möglichkeiten der *Gruppierung*, zum Beispiel: die Tierfamilie in einem Nest vereint, friedlich um einen Tisch sitzend, hintereinander hergehend, übereinander schwebend, jeder in einer andere Richtung schauend, einzelne Familienmitglieder sich ab- und zuwendend; oder der Zeichner stellt sich selbst oder einen anderen Familienangehörigen ins Zentrum des Bildes, oder er rückt sich völlig heraus und isoliert sich.

Stereotype *Reihung* verrät Nichtbeachtung oder Unfähigkeit, eine Gruppierung vorzunehmen; hingegen aufgelockerte Feldverteilung die bewußte oder unbewußte Tendenz, jedem dem ihm gebührenden Platz zukommen zu lassen, wenn sie nicht einfach vom ästhetischen Gefühl der Symmetrie her bestimmt ist.

Bei der mittelpunktsbezogenen *zentripetalen* Gruppierung erhält der Mittelpunkt besondere Bedeutung. Das Gegenteil, die *zentrifugale* Darstellung, bei der alle Dargestellten nach außen streben, ist selten und weist in der Regel auf eine sich auflösende Familienbindung hin.

Zu 4)

Eine bedeutsame Rolle kann der Vergleich des *Größenverhältnisses* der dargestellten Tiere mit der Realität spielen. Die Beachtung der Größenverhältnisse gibt wiederum Aufschluß, welchen Raum das Familienmitglied tatsächlich oder gewünscht im Seelenleben des Kindes einnimmt. Man kann durch das Größenverhältnis in Verbindung mit der graphischen Darstellung zugleich erfahren, ob Wunsch oder Wirklichkeit dargestellt wurden. Ein kleiner, mit zartem Strich gezeichneter Fuchs inmitten übergroß dargestellter Gänse macht schwerlich glaubhaft, daß er die Gänse bezwingt.

Zu 5)

Das *Ausdrucksgebaren* vermittelt in besonderer Weise den positiven oder negativen Akzent im Charakter des dargestellten Tieres. So zum Beispiel wirkt der friedlich ruhende Löwe königlich würdig, hingegen flößt der sprungbereite, zähnefletschende Furcht ein vor seiner Raubgier und Grausamkeit; zu der schnatternden, watschelnden Gans hat man Zutrauen, dem angriffslustigen Gänserich mit langgestrecktem Hals möchte man weniger gern begegnen. Manchmal wird die Ausdruckskraft des einzelnen Tieres noch dadurch erhöht, daß charakteristische Merkmale gezeichnet werden, die das Tier eigentlich nicht besitzt. Zum Beispiel wurde ein Bär mit Hörnern als Vater dargestellt, obwohl das Kind auf einem anderen Blatt einen Bär ohne Hörner zeichnete.

Zu 6)

Der Problematik, den *Charakter der Tiere* im Hinblick auf die Bilddeutung „richtig" herauszufinden, ist nur durch Zurückhaltung zu begegnen; denn allzu leicht gerät man dabei auf uferlose, unkontrollierbare Abwege. In dieser Richtung helfen die Kinderaussagen (siehe Eigenschaftsliste), die strenge Orientierung am Bilde selbst und die Hinzuziehung der anderen genannten Gesichtspunkte. So ist erstaunlich, daß bei den zweitausend Kinderaussagen über den Storch, dieser kein einzigesmal mit „Kinderbringen", „Kindersegen" in Verbindung gebracht wurde.

4. *Kritische Einwände*

Bei jedem projektiven Verfahren, so auch bei der „Familie in Tieren", ist nicht jede Zeichnung in gleicher Weise aussagekräftig im Hinblick auf die Fehlhaltung des Kindes; es ist daher notwendig, sich noch mit einigen, im besonderen für diese Zeichnung, in Frage kommenden kritischen Einwänden zu befassen. Im folgenden werden einige sogenannte Fehlerquellen näher beleuchtet:

1) Zeichenbegabung
2) Zoologieunterricht – Besuch im Tiergarten
3) Äußerliche Ähnlichkeit mit einem Tier
4) Zufällige Spitz- und Schimpfnamen
5) Zugehörigkeit zu einem Tierkreiszeichen (Astrologie)
6) Augenblickliche Zu- oder Abneigung

Die *Zeichenbegabung* – bei jedem Zeichentest kritisch vermerkt – tritt kaum in Erscheinung, wie die Zeichnungen von Begabten und weniger Begabten (siehe Fallbesprechung I und IV) beweisen. In erstaunlichem Maße gelang es dem völlig ungeübten Zeichner bei Fallbesprechung IV die „Nestsituation" darzustellen. Um gehemmten Kindern von vornherein die Scheu vor zeichnerischem Ungenügen zu nehmen, wird in der Testanweisung ja besonders auf die Unwichtigkeit des schönen Zeichnens hingewiesen. In einigen Ausnahmefällen durften die Kinder nur hinschreiben oder sogar nur sagen, was sie darzustellen wünschten. Natürlich entfielen dadurch wesentliche Auswertungsmöglichkeiten.

Ebenso selten kommt es vor, daß Kinder sich vom *Zoologieunterricht* oder von einem *Besuch im Tiergarten* im Sinne einer Determination beeinflussen lassen. Sicher spielt die Kenntnis der Tiere eine Rolle; denn je mehr Tiere die Kinder kennen, umso größer und besser sind die Auswahlmöglichkeiten für die „Familie in Tieren".

Dann und wann wird als Begründung die verblüffende äußerliche Ähnlichkeit eines Familienangehörigen mit einem Tier für die Zeichnung angegeben. Oft stimmt diese Ähnlichkeit tatsächlich, manchmal ist sie hineingesehen (Affengesicht, Habichtnase, Löwenmähne, Windhund u. a. m.).

Ähnlich ist es mit *Spitz- und Schimpfnamen*, sie können zufällig gewählt sein, aber auch ins Schwarze treffen (Spanferkel, Affe, Mops, Spitzmaus – blöde Gans, lahme Ente, Sau u. a. m.)

Auch die Zugehörigkeit zu einem *Tierkreiszeichen* kann als Grund für die Darstellung angegeben werden (Widder, Stier, Steinbock, Fisch, Krebs, Löwe, Skorpion). Äußerliche Ähnlichkeit mit einem Tier-, Spitz- und Schimpfnamen und Zugehörigkeit zu einem Tierkreisbild werden manchmal als treffend anerkannt, aber ebenso oft als unzutreffend abgelehnt und nicht gezeichnet, so daß bei vorliegender Zeichnung die Vermutung der bestätigenden Annahme durch das Kind – im Sinne einer Wesensähnlichkeit von Familienangehörigem und Tier – trotz der genannten Begründung, die dann als Rationalisierung anzusehen ist, gerechtfertigt erscheint.

Die *augenblickliche Einstellung* muß bei jedem Verfahren berücksichtigt werden. Um bestmögliche Sicherheit zu erlangen, sollte man nach einiger Zeit eine Wiederholung vornehmen. Die Wiederholung nach einem halben Jahr hat sich als wertvoll erwiesen.

Alle angeführten Einwände können nur dann zu Fehlerquellen werden, wenn die Zeichnung „blind", das heißt isoliert gedeutet wird. In der Regel hat sich gerade die „Familie in Tieren" als günstig erwiesen, Ausgangspunkt für ein Gespräch mit dem Kind über seine Familie zu werden. Wenn möglich, fragt man in vorsichtiger, dem Alter des Kindes entsprechender Weise, warum es gerade dieses oder jenes Tier wählte; oder man erkundet indirekt, welche Tiere das Kind mag und welche es ablehnt. Die vorliegenden Protokolle beweisen, daß fast immer die hervorstechenden Eigenschaften des Menschen, die in dem betreffenden Tier wiedererkannt wurden, das Motiv zur Darstellung bildeten. In seltenen – für die Statistik nicht ins Gewicht fallenden Ausnahmen – mag einer der oben angeführten Gründe in verfälschender Weise die Zeichnung beeinflußt haben. Natürlich darf dieser Hinweis nicht dazu verleiten, im Einzelfall die genannten möglichen Fehlerquellen unbeachtet zu lassen.

Grundsätzlich taucht die Frage auf, ob es erlaubt ist, das Kind seine Familie in Tieren zeichnen zu lassen, ob darin nicht eine Diffamierung von Mutter, Vater und Geschwistern liegt? Zur theoretischen Rechtfertigung wurde angeführt, daß die Menschen seit ältesten Zeiten im Tier den „schweigenden Bruder" sehen, es verehren, lieben und fürchten; darum auch der Hinweis auf Mythen, Fabeln und Märchen. Ganz zu schweigen von biblischer Überlieferung: Christus, das Lamm Gottes; der Vergleich der drei Evangelisten mit Tieren. Aber auch die Praxis beweist diese Aussage: Nochmals sei auf die grundlegende Unterschiedlichkeit zwischen Tiersatire und den durch die Testanweisung ausgelösten Darstellungen hingewiesen. Außerdem reagierte kein Kind – wie schon gesagt – mit Abwehr oder Befremden. Es sei denn, ein Kind lehnte jegliche Betätigung ab. Im Gegenteil, das Kind – auch der naturverbundene Mensch – hat eine vertraute Beziehung zum Tier; es steht nicht, wie mancher Erwachsene, ihm hilflos oder überheblich gegenüber. Erwachsene sind oft nicht mehr imstande, dem Tier wirklich zu begegnen und darüber erstaunt, wenn im Traum Tiere erscheinen; dann spüren sie aber, daß die Tiere Aussagen zu machen haben und daß im Menschen eine ursprüngliche Beziehung zu allem Lebendigen, also auch zum Tier und zu der Pflanze schlummert, die nur manchmal vergessen wird.

Außerdem ist zu fragen, was sagen die „Betroffenen" zu diesem Verfahren? Es ist müßig, sich die Wirkungen auf die Eltern auszudenken, auch hier soll die Praxis antworten. Von Fall zu Fall wird in den Elternberatungen, die sich an die psychologische Untersuchung des Kindes anschließen, der eine oder andere Test gründlich durchgesprochen. Gerade bei diesen Gesprächen ist die „Familie in Tieren" gut geeignet, den Eltern die Erlebnisweise des Kindes verständlich zu machen (siehe Fallbesprechungen). Hin und wieder kommt es vor, daß Eltern das Gespräch mit der Frage nach der Bedeutung dieses Verfahrens eröffnen; meist beginnen sie dann selbst zu interpretieren: „Da hat mich der Bub als Schwein gezeichnet", sagte einmal unsicher eine Mutter, „wie kommt er nur darauf, bei uns ist alles sauber und in Ordnung". Man kann in einem solchen Falle mit der Mutter besprechen, daß vom Schwein ja nicht nur im Sinne eines „Saustalls" gesprochen wird, sondern ebenso vom „Glücksschwein" und „der hat Schwein gehabt". Ein Schwein, umgeben von einer Schar von Ferkeln, symbolisiert eine glückliche, immer bereite Mutterschaft. Dieses ist die eine Möglichkeit; trifft aber die negative Deutung zu, dann wird man sowieso nicht umhin können, in langsamer, schonender Weise gemeinsam mit der Mutter, der im Bilde enthaltenen Wahrheit auf die Spur zu kommen, das heißt in diesem Beispiel, den in irgendeiner Weise vorhandenen „Saustall" durchzusprechen und Wege der „Säuberung" vorzubereiten.

Die Frage, ob man befugt ist, im Kinde ein „Wissen" um den Charakter der Tiere als gegeben anzunehmen, ist bereits positiv beantwortet: Der Katalog der positiven und negativen Eigenschaften der Tiere, der auf den Kinderaussagen basiert, bestätigt, daß in jedem Menschen dieses Wissen verborgen ruht. Gerade alle in Zusammenhang mit der Durchführung dieses Verfahrens gestellten Fragen fördern erstaunlich viel Material aus dem Unbewußten zu Tage, welches eindeutig auf eine im Menschen vorhandene Bilderwelt hinweist, die dem heutigen Menschen genau so eigen ist, wie dem vor Jahrtausenden lebenden.

IV. Die „Familie in Tieren“ als diagnostisches Hilfsmittel in der Praxis der Erziehungs- und Schulberatung

Die nun folgenden Zeichnungen der „Familie in Tieren“ sind aus einem achthundert Zeichnungen umfassenden Material der „Erzieher- und Jugendberatung“ Münchens ausgewählt worden. Die achthundert Kinder wurden im Laufe von fünf Jahren psychologisch untersucht und aktenmäßig erfaßt. Es sind Kinder und Jugendliche mit vorwiegend Lern-, Erziehungs- und Lebensschwierigkeiten. Von den achthundert Zeichnungen sind 683 gelungen, das heißt, die Kinder kamen der Aufforderung im gewünschten Sinne nach. Die restlichen Zeichnungen stammen von Kindern, die aus den verschiedensten Gründen (Infantilismus, Schwachbegabung, Eigensinnigkeit, Unentschiedenheit, Gehemmtheit) der Aufforderung nicht gerecht wurden und entweder gar nichts zeichneten, oder Menschen statt Tiere darstellten. Es versteht sich von selbst, daß diese „nichtgelungenen“ Zeichnungen psychologisch ebenfalls aufschlußreich sind.

1. *Die thematische Aufschlüsselung des Fallmaterials*

Aufgrund der Auswertung aller Befunde – jeweils zusammengefaßt in einem psychologischen Gutachten – wurden von den 683 psychologisch untersuchten Kindern diejenigen ermittelt, welche speziell unter ihrer erlebten Familiensituation seelisch litten.

Bei 408 Kindern ließ sich ein enger Zusammenhang zwischen erlebter Familienatmosphäre und nicht gelungener Erlebnisverarbeitung feststellen. Die Analyse dieser Fehlverarbeitung ergab, daß sie sich vorwiegend gründete in Richtung einer Fixierung oder Regression auf die drei Erlebnisweisen: *Geborgenheit, Kontakt, Macht*. Allerdings gelang nur bei 372 Fällen die Rückführung in folgender Verteilung:

Geborgenheitsproblematik	202
Kontaktproblematik	91
Machtproblematik	79

Die 36 nicht einzuordnenden Fälle setzen sich aus solchen zusammen, bei denen mit anscheinend gleicher Gewichtigkeit mehrere Tendenzen wirkten oder aber andere Themata das Erleben bestimmend beeinflußten. Die Rückführung der Schwierigkeiten auf *eine* Thematik bedeutet immer eine Vereinfachung, welche die Problematik des Einzelfalles beschränkt: Alle außerfamiliären Gründe der Erziehungs- und Schulschwierigkeiten wurden zugunsten des ermittelten Hauptgrundes wenig beachtet und aus der Fülle denkbarer Mutter-, Vater-, Geschwistereinflüsse, sozialfamiliärer Einwirkungen, sowie Möglichkeiten des Zusammenwirkens von Konstitution und Mitwelt wurden lediglich die genannten *drei* besonders grundlegenden Beziehungsformen zwischen Kind und Familienangehörigen herausgegriffen: *Geborgenheit* (Mutter), *Kontakt* (Geschwister), *Macht* (Vater). Diese Zuordnung ist wohl noch häufig, aber für den Einzelfall nur richtungweisend und nicht bindend; selbstverständlich können alle Familienmitglieder, sowie besondere Ereignisse dominierend auf das kindliche *Geborgenheits-*, *Kontakt-* und *Macht*erlebnis einwirken. Diese *drei* Themata sind nicht nur eng mit der spezifischen Auseinandersetzung zwischen Kind und einzelnem Familienmitglied verbunden, sie sind darüber hinaus aufs tiefste mit den aufeinanderfolgenden Stadien des Reifungsprozesses verknüpft, ist doch die Entwicklung des Menschen ein Prozeß der *Verselbständigung* von der Loslösung aus der mütterlichen Geborgenheit über das Aufnehmen von Bindungen zum Bestehen des Lebenskampfes.

Die Fehlverarbeitungen schwieriger Kinder beruhen häufig auf einem noch frühkindlich geprägten *Geborgenheits-*, *Kontakt-* und *Machterleben*, was auf jeweilige Fixierungen beziehungsweise Regressionen zurückzuführen ist: das Kind ist dann den genannten *drei* Themata in nicht altersentsprechender Weise übermäßig verhaftet insofern, als sein Bedürfnis nach *Geborgenheit, Kontakt* oder *Macht* nur in extremer Form einmal *übersättigt* erlitten, das anderemal *unerfüllt* erlebt wird; beide polarentgegengesetzten Erlebnisweisen hemmen aber das kindliche Reifen.

a) Die grundlegenden Beziehungsformen

Die folgende Schematisierung ist eine Zuspitzung zu Demonstrationszwecken. Es sind dies – wie oben ausgeführt – Fehlformen. Der Akzent liegt beim ersten Schema auf der Stellung des Kindes zu seiner Familie:

		(Vater)	
dominierend	–	Machterleben	– unterlegen
		(3)	
mittelpunkthaft	–	Kontakterleben	– peripher oder
		(2)	ausgestoßen
nestverhaftet	–	Geborgenheitserleben	– ungeborgen
		(1)	
		(Mutter)	

Beim folgenden Schema wird davon ausgegangen, daß die Haltung der Beziehungspersonen vorwiegend die kindliche Erlebnisweise beeinflußt.

		(Vater)	
nachgiebig	–	Machterleben	– despotisch
		(3)	
bewundernd	–	Kontakterleben	– gleichgültig
		(2)	oder feindlich
„Gluckenmutter“	–	Geborgenheitserleben	– „Kuckucksmutter“
		(1)	
		(Mutter)	

Beide Sichtweisen, die *erlebte Stellung des Kindes innerhalb der Familie* (Schema 1) und die *erlebte Haltung der Familie zum Kind* (Schema 2) lassen sich in der Praxis nicht klar voneinander abgrenzen, weil die Stellung des Kindes und die Haltung seiner Mitwelt eng miteinander verbunden sind und beiden die gleiche Thematik zugrunde liegt.

In enger Beziehung, wenn nicht oft sogar in Wechselwirkung stehen die linken beziehungsweise die rechten Pole der beiden Schemata, obwohl es gelegentlich auch genau umgekehrt ist, daß sich zum Beispiel ein Kind bei einer „Kuckucksmutter" oder einem „Kuckucksvater" vermeintlich geborgen fühlt.

Das einzelne Kind selbst, seelisch eingeengt und auf *eine* Erlebnisweise fixiert, kann wiederum zwischen den Polen der bevorzugten Ebene schwanken: je nach innerem oder äußerem Einfluß fühlt sich beispielsweise manches Kind mehr oder weniger geborgen, was stets ein Tendieren zum einen oder anderen Pol bedeutet, fehlt doch das ausgewogene Erlebnis der Geborgenheit.

Man muß sich „dynamischer Begriffe" bedienen, um diese Erlebnisweisen zu charakterisieren, denn „das Verhältnis der Persönlichkeit zum Milieu kann nur mit Hilfe dynamischer Begriffe erfaßt werden, das heißt das Wechselspiel beider ist eine wechselseitige Beanspruchung und zugleich die gegenseitige Darbeitung von Einwirkungsmöglichkeiten. Jedes Milieu beansprucht die in ihm lebende Person in gewisser Weise und unter einer gewissen Belastung." [8]

Im folgenden wird die Genese der *drei* Beziehungsformen: *Geborgenheit, Kontakt, Macht* in knapper Form entwickelt, wobei das Aufkeimen der Bezüge in Verbindungen mit den jeweiligen Familienmitgliedern sowie die naheliegenden Fehlverarbeitungsweisen des Kindes – als extreme Pole der jeweiligen Dynamik – bevorzugt beachtet werden. Eine ungestörte Entwicklung zeichnet sich unter anderem dadurch aus, daß die genannten Bedürfnisse adäquat zur übrigen Entwicklung reifen und in entsprechende Formen des jeweiligen Lebensalters übergehen, wobei dem Reifungsrhythmus gemäß, jeweils *eine* Erlebnisdynamik in den Mittelpunkt seelischen Geschehens rückt. Die Kenntnis dieser Zusammenhänge erleichtert die psychologische Erhellung und Behandlung des Einzelfalles, läßt sich doch bereits aus der Art der Symptome die überwertige Thematik erkennen und die Tiefe der Störung vermuten.

Das Geborgenheitserleben

Mit der Geburt wird das Kind vom Blutkreislauf und von der Atmung der Mutter zwar getrennt, es bildet aber dennoch einige Zeit eine „symbiotische Einheit" mit ihr. In den ersten Lebenswochen ist der Tageslauf des Neugeborenen zu vier Fünftel mit Schlaf ausgefüllt, die übrige Zeit nehmen Nahrungsaufnahme und Schreien ein. Eine positive Zuwendung nach außen ist noch nicht feststellbar. Das Kind hat vor allem das Bedürfnis, geborgen zu sein. Jede Sinnesreizung (außer solchen, welche die Nahrungsaufnahme fördern) beantwortet es mit Abwendung und Geschrei. „Nestwärme" und Nahrung spendet die Mutter; ihre seelische Kraft stillt das Bedürfnis des Kindes nach Geborgenheit. Durch den normalen Kontakt mit der Mutter erwachsen im Kinde Gefühle des *Miteinanderseins*; spätere Erlebnisverarbeitung zeigt auf, wann und ob der Mensch die Befruchtung seines Gemütslebens in allererster Zeit erfuhr; denn auf dem „schlichten“, fast unbewußten Erleben der Geborgenheit baut sich das Selbstgefühl des Menschen auf, das ihn befähigt, Mitmensch zu sein und ihm letztlich erst Urteilen und Handeln ermöglicht. Nicht nur das leibliche Wohl des Kindes hängt also von einer „Nestgeborgenheit“ ab, sondern auch die seelisch-geistige Struktur wird in entscheidendem Maße von der Beschaffenheit des Geborgenheitsgrundes beeinflußt. In einzelnen Säuglingsheimen werden die Mütter der unehelichen Kinder angehalten, einige Zeit zur Pflege ihrer Kinder im Heim zu bleiben, in anderen wiederum werden Kind und Mutter gleich nach der Geburt des Kindes getrennt, wenn die Mutter sowieso das Kind zur Adoption „freigibt“. Die Untersuchungen von Kindern „mit Mutter“ und Kindern „ohne Mutter“ ergaben eindeutig, daß die ersteren in der allgemeinen seelischen Entwicklung überlegen sind, obwohl bei den Kindern die hygienische Pflege im umgekehrten Verhältnis stand.“ [15]

„Das Fundament also aller Besinnung im Leben, alles besonnenen Handelns äußerer und innerer Art, ist eine Gesichertheit, aus der heraus der Mensch das Ereignis objektivieren und damit sich selbst geistig behaupten kann. Es ist darum das allererste, was ein neugeborenes Kind in seinen ersten Lebensmonaten sucht, und wenn es in einer geordneten Familie aufwächst, auch findet, eine ganz elementare Sicherheit. Ein Kind ist ein schwaches, ein sehr schwaches Wesen. Sein Erleben schwingt noch viele Jahre zwischen Polen der Angst und der Sicherheit. ... Gesichertheit, Geborgenheit ist das erste und das beherrschende Lebensbedürfnis des Kleinkindes, vor allem in den ersten zwei Lebensjahren.“ [8]

Wird nun – aus welchen Gründen auch immer – die *Geborgenheit* in übertriebener Form gewährt oder versagt, dann besteht die Gefahr, daß das Kind sich „nestverhaftet“ beziehungsweise „ungeborgen“ fühlt. Beide Erlebnisweisen sind überwertig an die *Geborgenheitsthematik* gebunden, die dann zum beherrschenden Erlebnisinhalt wird.

Für manchen Menschen bleibt die Thematik der *Geborgenheit* ein Leben lang in überwertiger Weise bestehen, weil ihm ein Über- oder Untermaß (speziell in Bezug auf seine Konstitution) an Geborgenheit in der frühen Kindheit zuteil wurde und weil er in besonderem Maße dazu disponiert ist, unverarbeitete Eindrücke festzuhalten. Andere wiederum fallen durch besondere äußere Umstände, Schicksalsschläge, Krisen, Krankheit in das kleinkindhafte Verlangen nach „Nestwärme“ zurück. Man beobachtet, je elementarer die Existenzbedrohung den Menschen trifft, umso größer ist die Gefahr, in die niederste Stufe menschlichen Daseins zurückzufallen. In solchen Situationen wird häufig weder *Kontakt* noch *Macht*, sondern nur *Geborgenheit* ersehnt und erstrebt.

Das Kontakterleben

Bei der Erörterung der Kontaktthematik ist zu beachten, daß die Art der Zuwendung in besonderem Maße von Einflüssen der Entwicklung abhängt. Erst im Alter von zwei Monaten zeigen sich im Verhalten des Kindes Anzeichen aktiver Zuwendung zur Umwelt, womit zugleich ein Umschlag in der Art seines sonstigen Verhaltens zu beobachten ist. Zeigt es in den ersten Wochen nur bei Wärme und Sättigung positive Affektäußerungen, reagiert hingegen auf alles andere schreckhaft zusammenfahrend und unmutsvoll, so treten mit der aktiven Hinwendung auch bei Sinnesreizen anderer Art positive Gefühle in Erscheinung. Die primäre soziale Reaktion des Kindes ist das sogenannte *erste Lächeln*, das nicht von der Darbietung der Nahrung übertragen wird, sondern sich auf das Gesicht, das gesehen wird, und auf die Stimme, die gehört wird, bezieht. Obgleich das Kind zwischen zwei oder drei Monaten bereits zu Erwachsenen Kontakt findet, kann man Kinder dieses Alters nahe zusammenbringen, ohne daß sie einander überhaupt bemerken. Schauen sie sich an, so ist es bloßer Zufall, dem keine soziale Reaktion folgt. Die ersten Berührungskontakte, welche sich um die Jahresmitte einstellen, sind meist Folgeerscheinungen des lebhaft einsetzenden Greifens. Die Kinder greifen spontan, also auch nach einem gegenübersitzenden Kinde und nach all dem, was sie in Händen halten. Ein tatsächliches Zusammenwirken im gemeinsamen Spiel geht aber noch über die Möglichkeiten des Einjährigen hinaus. Das erste Lebensjahr endet damit, daß das Kind unabhängig von der Muttermilch ist, allein laufen kann und sich sprachlich zu verständigen beginnt. Damit ist die Persönlichkeit des Kleinkindes schon relativ selbständig geworden, das heißt, es macht die ersten zaghaften Schritte aus dem „Nest", um die Umwelt zu erobern.

Inzwischen ist – wie aufgezeigt – der Prozeß der Verselbständigung weiter fortgeschritten, was sich in einer zunehmenden aktiven Hinwendung zur Um- und Mitwelt äußert. Dieser Vorgang bahnte sich bereits beim vier bis fünf Monate alten Kind an, dem die biologische „Nestgeborgenheit" nicht mehr genügte; durch Lallen oder Strampeln suchte es die Aufmerksamkeit seiner Umgebung auf sich zu lenken, und ruft durch sein Geschrei die Mutter selbst dann herbei, wenn es keinerlei Hilfe braucht; es gibt dadurch seinem Bedürfnis nach menschlicher Nähe Ausdruck. Das Kind fordert nun im Sinne der Entwicklung den *Kontakt*. Schauen, Lächeln, Greifen, Laufen, Sprechen, alles dies dient unter anderem auch dem *Kontakt* mit Menschen und Dingen. Mit dem Verlangen nach dem Mitmenschen ist schon auf frühester Stufe der Wunsch, beachtet zu werden, verknüpft. Damit zeigen sich die ersten Gefühle einer sozialen Ordnung an; ihnen sind vorgelagert die „schlechten Anmutungen der Fremdheit", der Bekanntheit und Zugehörigkeit. Die Emotionalität wird nicht nur reichhaltiger, sondern auch intensiver durch eine betonte Hinwendung zu einzelnen Menschen. Eng damit verbunden ist der Wunsch des Kindes, ein individuelles Selbst zu sein.

„Entwicklungspsychologisch ist es nun so, daß der Mensch dieses Wertbild seines Selbstes zunächst empfängt aus dem Urteil seiner Mitwelt. Und dieser Tatsache entspringt eine besondere Triebfeder des individuellen Selbstseins: das Geltungsstreben ... In ihm geht es dem Menschen überhaupt nicht mehr ... um die biologisch-kreatürliche Seite des individuellen Selbstseins, die durch den Kampf ums Dasein charakterisiert ist, nicht mehr um Dasein als Einzelwesen, das sich gegen die Mitwelt und Umwelt zu sichern hat, sondern ausschließlich um die Wirkung auf den anderen durch das, was er im Urteil der anderen ist." [23]

Das Kleinkind fühlt sich nur dann mit anderen Kindern verbunden und ihnen zugehörig, wenn es sie anfaßt und ihnen räumlich nahe ist. So zum Beispiel preßt es beim Kreisspielen seine Hände fest in die des Nachbarn, womit besonders eindrucksvoll verkörpert ist, was für dieses frühe Alter die stärkste Zugkraft darstellt, nämlich „das Mitvollziehen einer Tätigkeit". [15] Doch bald strebt das Kind, wenn man beim Beispiel des Reigenspielens bleibt, danach, sich herausgehoben zu sehen, das heißt, es möchte in die *Mitte* des Kreises. Bereits das vier- bis fünfjährige Kind will die besonders begehrte Rolle des „Häschens", des „Dornröschens" oder einer sonstigen Reigenfigur übernehmen. Je mehr das Kind in die Gruppe hineinwächst, umso mehr treten die Eltern als bevorzugte Personen hinter Gleichaltrige zurück. Die Beziehungen zu Gleichaltrigen befinden sich in ständiger Ausgestaltung während der Kindheit. Daher kommt es, daß am Ende der Grundschulzeit die Klasse ein „Wir-Gepräge" erhält. Dieses Geschlossenheitsbewußtsein entwickelt sich Hand in Hand mit einer Differenzierung des sozialen Erlebens und Verhaltens. Die Machtproblematik schiebt sich zwar, sobald ein Gruppenerlebnis vorhanden ist, als spezielle Dynamik hinein; doch ist die Trennung zwischen vorwiegend auf *Kontakt* und vorwiegend auf *Macht* gerichtetem Streben durchaus möglich. Man beobachtet immer wieder Kinder, die primär weder *Geborgenheit* noch *Macht* ersehnen, sondern nur *Kontakt* um jeden Preis. In dieser extremen Form ist dann das Erleben gespannt zwischen „sich mittelpunkthaft" und sich „peripher" fühlen.

Das Machterleben

Mit dem Hineinwachsen in die Gruppe ergibt sich als nächster Entwicklungsimpuls die *Rivalität*, der Kampf um das Obensein.

> „Die natürliche soziale Umwelt des Kindes ist zunächst die Familie, vor allem die Geschwisterschar. In ihr muß das Kind seinen Platz verteidigen, der ihm durch die Altersrangfolge zugeschrieben ist. Dies ist die Vorschule aller späteren Selbstbehauptung in der sozialen Ebene, sie prägt den sozialen Charakter meist bis ans Lebensende. Ob man mit jener Selbstverständlichkeit Geltung beansprucht, an die man sich als Ältester in der Geschwisterschar gewöhnte, ob man ewig selbstunsicher und auf kämpferische Durchsetzung bedacht bleibt, weil man ein mittleres Kind war, oder ob man immer fremde Hilfe und ein Gegängeltwerden erwartet, weil man Letztkind war, das läßt sich oft noch am Erwachsenen eindeutig ablesen." [8]

Bei den Eltern, den Geschwistern, im Kindergarten, in der Schule, überall ist das Kind aufgefordert, seinen Platz zu verteidigen. Wenn zum Beispiel das zweijährige Kind das begehrte Spielzeug dem anderen einfach wegnimmt, erlebt es damit noch keine echte Überlegenheit, insofern als es mit dem Spielzeug weiterhin für sich hantiert und die Unterlegenheit des anderen Kindes nicht ausnutzt, indem es ihm eine dienende Rolle in seinen eigenen Spielen zuweist. Trotzdem können gerade diese Früherlebnisse – man kann sie auch „Vorformen des Machterlebens" nennen – bestimmend auf den späteren *Machtanspruch* und seine Entwicklung sein.

Während im allgemeinen die Mutter das Kind pflegt und dieser Rolle entsprechend durch ihre Liebe seinen Gefühlsgrund befruchtet, „versorgt" der Vater häufig die Familie materiell; ihm käme dann die Rolle des Aktiven, des Sichdurchsetzenmüssens und des Beschützens zu. Sein „Bild" fördert im Kinde die Willens- und Idealbildung. Wie das „Leitbild" des Kindes inhaltlich profiliert wird, wie sich die Willensbildung gestaltet, welche Formen der Durchsetzung gewählt werden, beeinflußt weitgehend neben der gegebenen Anlage der aktive Elternteil; *Lersch* hebt hervor: „vor allem beim Manne ist der *Wille zur Macht* über die Dinge eine Grundtriebfeder seines Lebens und ein Hauptmotiv seiner Daseinsthematik." [23] Ohne den Menschen generell als ein Produkt des Kampfes zwischen sich und seiner Umwelt aufzufassen, trifft für manche Entwicklungsstufe und für manchen Menschen diese einseitige Überhöhung des *Machtstrebens* zweifellos zu. Insbesondere die beiden „Trotzalter" (um drei und um elf Jahre) sind als eine Art Positionssicherung auf der *Machtebene* anzusehen.

Der Wille zur Macht „ist das Streben, das eigene Selbst als maßgebende Wirkungsinstanz und zwar nicht in der Verfolgung sachlich bestimmter Ziele, sondern lediglich in der Absicht, die Um- und Mitwelt in Abhängigkeit vom eigenen Ich zu sehen, also das Bewußtsein der Herrschaft und Verfügungsgewalt über Um- und Mitwelt zu haben. Worum es im Willen zur Macht geht, ist die Gewißheit der Überlegenheit, ohne daß diese Macht im Dienste der Selbsterhaltung ausgenützt werden braucht. In dieser seiner speziellen Thematik unterscheidet sich das Machtstreben vom Selbsterhaltungstrieb, ohne dabei seinen Zusammenhang mit jenem Grundtrieb zu verleugnen." [23]

Experimentell wurde dies bestätigt durch *W. Mey's* Untersuchungen über das „Führertum" im Schulalter. Er fand, daß der Führungswille in den ersten Grundschuljahren immer in Motiven der egoistischen Wunscherfüllung wurzelt. Keine gemeinsamen Interessen sind vorhanden, vielmehr ist das eigene *Machtstreben* entscheidend, welches oft mit Drohung und Gewalt durchgesetzt wird. Beim Elf- bis Zwölfjährigen gewinnt die Sachlichkeit mehr an Gewicht, Leistung und Erfolg beginnen in den Vordergrund zu treten. Aber erst beim Jugendlichen ist, aufgrund seiner erhöhten Einsicht in Sinnzusammenhänge, ein bewußtes Zurückstellen der eigenen Wünsche zugunsten der Gruppe möglich." [25]

Für den vom *Machtstreben* Besessenen teilt sich die Welt auf in *Dominierende* und *Unterliegende*, wobei er selbst mit allen Mitteln darum kämpft, oben zu sein; dieser Kampf kann bis zur Selbstzerstörung erlitten werden.

Es wurden einige besonders wichtige Entwicklungsabschnitte des Erlebens von: *Geborgenheit, Kontakt, Macht* in ihrer genetischen Bedingtheit aufgezeigt. Den reifen Menschen zeichnet eine Vielfalt von verfügbaren Erlebnisweisen aus, die ihm eine adäquate Lebensbewältigung erleichtern. Er kann über sich verfügen und ist kein Gefesselter der Strebungen der *Selbsterhaltung*, des *Egoismus*, des *Geltungsdranges* und des *Machtwillens*.

„Nun ist es offenbar so, daß die Erfahrung der Individuation aus sich selbst wieder eine neue Gruppe von Strebungen gleichsam provoziert, nämlich diejenigen des Übersichhinausseins. Sie sind abgestimmt auf Teilhabe an der Welt, jedoch nicht im Sinne des Besitzes, des Für-sich-haben-wollens, sondern im Sinne der Zugehörigkeit des individuellen Selbstes zur Welt, wodurch das Bewußtsein der Individuation ein Gegengewicht findet ... Es geht nicht mehr um Bedeutungswerte, nicht mehr um Werte der Daseinserhaltung und Daseinssicherung, der Dienlichkeit und Nützlichkeit, der Macht und Geltung." [23]

Die *Geborgenheit* wird dann nicht mehr erfahren im „*Mutterschoß*", sondern ersehnt im „*Gottesschoß*"; das *Kontaktbedürfnis* wird nicht mehr gestillt in der *zufälligen Gruppe*, sondern erfährt in der *auswählenden Du-Beziehung* seine Ausformung und die *Macht* wird nicht mehr erstrebt im *Dienstbarmachen des anderen*, sondern im *Verfügbarmachen seiner selbst*.

Es ist Aufgabe der psychologischen Erhellung, das Verhältnis zwischen angelegten *Geborgenheits-*, *Kontakt-* und *Machtstreben*, Erfüllung und Versagung dieser Tendenzen in der Kindheit und möglicher Erlebnisverarbeitung herauszustellen, um damit die Hintergründe für Fixierung und Regression sichtbar werden zu lassen.

b) Vergleich zwischen Bildmaterial und psychologischen Befunden

Nachdem die drei ermittelten Beziehungsformen des Kindes besprochen sind, werden nun die gezeichneten Familien in Tieren näher beleuchtet. Bei den 372 Untersuchungsfällen mit der oben (siehe Seite 76) angegebenen Verteilung wurder der Gesamtbefund verglichen mit den gezeichneten Familien in Tieren, wobei sich als relevant 301 Akten mit folgender Verteilung ergaben:

Geborgenheitsproblematik	161
Kontaktproblematik	74
Machtproblematik	66

Bei den übrigen ließ sich kein eindeutiger Zusammenhang zwischen inadäquater Erlebnisverarbeitung und Bild herstellen, beziehungsweise deuteten die Bilder in andere Richtung als die übrigen Befunde und waren auf diese Weise, wenn auch nicht in diesem unmittelbaren Zusammenhang, dennoch aufschlußreich. Die immer noch sehr hohe Relevanz beweist, daß im Kinde ein „Wissen" um seine bevorzugte Erlebnisthematik bewußt oder unbewußt ruht und daß es durch die Test-Anweisung zu entsprechender Äußerung angeregt wird.

Das nachstehende Schema zeigt auf, wie sich – an den Zeichnungen ablesbar – das bevorzugte Erleben einer Polsituation der jeweiligen Thematik zahlenmäßig bei den untersuchten Kindern verteilt:

Problematik		*Kind*			*Beziehungspersonen*	
Geborgenheit	a)	nestverhaftet ungeborgen	70 67	b)	Gluckenmutter Kuckucksmutter	19 5
Kontakt	a)	mittelpunkth. peripher	19 32	b)	bewundernd gleichgültig	13 10
Macht	a)	dominierend unterlegen	24 17	b)	nachgiebiger Vater despotischer Vater	6 19
			229			72

Die Entscheidung, ob man die *Stellung des Kindes* oder die *Haltung der Beziehungspersonen* in den Vordergrund rücken sollte, erwies sich vor allem bei der Kontaktproblematik als besonders schwierig. Je nachdem, ob die Stellung des Kindes oder die Haltung seiner Beziehungspersonen besonders charakteristisch dargestellt war, wurde die eine oder die andere Sichtweise gewählt. Diese Einteilung verliert sowieso ihre Starrheit, wenn man bedenkt, wie eng miteinander verbunden die jeweiligen linken und rechten Pole der aufgezeigten Erlebnisweisen sind. Bei den ermittelten Zahlen fällt unmittelbar auf, daß sich die *Stellung des Kindes* ungefähr dreimal so oft als Ausgangspunkt ergab wie die *Haltung der Beziehungspersonen*.

c) Die spezifische Eigenart der Merkmale in Bezug auf die Beziehungsformen

Im folgenden werden die von der Zeichnung ablesbaren Besonderheiten, der bereits aufgezeigten Merkmale, herausgestellt, welche bestimmten, die Bilder jeweils einer Thematik und gegebenenfalls auch einem Pol zuzuordnen. Es sei an dieser Stelle noch einmal auf die betreffenden Merkmale hingewiesen:

1) Graphologische Analyse
2) Die Reihenfolge des Zeichnens der Tiere
3) Darstellung der Familie mit gleichen oder verschiedenen Tieren
4) Gruppierung der Tierfamilie
5) Größenverhältnis der Tiere im Vergleich zur Wirklichkeit
6) Ausdrucksgebaren der Tiere
7) Charakter der Tiere
   Hinzugefügt:
8) Deutung in Bezug auf die Problematik des Kindes

Die unter Punkt 8) vermerkte Gesamtbetrachtung erhält umso mehr Evidenz, je besser es gelingt, die Aussagen der einzelnen Merkmale aufeinander abzustimmen und in Verbindung miteinander zu bringen.

Wie im obenstehenden Schema wird unter a) die Stellung des Kindes und unter b) die Haltung der Beziehungspersonen vermerkt (siehe Seite 85).

Zu 1) *Graphologische Analyse*, ist generell zu sagen, daß sie nicht sehr aufschlußreich ist für die Bestimmung der dargestellten Beziehungsform, wohl aber generell dafür, ob die *erlebte* oder die *gewünschte* Konstellation gezeichnet wurde. Es wird daher bei den nun folgenden Ausführungen immer mit Punkt 2) begonnen.

Zu 2) *Die Reihenfolge des Zeichnens* der Tiere:

a) Sie ist *nicht* richtungsweisend, weil sie auf den verschiedenen Bildern *willkürlich* wechselt. Auffallend ist, daß trotz der gegebenen Aufforderung, fast die Hälfte der Kinder vergaßen, die Reihenfolge zu vermerken.
b) Die „Gluckenmutter" erfuhr eine *Bevorzugung*, sie wurde bei 15 Zeich-

nungen mit angegebener Reihenfolge 13 mal zuerst gezeichnet, die „Kukkucksmutter“ dagegen wurde immer an beliebiger Stelle dargestellt.

Zu 3) *Darstellung der Familie mit gleichen oder verschiedenen Tieren:*

a) b) Bei Darstellung des „Nestverhaftetseins“ und der „Gluckenmutter“ wurden in überwiegender Zahl *gleiche* Tiere verwendet (75 : 14). Auf den 14 Bildern setzt sich die Familie aus eng verwandten Tieren wie Hirsch und Reh zusammen.

a) b) Bei der Darstellung der polar-entgegengesetzten Pole „Ungeborgenheit“ und „Kuckucksmutter“ findet nur eine geringfügige Bevorzugung gleicher Tiere statt (41 : 31).

Zu 4) *Gruppierung der Tierfamilie:*

a) b) Bei den Polen „nestverhaftet“ und „Gluckenmutter“ zeigte die Gruppierung in der Regel ein enges Beieinander auf. Das „nestverhaftete“ Kind befand sich stets *inmitten* der Familiengruppe, ebenso die „Gluckenmutter“.

a) b) Das „ungeborgene“ Kind befindet sich immer *außerhalb* der Gruppe; ebenso wird die „Nestflüchtigkeit“ der „Kuckucksmutter“ stets durch *Entferntsein* von der Gruppe ausgedrückt.

Zu 5) *Größenverhältnis der Tiere im Vergleich zur Wirklichkeit:*

a) Das Größenverhältnis entspricht sowohl beim „nestverhafteten“ wie auch beim „ungeborgenen“ Kind der Wirklichkeit.

b) Die „Gluckenmutter“ wird 11 von 19 mal vergrößert dargestellt.

Zu 6) *Das Ausdrucksgebaren der Tiere*

a) b) Das *Ausdrucksgebaren* wird *wenig* beachtet, auffällig ist aber eine durchgängige *Nivellierung* aller Familienmitglieder.

Zu 7) *Charakter der Tiere.*

a) b) Vogelnest, Glucke-Küchlein, Känguruh-Junge, Reh- und Schweinefamilie kehren in jener der Reihenfolge entsprechenden Häufigkeit bei den Polen „nestverhaftet“ und „Gluckenmutter“ wieder:

Vogelnest	27
Glucke-Küchlein	14
Känguruh-Junge	14
Schweinefamilie	11

Zu 8) *Deutung in Bezug auf die Problematik des Kindes:*

a) b) Die Deutung der Bilder in Bezug auf die Problematik des Kindes erbrachte generell den Beweis, daß zwischen der Bevorzugung der *Gebor-*

genheitsproblematik und dem *Verbleiben auf kleinkindhaften Verhaltensweisen*, einhergehend mit einer nicht altersentsprechenden Gefühlsdifferenzierung, ein eindeutiger Zusammenhang besteht.

Die Durchsicht der „Kontaktbilder" ergab in Bezug auf die genannten Merkmale:

Zu 2) *Die Reihenfolge des Zeichnens der Tiere:*

a) b) Da 15 von 19 „Mittelpunktkindern" und nur 6 von 32 „Randkindern (peripher)" mit sich selbst beim Zeichnen begannen, schließen wir, daß das „Mittelpunktkind" in der Regel auch mit sich beginnt.
Ebenso beginnen von den 13 „bewundert" sich darstellenden Kindern 8 mit sich selbst.

Zu 3) *Darstellung der Familie mit gleichen oder verschiedenen Tieren:*

a) b) Es wurden ungefähr ebenso oft gleiche wie verschiedene Tiere verwendet (35 : 39).

Zu 4) *Gruppierung der Tierfamilie:*

a) Das „Mittelpunktkind" stellt sich *stets in die Mitte*. Das „periphere Kind" ist *immer am Rande*, entfernt von den übrigen dargestellt.
b) Das „bewunderte Kind" befindet sich 10 mal von 13 mal in der Mitte der Gruppe; das unbeachtete (gleichgültige) Kind ist 7 mal innerhalb der Gruppe und 6 mal außerhalb.

Zu 5) *Größenverhältnis der Tiere im Vergleich zur Wirklichkeit:*

a) b) „Mittelpunktkind" und „bewundertes Kind" *vergrößerten* sich stets, bei den Gegenpolen haben wir folgende Aufteilung: von den 32 „peripheren" Kindern vergrößerten sich 8, wählten 15 normale Größenverhältnisse und verkleinerten sich in auffallender Weise 9.

Zu 6) *Ausdrucksgebaren der Tiere:*

a) b) Der Ausdruck des „Mittelpunktkindes" und des von der Familie „bewunderten Kindes" ist im Gegensatz zum „Nestkind" *differenziert*; ebenso beachten diese Kinder beim Zeichnen ihrer selbst besonders sorgfältig ihr Äußeres. Die Gruppe ist besonders dem „bewunderten Kind" immer zugewandt.
a) b) Auch beim „peripheren" und „nicht beachteten" Kind wird auf eine Gestaltung des Ausdrucks und des Äußeren besonders geachtet im Gegensatz zum ungeborgenen Kind, das wenig Wert auf Ausgestaltung des Erscheinungsbildes legt.

Zu 7) *Charakter der Tiere:*

a) b) „Mittelpunkt-Kind“ und „bewundertes Kind“ wählen für sich auffallend schöne Tiere: Schwan, Pfau, Katze, Pudel kehren immer wieder, während das „periphere“ und von der Familie „gleichgültig behandelte Kind“ zur Eigendarstellung Schwein, Schlange, Wurm, Maus und Fliege bevorzugt.

Zu 8) *Deutung in Bezug auf die Problematik des Kindes:*

a) b) Die Fixierung auf die Kontaktproblematik im Erleben zeigte einen eindeutigen Zusammenhang auf zu Fehlhaltungen, die in enger Beziehung zu einem erhöhten Geselligkeits- und Geltungsstreben stehen.

Die „Machtbilder“ wurden aufgrund folgender Übereinstimmungen ausgewählt:

Zu 2) *Die Reihenfolge des Zeichnens der Tiere:*

a) Das „dominierende“ Kind beginnt meist (18 : 24) mit sich selbst; das „unterlegene“ Kind zeichnet sich an beliebiger Stelle.
b) Ebenso wird in der Überwiegenden Mehrzahl der Fälle mit dem „despotischen“ Vater begonnen (14 : 19).

Zu 3) *Darstellung der Familie mit gleichen oder mit verschiedenen Tieren:*

a) b) Bei 41 von 66 Zeichnungen wurde das Zeichnen verschiedener Tiere festgestellt.

Zu 4) *Gruppierung der Tierfamilie:*

a) Das „dominierende“ Kind schwebt meist *über* den anderen (19 : 24), während das „unterlegene“ sich ebenso oft *unter* den übrigen Familienmitgliedern darstellte (13 : 17). *Oben-* und *Untensein* kommt hier in beispielhafter Weise zum Ausdruck.
b) Der „despotische“ Vater nimmt 12 mal den größten Raum des Bildes ein, während der „nachgiebige“ 4 von 6 mal am Rande der Zeichnung dargestellt wurde.

Zu 5) *Größenverhältnis der Tiere im Vergleich zu Wirklichkeit:*

a) b) „Dominierendes“ Kind und „despotischer“ Vater sind *stark vergrößert* gezeichnet.

Zu 6) *Ausdrucksgebaren der Tiere:*

a) b) „Dominierendes“ Kind und „despotischer“ Vater haben auf allen Bildern eine *stolze, gravitätische* Haltung, während sich in auffallender Weise das „unterlegene“ Kind in *geduckter, gedrückter* Haltung darstellt.

Zu 7) *Charakter der Tiere:*

a) b) Es wurden eindeutig für das „dominierende“ Kind und den „despotischen“ Vater *stolze, mächtige, starke* und *zaghafte, ängstliche, schwächliche* Tiere für den gegenteiligen Pol verwendet.

Zu 8) *Deutung in Bezug auf die Problematik des Kindes.*

a) b) Die zeichnerische Darstellung der bevorzugten *Machtproblematik* läßt sich in der Regel mit Fehlhaltungen in Zusammenhang bringen, die sich aus einer *egozentrischen, machtbeanspruchenden* Einstellung ergeben.

Zusammenfassend wird die aufgezeigte spezifische Beschaffenheit der Merkmale im Hinblick auf die drei Erlebnisformen *Geborgenheit, Kontakt, Macht* herausgestellt:

Die Geborgenheitsbilder:

α) Bei der Reihenfolge des Zeichnens der Tiere erfährt nur die „Gluckenmutter“ eine Bevorzugung.
β) In überwiegender Mehrzahl der Fälle werden für die Familiendarstellung gleiche Tiere verwendet.
γ) Die Gruppierung weist stets ein enges Beieinander der Familie auf, das „nestverhaftete“ Kind befindet sich inmitten der Familie im Gegesatz zum „ungeborgenen“, das immer abseits steht. Das gleiche betrifft „Gluckenmutter“ und „Kuckucksmutter“.
δ) Das Ausdrucksgebaren der einzelnen Familienmitglieder weist in der Regel keine Unterschiedlichkeit auf, im Gegenteil, eine besondere Nivellierung ist hervorstehend.
ε) Die Tiere werden in erster Linie im Hinblick auf ihre „heimschaffenden und familienbildenden Eigenschaften“ ausgewählt.

Die Kontaktbilder:

α) „Mittelpunkt-Kind“ und „bewundertes“ Kind wählen zur Eigendarstellung die Mitte der Gruppe, im Gegensatz zum „abgelehnten“ und „nicht beachteten“ Kind, das sich auf dem Bilde abseits von der Gruppe zeichnet.
β) Besonders das „Mittelpunktkind“ neigt dazu, sich zu vergrößern.
γ) „Mittelpunktkind“ und „bewundertes“ Kind verwenden viel Sorgfalt auf die Ausgestaltung ihres Äußeren, im Gegensatz zum „abgelehnten“ Kind.
δ) Während das „Mittelpunktkind“ bevorzugt schöne Tiere zu seiner Eigendarstellung wählt, bevorzugt das „nicht beachtete“ oder „abgelehnte“ Kind häßliche Tiere.

Die Machtbilder:

α) „Dominierendes Kind“ und „despotischer Vater“ werden meist zu Beginn gezeichnet.

β) „Dominierendes“ Kind und „despotischer“ Vater befinden sich in der Regel über den anderen, während „unterlegenes“ Kind und „nachgiebiger“ Vater fast immer unter den übrigen Familienmitgliedern dargestellt werden.
γ) „Dominierendes“ Kind und „despotischer“ Vater sind stark vergrößert dargestellt.
δ) Die Haltung des „dominierenden“ Kindes sowie des „despotischen“ Vaters ist stolz, gravitätisch, die des „unterlegenen“ Kindes und des „nachgiebigen Vaters dagegen geduckt und gedrückt.
ε) „Dominierendes Kind“ und „despotischer Vater“ werden immer mit stolzen, mächtigen Tieren und „unterlegenes“ Kind und „nachgiebiger“ Vater mit zaghaften, ängstlichen Tieren dargestellt.

Die Zusammenschau ergibt, daß zu der Deutung des einzelnen Bildes *alle* Merkmale herangezogen werden und im Hinblick auf ihre, eine bestimmte Erlebnisweise anzeigende, Möglichkeit hin untersucht werden müssen.

2. *Die neunundzwanzig Fallbeispiele*

Die Zeichnungen der nun folgenden 29 Fallbeispiele wurden aus dem bereits verwerteten Material von 800 „Fällen“ der „Erzieher- und Jugendberatung“ ausgewählt. An ihnen wird die dargelegte Möglichkeit, von der Zeichnung her Einblick in die Familiensituation des Kindes zu gewinnen, aufgewiesen.

Es gibt zwei Wege, sich dem Ausdrucks- und Sinngehalt der Zeichnungen zu nähern. Erstens: man könnte zunächst schauend vor dem Bild „Familie in Tieren“ verweilen und alles begrifflich-logische Denken weitgehend ausschalten. *Pulver* spricht in diesem Zusammenhang von „passiver Erfahrung“. „Aus ihr stammt der unerschöpfliche Reichtum des Wissens um das, was wir nicht wissen. Das Erfahrene ist hier das mir Widerfahrene.“ [29] Langsam verändert sich dann die Einstellung, es treten auffällige Einzelzüge deutlich hervor, die gesammelt und beschrieben werden müssen, um in einem weiteren Stadium wieder zu einer ganzheitlichen – jetzt aber inhaltlich differenzierten – Anschauung zu gelangen. Zweitens: man wählt den Weg der Analyse, das heißt, man sucht erst die Merkmale der Reihe nach auf, stimmt sie aufeinander ab, um schließlich in einer Gesamtschau Bild und Einzelbefunde zu vereinen.

Welchen Weg der einzelne auch wählt, es wird gut sein, die schriftliche Auswertung der „Familie in Tieren“ in der Reihenfolge der sieben, bereits auführlich behandelten Gesichtspunkte (siehe Seite 69–81) zu fixieren.

Besonders die Deutung des Charakters der Tiere ist insofern schwierig, als man nur schließen kann, welche Eigenschaften für das Kind das betreffende Tier verkörpert. Die Interpretation kann nur in dem Maße gelingen, in dem man befähigt ist, neben dem Charakter auch den Symbolgehalt des Tieres zu beachten. Dabei genügt nicht eine erlernte Kenntnis der Tiersymbolik – die bei schematischer Anwendung nur den Blick trübt für die Fülle der Möglichkeiten – man muß über dieses Wissen hinaus durch intuitive Einfühlung Bilder in sich selbst zum Leben erwecken. Hier begegnet man einer ähnlichen Schwierigkeit wie bei der graphischen Deutung (siehe Seite 69–78), denn auch jedes Symbol ist mehrdeutig. Die Schlange zum Beispiel ist zugleich des Symbol des Heilens (Äskulap-Stab), wie auch das Symbol des Bösens, Verführerischen. Man könnte nun einwenden, diese Schwierigkeit müsse dadurch behoben werden, daß man anschließend an das Zeichnen das Kind nach dem Charakter der Tiere befragt. Aus drei Gründen wurde bei den nun folgenden Fallbesprechungen die verbale Deutung der dargestellten Tiere durch die jeweiligen Probanden unterlassen: erstens widerspricht die Ausfragung unserem Vorhaben, in indirekter Form, dem Kinde selbst oft unbewußtes Erleben zu ermitteln, zweitens scheint ungewiß, ob sich die Kinder der dargestellten Situation so bewußt werden, daß sie eindeutige Auskunft geben könnten und drittens muß man oft sehr behutsam abwägen, inwieweit man dem Kinde seine erlebte Familienatmosphäre bewußt werden lassen darf.

Die bei jeder projektiven Methode entstehende Frage, ob Wunsch- oder Realaussage vorliegt, betrifft auch die Bildanalyse. Bei der Darstellung der negativ-erlebten Pole ist die Wahrscheinlichkeit sehr groß, daß Übereinstimmung zwischen erlebter Familiensituation und Darstellung besteht, weil ein sich geborgen, mittelpunkthaft und dominierend erlebendes Kind in der Regel nicht den gegenteiligen Pol ausdrücken wird. Anders ist es dagegen bei den Darstellungen, die auf die positiven Erlebnispole hinweisen: hier sind beide Möglichkeiten gegeben, das heißt, sie können die reale oder die gewünschte Erlebnisweise ausdrücken. Zu Hilfe kommen bei der Rückführung: die Abgestimmtheit der einzelnen Merkmale und Daten aus der Lebensgeschichte.

Die Darstellungen der folgenden Fallbesprechungen sind – wie gesagt – der Praxis der Erziehungsberatung entnommen; somit ist es sinnvoll, die Besprechung jeweils mit dem Beratungsgrund zu beginnen, welcher ja in der Regel vor Beginn der psychologischen Untersuchung bekannt ist. Es folgt eine Analyse der Zeichnung anhand der herausgestellten Merkmale und anschließend werden die wichtigsten Daten aus der Lebensgeschichte des Kindes angeführt und damit die Relevanz der Bilddeutung überprüft. Gleichzeitig verhilft die Anamnese dazu, den psychagogischen Ratschlag inhaltlich zu fixieren. Noch einmal sei an dieser Stelle betont, daß die Fallbeispiele nur aufgrund der spezifischen Beschaffenheit der Zeichnungen ausgewählt und zusammengestellt wurden; auch die Zuordnung zu einer bestimmten, bevorzugten Erlebnisweise, sowie zu einem ihrer Pole (siehe Seite 85) basiert auf der Besonderheit der Merkmale in der Zeichnung. Erst in zweiter Linie muß die Frage geklärt werden, ob die Zeichnung Wunsch oder Wirklichkeit ausdrückt.

Die Stellung des Kindes

Bei den folgenden Fallbesprechungen wiesen die Merkmale der Zeichnungen darauf hin, daß vorwiegend die „Fehl-Stellung des Kindes“ und weniger die „Fehl-Haltung der Beziehungspersonen“ im Vordergrund des kindlichen Erlebens stand.

a) Das nestverhaftete und das ungeborgene Kind

Aus den folgenden sechs Zeichnungen läßt sich die Problematik der *Geborgenheit* als dominierend im Erleben des Kindes ablesen. Es zeigt sich, daß die Fixierung auf dieser Erlebnisweise in engem Zusammenhang mit der jeweiligen Fehlhaltung des Kindes steht. Es werden vier Bilder, die auf „Nestverhaftetsein" hindeuten, analysiert, für die übrigen Poldarstellungen sind jedoch immer nur zwei bis drei Beispiele ausgewählt. Einmal wird damit die bevorzugte zahlenmäßige Stellung der Geborgenheits- Thematik betont, zum anderen zeigen gerade diese Fallbesprechungen, daß die Darstellung der Wirklichkeit entsprechend, aber auch den Wunsch des Kindes ausdrücken kann; denn lediglich bei den Zeichnungen der ersten beiden Kinder ist Geborgenheit gemeint, während bei den beiden anderen die Sehnsucht nach „Wärme" die Darstellung bewirkte.

Bei den übermäßig an die *Geborgenheitsthematik* gebundenen Kindern herrschen allgemein früh-infantile Bedürfnisse vor und färben Erlebnis- und Handlungsweise des Kindes in dieser Richtung. Wie ausgeführt, hängt es weitgehend von der Haltung der Mutter ab, ob einem Kind zuviel oder zuwenig „Nestwärme" zuteil wurde. Da Liebeszuwendung sich nicht messen läßt und andererseits die Liebe der Mutter sich im Erleben jedes Kindes spezifisch widerspiegelt, kann man beim schwierigen Kind, von der Fehlhaltung ausgehend, rückschließen. Erlebt das Kind „zuviel" *Geborgenheit*, besteht die Gefahr der *Verweichlichung, Unselbständigkeit* und *Maßlosigkeit* (besonders im Anspruch auf Liebe und Beachtetsein), im gegenteiligen Fall liegt ein *allzufrühes Selbständigwerden* nahe, das durch keine Bindung ein Regulativ erhält und darum ernsthaft die Charakterbildung gefährdet; im Hintergrund dieser Haltung verbirgt sich oft eine das ganze Leben begleitende unstillbare Sehnsucht nach Geborgenheit und Sicherheit. In allen diesen Fällen erkennt man in der Regel eine auffallende *Undifferenziertheit im Gefühlsbereich*.

Erste Alarmzeichen für eine beginnende Überbewertung der Geborgenheitsthematik im Kleinkindesalter sind zum Beispiel folgende: Ein Kind kommt nicht los von der flüssigen Nahrung; es ist schwer an Selbständigkeit zu gewöhnen; es sucht in außergewöhnlich heftigem Verlangen die körperliche Nähe der Mutter und es widersetzt sich der Reinlichkeitserziehung.

Später wandeln sich zwar die Erscheinungen, nicht aber die Grundhaltung. Fällt bis zum Schuleintritt bei manchem Kind weiter nichts auf als eine große Anhänglichkeit, so zeigt sich oft die mangelnde Schulfähigkeit in der kleinkindhaft-spielerischen Art, dem fehlenden Ernst und der Verständnislosigkeit für Anforderungen.

Unselbständigkeit und Bindung an die Mutter können bei Kindern, die bis zu einer Krisensituation anscheinend unauffällig waren, geradezu kleinkindhafte Formen annahmen: Wie in längst vergangenen Tagen wird die körperliche Nähe der Mutter gesucht und unbewußt durch infantile Verhaltensweisen erzwungen.

Da die Selbständigkeit des sich ungeborgen fühlenden Kindes nicht von einem gesunden Selbstgefühl getragen wird, besteht bei diesen Kindern erhöht die Gefahr, daß sie die Zuneigung anderer Menschen überbewerten und allzu leicht in kleinkindhafte Abhängigkeit geraten, die dann in merkwürdigem Gegensatz zu ihrer sonstigen Haltung steht.

Fallbesprechung 1

Beratungsgrund: Der sechzehnjährige Karl, ein Oberschüler, stiehlt und lügt; alle bisherigen Erziehungsmaßnahmen waren fruchtlos. Er bestiehlt vorwiegend die Eltern und Brüder, so hatte er „auch keine Hemmungen", den Schreibtisch seines Vaters im Brüo in raffinierter Weise aufzubrechen und sich die Markenbestände anzueignen, die er dann veräußerte. Eine Angestellte wurde – weil der Verdacht auf sie fiel – fristlos entlassen. Ein anderes Mal nahm er seiner Mutter goldenen Schmuck und kaufte sich für den Erlös Schallplatten. Er hat eine auffällige Tendenz, sinnlos anzuhäufen. Ermahnungen hört er sich willig an, „stolpert dann aber mit unerschütterlichem Frohsinn weiter durchs Leben und entwaffnet jeden durch seine liebenswürdige Gutmütigkeit". Auffällig ist seine Freigebigkeit, er teilt bedenkenlos alles. In der Schule kommt er schlecht und recht mit, erreicht aber lieber das Klassenziel nicht, als sich anzustrengen. Seine Lektüre ist Tarzan, Phantom und Mickymaus.

1) Der tonige, sichere und unabgesetzte Strich deutet auf einen frischen, im Gefühl recht ansprechbaren Buben hin, der aber gefährdet sein könnte durch mangelnde Kontrolle und eine Tendenz zum Sichgehenlassen. Die überwiegende Schattierung verstärkt den Eindruck der Gefühlsbestimmtheit und läßt Phantasiereichtum vermuten.
2) Vogel (Vater), Vogel (Mutter), Vogel (Bernd, Karl, Heinz, Franz)
Die Bedeutung des Vaters wird, weil Karl mit der Vater-Zeichnung beginnt, erhöht.
3) Die Familie wird mit gleichen Tieren dargestellt und damit vermutlich als Einheit erlebt.
4) Eine Vogelfamilie; die Vogel-Eltern stehen wachend und beschützend über dem Nest, die Vogel-Kinder sind in einem Nest vereint.
5) Die Vogel-Kinder sind im Verhältnis zu den Vogel-Eltern klein gezeichnet, das könnte auf besondere Abhängigkeit hindeuten.
6) Die Vogel-Eltern stehen auf festen Füßen und schauen sich an. Die Vogel-Kinder Bernd und Karl halten ihre Schnäbel geöffnet, während Franz verlangend nach oben blickt und Heinz, etwas aus dem Nest gedrängt, seine Geschwister betrachtet. Der einzige, der einen Wurm im Schnabel hat, ist Karl.
7) *Vogel (Vater, Mutter, Kinder)*
Das Vogelnest ist das Inbild des warmen, schützenden Heims; Vogeleltern sind bekannt wegen ihrer Fürsorge. Der Vogel selbst verbindet als Luftwesen oben und unten; er ist frei und beschwingt, aber auch flüchtig und wenig verläßlich für den, der ihn halten möchte.
8) Für die Zeichnung eines Sechzehnjährigen mutet das anschaulich und lebendig wirkende Bild beinahe zu unbeschwert und kindlich an. Alle Familienmitglieder sind mit gleichen Tieren dargestellt und im Ausdruck wenig unterschiedlich. Die Kinder eint und nivelliert das gleiche, warme Nest. Bezeichnend ist, daß nur Karl einen Wurm im Schnabel hat. Vom Bilde her kommen als Ursachen für seine Fehlhaltungen folgende Gesichtspunkte in Frage: Karl scheint phantasiebegabt und gefühlsbetont zu sein und bisher wenig seinen

Willen aktiviert zu haben; in kleinkindhafter Weise lebt er ein sorgloses „Nestleben", wobei ihm in den geöffneten Schnabel das Notwendige ohne eigenes Zutun von selbst kommt. (Die formale Deutung spricht dafür, daß inhaltlich die bestehende Situation und weniger die Wunschsituation dargestellt wurde.) Da diese Haltung seinem Alter aber nicht mehr entspricht, außerdem auch Anforderungen an ihn gestellt werden, sucht er unbewußt seine übermäßige Fixierung an die Geborgenheitsthematik durch „Anhäufen" zu befriedigen.

Die Gründe für sein „Nestverhaftetsein" müssen der Lebensgeschichte entnommen werden. Außerdem ist zu klären, warum er gerade „Lügen und Stehlen" „wählt".

Wir erfahren von den Eltern, daß Karl seine Schulerfolge mehr seinem „kindlichen Charme" als seinem Fleiß verdankt. Er ist sehr beliebt und erobert sich heute noch durch seine „gutherzigen Kinderaugen" manche gute Note. Er versteht es auch, sich in die Gunst der Kameraden einzuschmeicheln, indem er sie beschenkt. Das Geld dazu „beschafft" er sich. Von kleinauf wollte Karl zu den beiden „Großen" gehören, was diese nie akzeptierten, da er tatsächlich bedeutend jünger ist und noch dazu besonders kindlich. Er wurde von den älteren Brüdern nie für voll genommen und immer zum „kleinen" Franz hingeschoben. Auf dem Bild zeichnet er sich aber zwischen die beiden „Großen" und sagt damit aus, daß er Anschluß an sie bekommen möchte, obwohl er altersmäßig nicht zu ihnen gehört. Hier entwickelt er die Taktik, sich einfach zu nehmen, was ihm nicht gehört und wendet sie dann auch zum Erreichen anderer Ziele an. Gleichzeitig rächt er sich unbewußt durch sein Stehlen an der Familie dafür, daß er nicht den ihm – seiner Meinung nach gebührenden Platz einnimmt. Daß er gerade dem „Stehlen" verfällt, kann damit zusammenhängen, daß er aufgrund seiner „Nestgebundenheit" noch nicht gelernt hat, Mein und Dein zu unterscheiden. Die Eltern sind insofern daran beteiligt, als sie glaubten, eine gerechte Behandlung bestehe in einer Gleichschaltung und -haltung ihrer Söhne und nicht bedachten, daß Altersunterschiede unter Geschwistern in der Erziehung berücksichtigt werden müssen. Spielsachen, Bücher, Bastelmaterial, alles stand allen in gleicher Weise zur Verfügung, so daß Karl in dieser ungeschiedenen Nestsituation gar nicht lernte, Eigentum zu besitzen und zu achten; für ihn gehört noch alles allen.

Die „Familie in Tieren" bildete den günstigsten Ausgangspunkt für die Beratungen mit den Eltern; viele Worte wären nicht in der Lage gewesen, die im Bilde dargestellte innere Situation Karls so treffend auszudrücken. Die psychagogische Betreuung wird ein Aussöhnen Karls mit seinem ihm „gebührenden Platz" innerhalb der Geschwisterreihe und ein Loslösen aus seiner „Nestverhaftetheit" zum Ziel haben.

Fallbesprechung 2

Beratungsgrund: Den zehnjährigen Thomas schildert die Lehrerin als „unselbständig, unsicher im Urteilen und zögernd in den Folgerungen. Leistungen werden durch mangelndes Selbstvertrauen gemindert. Benimmt sich oft allzu kindisch und wird dann verspottet. Ist überaus ängstlich."

1) Der zarte Strich geht hin und wieder in einen scharfen über. Die Strichführung ist zwar vorwiegend unabgesetzt, wirkt aber trotzdem unsicher. Man darf auf einen empfindsamen, antriebsschwachen Buben mit geringem Selbstgefühl schließen. Konturierung wechselt mit einem perseverierenden Ausfüllen der Fläche, das als mißglückter Versuch angesehen werden muß, etwas Fülle zu schaffen. Der Wunsch nach gefühlsmäßiger Äußerung scheint sich nur in kleinkindhafter Weise realisieren zu können.
2) Känguruh (Mutter mit Sohn, Vater, Schwester)
Daß Thomas mit der Mutter und sich beginnt, unterstreicht die Bedeutung der Darstellung.
3) Die Familie wird einheitlich als Känguruhs dargestellt; es sind fremdländische Tiere.
4) Die Familienmitglieder stehen nebeneinander; auffällig ist, daß Thomas sich noch im „Beutel" der Mutter befindet.
5) Thomas hat sich im Verhältnis zur Schwester sehr verkleinert.
6) Alle stehen auf verhältnismäßig stabilen Beinen, schauen in eine Richtung und haben große Ähnlichkeit miteinander.
7) *Känguruh (Mutter-Sohn, Vater, Schwester)*
Das Känguruh ist gutartig und fürsorglich; weil es die „Jungen" im Beutel mit sich trägt, ist es ein Inbild bergender Mütterlichkeit.
8) Das Bild bestätigt die Symptome der Lebensunsicherheit und Unselbständigkeit, gibt aber zugleich einige Hinweise. Alle Familienmitglieder sind in gleiche Tiere verwandelt, sie unterscheiden sich im Ausdruck nicht voneinander. Der zehnjährige Thomas ist anscheinend an die Kleinkindzeit fixiert und bemüht, den damaligen Zustand zu erhalten. Aufgrund der formalen Analyse darf man auf eine eher schwächliche Konstitution schließen. Begegnet ihm nun aber die Mutter entweder mit betonter Fürsorge oder mit Ablösungstendenzen, so ist der Boden für die Fixierung der „Beutelsituation" bereitet. Zwischen Vater und Mutter steht ein Bäumchen; der Bub wird den unmittelbaren Kontakt zwischen den Eltern nicht wünschen, zumindest scheint er bei allem dabei sein zu wollen. Auch in der Schwester scheint er keine Stütze zu finden. Das Bild vermittelt uns den „neuralgischen Punkt", der Behandlungsplan wird von der tatsächlichen Familiensituation abhängig.

Der Vater ist im Krieg gefallen, der Bub meint mit „Vater" den Freund der Mutter. Als Jüngster – die Schwester ist sechs Jahre älter – wurde Thomas von der Mutter sehr umsorgt und behütet. Er muß aber seit etwa vier Jahren die Liebe der Mutter mit dem „Vater" teilen. Er blieb so unselbständig wie „ein Sechsjähriger"; die Mutter muß ihm heute noch morgens beim Waschen und Anziehen behilflich sein. Sie tut alles für den Buben mit Hingabe und Geduld.

Die Aufgabe wird in einer Neuorientierung der Familie bestehen: schließlich ist das Ziel, Thomas endlich auf „eigene Füße" zu stellen.

Fallbesprechung 3

Beratungsgrund: Die vierzehnjährige Gisela soll unaufrichtig, unreif und „schusselig" sein. Außerdem ist gefragt, wann ihr die Tatsache, daß sie ein adoptiertes Kind ist, mitgeteilt werden soll.

1) Der vorwiegend tonige, sichere Strich erfährt lediglich bei der Vatergestalt am Schnabel und an den Krallen eine deutliche Verschärfung. Er verrät Beweglichkeit bei vorwiegender Gefühlsbestimmtheit. Daß auch intellektuelle Verarbeitung möglich ist, zeigt das Einsetzen des schmalen, abgesetzten Striches an bestimmten Stellen. Das gleiche besagt der Wechsel von Konturierung und Schattierung.
2) Ei (Gisela), Vogel (Mutter), Vogel (Vater)
Gisela beginnt mit der Eigendarstellung und unterstreicht damit die Wichtigkeit ihrer Person.
3) Die Familie wird einheitlich mit Vögeln dargestellt, wenngleich Gisela noch nicht aus dem Ei geschlüpft ist und ihre endgültige Gestalt noch ungewiß ist.
4) Der Vater hält Wache, die Mutter schaut besorgt in das Nest und das Ei ruht inmitten des Nests.
5) Die Vögel sind besonders groß gezeichnet, das Ei ist im Verhältnis am größten.
6) Selbstbewußt, mit erhobenem Kopf steht der Vogel-Vater am Rande des „Bannbereichs", während die Vogel-Mutter etwas aufgeplustert sich auf schwachen Beinen hält. Das Ei hat „kein Gesicht", weder Schattierung, noch Schwärzung geben Hinweise.
7) *Ei (Gisela)*
Das Ei ist heilig wie das Brot und nimmt als Symbol des Lebens eine dominierende Rolle ein; verborgen ruhen alle Möglichkeiten.
Vogel (Vater und Mutter)
Der Vogel ist das eigentliche Luftwesen, er bindet oben und unten. Beschwingt und frei, aber auch flüchtig und unzuverlässig, hat er sein eigenes, dem Menschen nur bedingt erreichbares Reich. Sein „Nest- Familienleben" wurde zum Inbild der schützenden Häuslichkeit.
8) Die Familie wird mit gleichen Tieren – Vögeln – dargestellt. Entweder sehnt sich Gisela nach der schützenden Hülle des Eies, oder aber sie möchte die Eierschalen nicht ablegen; es können auch beide Tendenzen gleichzeitig in ihr vorhanden sein. Die gezeichnete Ei-Situation birgt noch alle Möglichkeiten in sich; sie stellt noch nichts Fixiertes dar. Unwillkürlich wird – in Bezug auf den Beratungsgrund – der Vergleich mit dem „Kuckucks-Ei" nahegelegt. Wir dürfen annehmen, daß besondere Umstände Gisela dazu veranlaßten, die Geborgenheitsthematik zu bevorzugen. Vielleicht möchte sie geschützt durch ein geborgenes Nestdasein, sich verschließen vor den Beunruhigungen, die sie in Bezug auf ihre Herkunft quälen.

Die Adoptiveltern behaupteten zu Beginn des Gesprächs, Gisela ahne gewiß nichts davon, daß sie ein angenommenes Kind sei. Erst nach längerer Aussprache war zu erfahren, daß im Laufe der Jahre immer mal wieder von außen Zweifel an Gisela herangetragen wurden, die sie jedesmal schwer erschütterten; allerdings betonten die Adoptiv-Eltern auf Giselas diesbezügliche Fragen stets, daß sie gewiß ihr eigenes Kind sei.

Anhand der „Familie in Tieren“ und weiterer Belege wurden die Adoptiv-Eltern davon überzeugt, daß sehr wahrscheinlich nicht „schlechte Anlage und Raffiniertheit“ die Ursachen von Giselas Fehlhaltungen sind. Gisela kann sich in einer Welt, in der die Eltern fragwürdig sind, naturgemäß nicht sicher fühlen und auch nicht orientieren. Vom Bilde her wurde ohne viel Worte die Notwendigkeit einer baldigen Aussprache mit dem Kind über seine Herkunft deutlich, damit es endlich sein „Nest“ und dadurch sich selbst findet.

Fallbesprechung 4

Beratungsgrund: Der fünfzehnjährige Eberhard bettnäßt noch immer.
(Eberhard zögerte mit dem Beginnen des Zeichnens mit den Worten: „Ich kann überhaupt nicht zeichnen“. Es wurde ihm nachdrücklich versichert, daß die Zeichenbegabung gar keine Rolle spiele.)

1) Der zarte, abgesetzte Strich legt den Verdacht auf Antriebsschwäche nahe, die Eberhard auf intellektuellem Wege zu meistern versucht. Diese Vermutung wird noch durch die unsichere Strichführung bestärkt.
2) Nest mit Vogeljungen, Mutter-Vogel, Vater-Vogel
   Eine Reihenfolge des Zeichnens der Tiere wurde nicht vermerkt.
3) Die Familie wird mit gleichen Tieren – Vögeln – dargestellt und damit als Einheit gemeint.
4) Die Vogelkinder sind so sehr in einem Nest vereint, daß man nicht erkennen kann, ob sie schon flügge sind, Vater und Mutter fliegen auf das Nest zu.
5) Vater und Mutter sind im Verhältnis zum Nest vergrößert dargestellt.
6) Ein besonderes Ausdrucksgebaren ist nicht erkennbar.
7) *Vogel (Mutter, Vater, Kinder)*
   Der Vogel fliegt beschwingt durch die Lüfte, unsicher und flüchtig hüpft er auf der Erde. Das Vogelnest ist das Inbild der warmen, geschützten Geborgenheit innerhalb der Familie, „Nestwärme“, das zum Wachsen und Gedeihen notwenige Klima.
8) Für alle Familienmitglieder wurden gleiche Tiere gewählt; sie unterscheiden sich im Ausdruck nicht voneinander. Die Kinder leben eng beieinander, in einem Nest vereint. Die genannten Merkmale deuten darauf hin, daß Eberhard die Geborgenheitsthematik bevorzugt. Bei der Deutung hilft das Krankheitssymptom. Entweder hat Eberhard die dargestellte Nestsituation im entsprechenden Alter nicht ausgelebt und blieb daher fixiert auf das kleinkindhafte Verlangen nach Geborgenheit oder aber spätere Ereignisse bewirkten die Regression. (Eine organische Ursache des Leidens wurde durch den Arzt ausgeschlossen.) Aufgrund der Zeichnung ist zu schließen, daß Eberhard mit seiner „Familie in Tieren“ den Wunsch nach Geborgenheit ausdrückt, und daß Sehnsucht nach Geborgenheit der Angelpunkt seiner Fehlhaltung ist.

Weil die Eltern erst nach seiner Geburt heiraten konnten – der Vater mußte seine erste Ehe lösen – kam Eberhard gleich nach der Geburt in ein Heim; dann nach mehrmaligem Wechsel mit zehn Jahren in ein Internat. Die Eltern besitzen eine große Villa und führen mit ihren sechs ehelichen Kindern ein gutes Familienleben. Nur für den erstgeborenen Siebten ist im Hause angeblich kein Platz. Die Mutter betont aber, daß gerade Eberhard ihr Lieblingskind sei, habe doch sein Kommen dazu beigetragen, die Ehe zu schließen. Darum solle er auch die beste Erziehung haben, er kostet bei weitem am meisten, aber für den „Großen" sei kein Opfer zuviel. Er sähe das auch voll ein und sei ihnen dankbar.

Die Elternberatung wurde wesentlich erleichtert durch das Besprechen der „Familie in Tieren". Die Eltern sahen ein, daß es nicht genügt, monatlich sechshundert Mark für ein Kind auszugeben. Sie erkannten von selbst (durch entsprechende Gesprächsführung) den Zusammenhang zwischen Bettnässen, nie erlebter Nestwärme und Sehnsucht nach Geborgenheit. Wie tief aber die Ablehnung des unehelichen Kindes in den Eltern wurzelte, erwies ein Vorschlag des Vaters. Er erklärte, da im Haus für Eberhard kein Platz sei, werde er auf das Grundstück ein kleines Gartenhaus bauen lassen, da könne Eberhard dann einziehen. Mit dieser „guten" Lösung schienen beide Eltern sehr zufrieden. Es bedurfte mehrerer Beratungen, um eine wirkliche Einsicht herbeizuführen; inwieweit aber die Einsicht die Einstellung änderte, blieb eine weitere Frage.

Fallbesprechung 5

Beratungsgrund: Eltern und Lehrerin sind sich darin einig, daß die dreizehnjährige Erika bockig, verschlossen, unansprechbar, launisch und überheblich ist.

1) Der tonige, unsichere und abgesetzte Strich deutet auf Rührigkeit, Ansprechbarkeit und eine mehr sich im Gefühlsbereich abspielende Verarbeitung hin, die durch Unsicherheit gehemmt wird. Selbstkontrolle und Beherrschtheit verhelfen dazu, nach außen die inneren Konflikte abzuschirmen.
2) Schlange (Schwester), Löwe (Vater), Affe (Bruder), – – (Mutter), Ziegenbock (Erika). Die Schwester-Schlange scheint eine bedeutende Rolle im Erleben Erikas zu spielen.
3) Schwester, Vater und Bruder sind Dschungel- und Wüstentiere, während Erika für sich selbst ein ihrem ländlichen Leben vertrautes Tier wählt.
4) Sich selbst hat Erika etwas vergrößert dargestellt.
5) Die Familie bildet keine harmonische Gruppe, Vater und Schwester sind im Kontakt miteinander, der Bruder ist beiden zugewandt, während Erika sich auf einer Ebene mit der nicht gezeichneten Mutter befindet.
6) Die Schlange ist aufgerichtet, züngelnd und in gleicher Höhe mit dem Löwen, dem sie durchaus gewachsen erscheint. Der Löwe schaut zwar gutartig drein, ist aber zum Sprung bereit. Das Äffchen wirkt mit seinem kleinen Kopf und den großen Tatzen kindlich – drollig. Der Ziegenbock hat den „Mund" fest geschlossen und schaut mit großen, runden Augen etwas verträumt, er wirkt weniger angriffslustig.
7) *Schlange (Schwester)*
   Die Schlange ist ungegliedert, schlüpfrig und daher schwer zu fassen. Sie ist listiger als alle anderen Tiere und bedeutet Heil und Verderben.
   Löwe (Vater)
   Der Löwe ist ein Tier der heißen Wüstensteppe, kraft- und würdevoll.

Affe (Bruder)
Der Affe ist als Äffchen drollig, harmlos, er ahmt alles nach. Von einer Spiegelscherbe kann er sich nicht trennen, er ist eitel und unverschämt in seiner griffigen Art.
--- (Mutter)
Das Nichtzeichnen der Mutter kann darauf hindeuten, daß sie vom Kinde nicht geprägt und profiliert erlebt wird, oder aber „unsagbar" geliebt – gehaßt wird.
Ziegenbock (Erika)
Der Ziegenbock ist ein störrisches, widerspenstiges, schwer lenkbares Tier. Er wird als „Sündenbock" in die Wüste geschickt.

8) Durch die Darstellung der „Familie in Tieren" wurde der Kummer Erikas offenbar. Eine doppelte Problematik scheint sie zu quälen. Besonders auffällig ist – bei vorhandener guter Ausdrucksfähigkeit im Zeichnen – das „Nichtzeichnenkönnen" der Mutter. Wenn man bedenkt, daß die Gruppe Vater, Schwester, Bruder eine Einheit bildend, sich „im Gespräch" befindet und Erika allein, der nichtgezeichneten Mutter zugewandt ist, dann darf man vorerst auf eine Sehnsucht, sich mit der Mutter auf einer Ebene in Kontakt zu befinden, schließen. Die Ambivalenz in der Stellung zur Mutter, die darin besteht, daß Erika sich mit ihr von allen Familienmitgliedern am verwandtesten zu fühlen scheint, sie aber als „unsagbar" ungewiß erlebt, wird mitverursachend für das zwiespältige Wesen Erikas sein. Die Möglichkeit, daß dieser Mutterkonflikt in Zusammenhang mit dem eventuellen Eintritt in die Pubertät (Erika ist dreizehn Jahre alt) steht, liegt nahe. Andererseits scheint aber die Beziehung zur Schwester ebenfalls problematisch zu sein, wenn man den Charakter der Schlange bedenkt. Ob sie von Erika als undurchsichtiger Widersacher erlebt wird? Der Vater scheint anerkannte Autorität zu sein, der kleine Bruder wirkt unproblematisch. Die Eigendarstellung Erikas (Bock-Lamm) könnte darauf hinweisen, daß sie sich innerlich zwischen trotzigem Aufbegehren und leidender Hingabe bewegt.

Die häusliche Situation ist folgende: Erika ist die mittlere von drei Geschwistern, ihre Schwester ist sechzehn, ihr Bruder acht Jahre alt. Die ältere Schwester ist schwer körperbehindert und wird infolge ihres Leidens von der Familie – besonders vom Vater – bevorzugt. Erika ist ein unerwünschtes Kind, weil die Eltern besorgt waren, ob beim zweiten Kind nicht wieder ein Körperfehler vorliege. Die Mutter konnte sich ihr besonders in der Kleinkindzeit kaum widmen, weil die Pflege der Schwester sie voll beanspruchte. Bei der Geburt des Jüngsten war die Schwester bereits acht Jahre alt und konnte sich einigermaßen allein helfen, so daß die Mutter sich mehr auf den Sohn einstellen konnte; er steht ihr heute besonders nahe. Beide Geschwister sind lebhafter und äußerungsbereiter als Erika, die sich isoliert fühlt. Sie verteidigt aber ihre beiden Geschwister sogar handgreiflich, wenn andere sie angreifen und beweist damit eine starke Familienbindung und ein Verantwortungsgefühl der Familie gegenüber. Der Vater ist ein guter Familienvater, wenngleich er sehr dominiert und seiner Frau wenig Wirkungskreis läßt. Die Kinder erkennen ihn als Autorität an. Die Mutter ist eine stille, besorgte

Frau. Der Vater äußerte über die Schwester, sie sei „teuflisch-bös", aber auch wieder „schmeichlerisch-liebenswürdig". Sie habe es von kleinauf verstanden, in egoistischer Weise alle Vorteile wahrzunehmen. Erika wurde immer nur zur Nachsicht und Rücksichtnahme angehalten. Sie ist einerseits störrisch, andererseits ständig zu Opfern bereit. Der kleine Bruder, ein lieber, unkomplizierter Bursche, versteht es mit allen gut. Durch den großen Altersunterschied zur älteren Schwester kommt es bei ihm zu keinen Konflikten.

Unmittelbar von der Zeichnung der Familie ausgehend, konnten wichtige psychologische Ratschläge erarbeitet werden. Den Eltern wurde einsichtig, daß ihre bisherige Taktik, die Geschwister anscheinend gleich zu behandeln, aber die ältere Tochter und den Sohn untergründig zu bevorzugen, nicht aufrechterhalten werden darf. Auch Erika – das mittlere Kind – müßte sich geliebt und einbezogen fühlen. Die Schwester ist ihr Problem, an dem sie nicht nur zu leiden braucht, sondern auch reifen kann. Sie muß spüren, daß ihr hier die Aufgabe erwächst, einem verkrüppelten Menschen zu helfen, ein wertvoller Mensch zu werden. Die Selbstbestätigung, derer Erika so dringend bedarf, kann ihr gerade hier zuteil werden; darin liegt die „Heils"möglichkeit, wenn man sich vom Bilde der Schlange inspirieren läßt.

Fallbesprechung 6

Beratungsgrund: Die neunjährige Gertrud streunt des öfteren; bereits mit vier Jahren lief sie mehrmals von zu Hause fort. Die Mutter bringt sie meist in die Schule und holt sie auch wieder ab. Ist die Mutter aber verhindert, dann geht Gertrud entweder während der Schulzeit in der Stadt spazieren oder sie kommt nach Schulschluß auf großen Umwegen nach Hause.

1) Der feste, vorwiegend sichere, unabgesetzte Strich deutet auf ein aktives, impulsives Kind hin, das dazu neigt, sich gehenzulassen. Die Verarbeitung geht offenbar mehr im Gefühl vor sich.
2) Känguruh (Mutter), Hase (Tante), Reh (Onkel), Vogel (Gertrud).
   Gertrud betont die Mutter.
3) Die Familie wird mit verschiedenen Tieren dargestellt, die kaum Beziehung zueinander haben. Tante-Hase und Onkel-Reh leben beide in Wald und Feld.
4) Der Vogel ist stark vergrößert im Vergleich zu den anderen.
5) Die Familie bildet keine harmonische Gruppe, Gertrud ist ihrer Mutter zugewandt.
6) Das Känguruh hat ein „Kind" in seinem Beutel. Das Mutter-Känguruh sitzt und macht durch seine sehr kurzen Arme einen untätigen Eindruck. Der Hase sitzt ebenfalls. Das Reh scheint unbeteiligt seine eigenen Wege zu gehen. Der Vogel hüpft dem Känguruh entgegen.
7) *Känguruh (Mutter)*
   Es wird als genügsam und bescheiden, aber auch als nachgiebig und träge bezeichnet.
   Hase (Tante)
   Der Hase ist ein anmutig-harmloses, aber desgleichen ein furchtsames-feiges Tier.

Reh (Onkel)
Das Reh ist anmutig und lieblich und auch ängstlich und scheu.
Vogel (Gertrud)
Beschwingt und frei fliegt er durch die Luft, schwankend und flüchtig bewegt er sich auf der Erde.

8) Sieht man das Bild an, so fällt auf, daß Gertrud in Ausdruck und Gebaren ganz auf die Mutter bezogen ist: sie bewegt sich auf unsicheren Beinen zu ihr hin. Die Mutter aber sitzt in steifer Haltung da und hat ein kleines Känguruh in ihrem „Beutel". Ob damit ein jüngeres Geschwister oder ein erwartetes gemeint ist, kann von der Darstellung nicht abgelesen werden. Vielleicht erlebt sich Gertrud selbst zwar als losgelöster Vogel, der aber noch im „Beutel" der Mutter sein möchte. Hasen-Tante und Reh-Onkel scheinen keine besondere Rolle zu spielen. Den Vater vermißt man auf der Zeichnung. Es ist zu vermuten, daß Gertrud sich ungeborgen fühlt und sich nach der Nähe der Mutter sehnt. Mit dem Streunen erreicht sie vielleicht unbewußt, daß die Mutter sie in die Schule bringt und wieder abholt, sich ihr also widmet. Sie „wählt" gerade Streunen, weil sie überhaupt dazu neigt, sich unbekümmert gehenzulassen (siehe Strichcharakter).

Gertrud ist ein uneheliches Kind und lebt mit ihrer Mutter im Haushalt von Tante und Onkel. Die Mutter ist berufstätig und hat sich nie viel um das Kind kümmern können. Gertrud blieb von klein auf sich selbst überlassen, denn Tante und Onkel „verzeihen" ihr nicht, daß sie „ein hergelaufenes Kind" ist. Die Mutter hängt zwar an dem Kind, ist aber stets bereit, alle kindlichen Unarten als ererbte Charakterfehler von Seiten des Vaters anzusehen. Es ist kein jüngeres Geschwister mehr in der Familie, es wird auch keines erwartet. Darum bestätigt sich die Annahme, daß das kleine Känguruh im Beutel als Projektion Gertruds ihren Wunsch ausdrückt, nahe bei der Mutter zu sein.

Beim Betrachten der „Familie in Tieren" kam der Mutter – wie von selbst – die Einsicht, was ihrem Kinde fehlt. Dieses „Wissen" so zu vertiefen, daß daraus eine liebevolle Annahme Gertruds entspringt, ist neben der Betreuung des Kindes die künftige Aufgabe.

b) Das mittelpunkthafte und das periphere Kind

Auch die sozialen Beziehungen können auf kleinkindhafter Stufe stehen bleiben. Ist beim Kindergartenkind die Tendenz, sich um jeden Preis in den Mittelpunkt stellen zu wollen, altersentsprechend, so verlangt man bereits vom Schulkind ein Zurückstellen eigener Wünsche zugunsten der Gemeinschaft. Ein auf die *Kontaktproblematik* fixiertes Kind lebt in besonderer Weise vom Kontakt mit den anderen und von der Bewunderung der Gruppe. Das wichtigste ist ein Kreis von Menschen, der sich um das Kind dreht. (Häufig gelingt gerade Einzelkindern das Einleben in die Gruppe nicht.) Sich als Mittelpunkt wünschend, ist das Kind immer bereit, Zuschauern etwas zu bieten. Es begibt sich dadurch in eine allzu große Abhängigkeit vom Mitmenschen und lernt schwerlich eine Sache um ihrer selbst willen zu tun; allzu leicht leidet unter dieser Jagd nach Beachtetsein, oder auf jeden Fall anerkannter Mittelpunkt zu sein, die Reifung echter Anstrengungsbereitschaft; ständig im Scheinwerferlicht der Beachtung sich fühlend, auf das sämtliche Verhaltensweisen ausgerichtet werden müssen, kann es kaum zu einer Eigenständigkeit kommen. Dieses – meist unbewußte – Abhängigkeitsgefühl schmälert das Selbstwertgefühl entscheidend: die Kinder neigen dann im Gefühl der eigenen Minderwertigkeit dazu, in der Schule den „Klassenkaspar" zu spielen, um auf diese Weise die Aufmerksamkeit der Gruppe zu erzwingen.

Die gleiche Thematik – nur am anderen Pol, erlebt das periphere Kind. Es strebt ebenso nach Beachtung; aus der erlebten Versagung kann es sich in aggressiver Form an der Gruppe rächen, oder in inadäquater Weise versuchen, doch Mittelpunkt zu werden oder aber resignieren, das heißt, sich selbst unwert vorkommen. Der gerade aus diesem Erlebnis entspringende Lebensneid verdunkelt dann jede Begegnung und trübt jede Kontaktnahme.

Die starke Ichbezogenheit beider Erlebnisformen hemmt geradezu den ersehnten mitmenschlichen Kontakt, so daß das Kind in einen „Teufelskreis" gerät.

Wie bereits ausgeführt, wird die Mittelpunkt- oder Randposition vorwiegend in der Gruppe, das heißt auf die Familie bezogen, in der Geschwisterbeziehung erlebt. Dies zeigen in deutlicher Weise die folgenden Fallbesprechungen.

Fallbesprechung 7

Beratungsgrund: Die elfjährige Irmgard ist launisch, unverträglich, aggressiv. Sie tyrannisiert Eltern und Geschwister. Alle Erziehungsmaßnahmen treiben sie nur noch mehr in ihr auffälliges und unangepaßtes Verhalten.

1) Der feste Strichcharakter und die sichere Strichführung deuten auf ein antriebskräftiges Kind hin, das unbekümmert zum Sichgehenlassen neigt. Die klare Konturierung verrät ein Vorherrschen des Verstandes gegenüber dem Gefühl.
2) Pfau (Irmgard), Hase (Vater), Dackel (Mutter), Schlange (Uli), Schnecke (Franzi), Schwan (Brigitte).
   Irmgard betont sich und Brigitte.
3) Die Familie wird mit verschiedenen Tieren dargestellt und daher vermutlich nicht als Einheit erlebt.
4) Der Pfau ist im Verhältnis zu den anderen Tieren stark vergrößert.
5) Die Familie gruppiert sich um Irmgard; darin drückt sich ihre „Mittelpunktstellung" aus.
6) Der Pfau wirkt „aufgeplustert", die Federn sehen wie Spieße aus. Durch den Kamm, der wie ein Krönchen gezeichnet ist, bekommt er einen hochmütigen Ausdruck. Die Dackel-Mutter steht auf unsicheren Beinen und wirkt hilflos, sie schaut auf den Pfau. Der Hasen-Vater sitzt und „macht ein Männchen", er scheint ein „nachgiebiger Vater" zu sein. Die Schlange- Uli stößt mit gespaltener Zunge in die Richtung des Pfaus. Auch der Schwan könnte mit seinem Schnabel zustoßen und den Pfau bedrohen. Die Schnecke- Franzi ist ganz aus ihrem Schneckenhaus herausgekrochen und bewegt sich auf den Schwan zu.

7) *Pfau (Irmgard)*
Der Pfau wird als selbstbewußt, stolz und als eitel, geltungssüchtig bezeichnet.
Hase (Vater)
Er ist das beliebte Frühlingstier; gilt als anmutig, harmlos und feig, hastig.
Dackel (Mutter)
Der Dackel ist ein verspielter, gutmütiger Gefährte des Menschen; er kann aber auch eigensinnig und unfolgsam sein.
Schlange (Uli)
Sie ist besonders zwiespältig; bald geschmeidig-klug, bald tückisch-gefährlich.
Schnecke (Franzi)
Die Schnecke wird als feinfühlig und zurückhaltend und auch langsam und langweilig erlebt.
Schwan (Brigitte)
Der Schwan ist sowohl elegant und prächtig als auch überheblich und eifersüchtig.

8) Irmgard zeichnet sich zuerst, vergrößert sich stark, gruppiert die Familie um sich herum und wählt zur Eigendarstellung den Pfau; alle diese Merkmale deuten darauf hin, daß Irmgard entweder der Mittelpunkt der Familie ist, oder aber, daß sie gern Zentrum sein möchte. Die Eltern – Hasen-Vater und Dackel-Mutter – erscheinen sowohl im Hinblick auf den friedlichen Charakter der Tiere als auch im Hinblick auf ihre gezeichnete Haltung als unbedeutend. Gefährlich dagegen wirkt die Schlange-Uli. Zu der Schwan-Schwester könnte eine gute Beziehung, der ähnlichen Eigenschaften von Schwan und Pfau wegen, bestehen. Die Schnecke-Franzi ist möglicherweise mit der Schlange-Uli in engere Beziehung gebracht. Es ist zu vermuten, daß Irmgard aus irgendwelchen Gründen darum kämpft, um jeden Preis Mittelpunkt zu sein. Ihrer impulsiven Art (siehe Strichcharakter) entsprechend, setzt sie sich ohne Hemmung durch. In der Regel wird aber ein übermäßiges Geltungsstreben durch ein Gefühl der Minderwertigkeit ausgelöst; so daß man bei der Erforschung der Lebensgeschichte besonders darauf achten muß, welche Ereignisse Irmgards Selbstwertgefühl verletzten.

Brigitte ist dreizehn, Irmgard elf, Uli neun und Franzi acht Jahre alt. Brigitte wird von den Eltern als besonders „anziehend, hübsch, charmant“ geschildert. Sie ist ein unbeschwertes, gutartiges Kind. Irmgard dagegen soll an „einer Unterfunktion der Drüsen“ leiden und war schon immer sehr dick und schwerfällig. Sie schämt sich, wenn Besuch kommt und will wegen ihres Aussehens nicht in die Oberschule, „da lachen sie mich doch nur aus!“. Uli und Franzi hängen sehr an Brigitte und mögen Irmgard nicht. Besonders Uli, „ein schlimmer Lausbub“, ärgert sie, wo er nur kann. Er weiß, daß er sie am meisten trifft, wenn er „dicke Emma“ und ähnliche Ausdrücke hinter ihr herruft. Die Eltern sind zwar bemüht um die Erziehung ihrer Kinder, aber zu wenig energisch, um Uli entsprechend zu belehren. Im Gegenteil, sie nehmen sogar oft für ihn Partei, weil Irmgard ihn derartig „schikaniert“. Seit längerem wird Irmgard damit gedroht, sie müsse in ein Heim; somit wird natürlich die Unsicherheit des Kindes noch mehr erhöht und es noch mehr in die Fehlhaltung hineingetrieben. Den Eltern kam bisher noch gar nicht der Gedanke, daß Irmgard ernstlich unter ihrem Äußeren leidet und daß ihre Fehlhaltungen verzweifelte Versuche sind, sich Beachtung zu verschaffen.

Die „Familie in Tieren" bildetete den Ausgangspunkt der Beratungen, die dahin zielten, den Eltern verständlich werden zu lassen, daß Irmgard zu der Verarbeitung ihrer „Organminderwertigkeit" Hilfe braucht, und daß ihr unangepaßtes Verhalten als Fehlversuch, einen Ausgleich zu schaffen, anzusehen ist.

Fallbesprechung 8

Beratungsgrund: Der vierzehnjährige Gustav hat große Schwierigkeiten in der dritten Oberschulklasse. Reicht die Begabung für das Gymnasium nicht aus, oder wirken seelische Störungen leistungsmindernd? Die Mutter gibt als Grund für sein Versagen „allzuleichte Ablenkbarkeit, Zerfahrenheit, Interesselosigkeit" an. Er habe besonders schlechte Manieren, lasse sich gehen und spiele am liebsten den „Hanswursten".

1) Der Strichcharakter weist bei den einzelnen Familienmitgliedern keinerlei Unterschiede auf. Der tonige Strich bedeutet Mangel an Widerstandskraft gegen Belastungen und daher eine besondere Verletzlichkeit der Gefühle. Eine geringe Verstandeskontrolle ist erkennbar, die Verarbeitung wird im Gefühlsbereich versucht. Das Kontaktnehmen besteht mehr in einem Sichgehenlassen als in einem aktiven Anschlußsuchen. Der sehr unsichere, abgesetzte Strich läßt die Vermutung einer Vitalschwäche und eventuellen organischen Störung zu und erhöht den Verdacht auf Selbstunsicherheit und mangelnde Impulsivität.
2) Fuchs (Bruder), Katze (Schwester), Stute (Mutter), Pferd (Vater), Schwein (Gustav). Der Fuchs-Bruder scheint die dominierende Rolle im Erleben Gustavs zu spielen.
3) Nur Vater und Mutter sind gleiche Tiere, während für die übrigen Angehörigen verschiedene Tiere gewählt wurden. Vermutlich werden Vater und Mutter als besondere Einheit erlebt.
4) Die Familie ist um einen Tisch gruppiert. Es hat jeder seinen ihm zustehenden Platz innerhalb einer gefügten Ordnung. Gustav sitzt in der Mitte.
5) Die Größenverhältnisse entsprechen annähernd der Wirklichkeit.
6) Die Familie sitzt; außer dem Bruder-Fuchs haben alle Familienmitglieder beide Hände auf den Tisch gelegt. Vater und Bruder überschauen das Ganze; sie scheinen besonders auf Gustav zu blicken, der als einziger den Mund offen hat.
7) *Fuchs (Bruder)*
Er ist schlau und gescheit, zugleich aber auch verschlagen und falsch.
Katze (Schwester)
Sie wird als schmeichlerisch, verspielt und als falsch und grausam erlebt.
Stute (Mutter), Pferd (Vater)
Das Pferd ist der adelige Begleiter des Menschen. Edel, treu, stark aber auch mißtrauisch, bissig, empfindlich ist es dem Menschen ein geschätzter Gefährte.

Schwein (Gustav)
Das Schwein ist glück- und unglückbringend. Nützlich, allesfressend und fügsam dient es dem Menschen; verachtet wird es wegen seiner schmutzigen, trägen, gefräßigen Art.

8) Gustav zeichnet sich in die Mitte der Familie, allerdings als „Schweinchen". Wir sehen in der Mittelpunktstellung einerseits und in der Wahl des Schweines zur Eigendarstellung andererseits eine Diskrepanz, die möglicherweise dadurch verursacht wird, daß Gustav zwar Mittelpunkt ist, aber verspottet wird. Vielleicht fühlt sich Gustav innerhalb der Familie nicht genügend anerkannt und geachtet und spielt als „Schwein" eine nur untergeordnete Rolle. Die Hauptspannung scheint zu dem Bruder zu bestehen; denn dem Fuchs ist ein Schwein – vor allem geistig – nicht gewachsen. Auch zu der Schwester scheint er kein Vertrauensverhältnis zu haben; denn in ihren Eigenschaften gleicht sie eher dem Bruder. Die Beziehung zu beiden Eltern könnte gut sein. Gustav sitzt oder möchte ihnen am nächsten sitzen. Das Pferd ist treu und stark und kann Schutz bieten.
Zusammenfassend ist zu vermuten, daß Gustavs schwächliche Konstitution (siehe Strichcharakter) möglicherweise sein Selbstgefühl gefährdet, welches durch seine Stellung innerhalb der Familie noch mehr gedrückt wird. Als „Schweinchen" scheint er verspotteter Mittelpunkt zu sein. Inwieweit das „Schweinchensein" Ursache oder Wirkung seiner nicht geachteten Stellung innerhalb der Familie ist, läßt sich nicht von der Zeichnung ablesen. Die Fehlhaltungen und das Schulversagen werden höchst wahrscheinlich mit seiner Familiensituation zusammenhängen.

Die Anamnese bestätigt die in der formalen Auswertung vermutete konstitutionelle Schwäche. Gustav hatte vom ersten bis zum dritten Lebensjahr ein allergisches Ekzem. Ab siebten Lebensjahr hat er Asthma. Das Asthma tritt besonders stark auf, wenn er Angst vor Schulaufgaben hat. Bettnässen kommt gelegentlich heute noch vor. Er wird von seinen Stiefgeschwistern dann „Schwein" geschimpft. Auch wegen seiner schlechten Tischmanieren muß er diesen Schimpfnamen öfters hören. Die Ehe der Eltern wurde, als Gustav sechs Jahre alt war, geschieden; die Mutter heiratete nach eineinhalb Jahren ihren jetzigen Mann. Er brachte Sohn und Tochter aus seiner ersten Ehe mit. Der Sohn ist etwas älter als Gustav, ihm aber in allem überlegen; er sei jetzt bereits ein richtiger Kavalier, berichtet die Mutter von ihrem Stiefsohn. Die Stiefschwester Gustavs pendelt zwischen den beiden Buben hin und her, ihre Gunst bald dem einen, bald dem anderen erweisend. Die Mutter betont das gute Verhältnis der Geschwister untereinander.

Die „Familie in Tieren" machte uns auf die von Gustav erlebte Geschwisterspannung aufmerksam. Es hat keinen Sinn nur durch Nachhilfestunden seine Leistungen in der Schule heben zu wollen, es muß versucht werden, Gustavs Stellung innerhalb der Familie zu korrigieren, um von hier aus sein Selbstwertgefühl zu stärken; dazu bedarf es der Mitarbeit der gesamten Familie. Die Leistungen werden sich dann, wenn Gustav sich in positiver Weise in den Familienkreis einbezogen fühlt, von selbst bessern.

Fallbesprechung 9

Beratungsgrund: Der dreizehnjährige Christoph ist ein völliger Außenseiter, der keinerlei Gemütsbindung zeigt. Er soll weder Ehrgeiz noch Anstrengungsbereitschaft besitzen. In der Schule versagt er auf allen Gebieten.

1) Für Schwester, Vater und sich selbst verwendet Christoph einen festen Strich, nur die Mutter wird „tonig" gezeichnet. Der feste Strich wird gespeist von Antriebskraft und Vitalität, erfährt aber in seiner unsicheren, abgesetzten Führung eine Bremsung. Vermutlich besteht eine Diskrepanz zwischen kontrollierender Überwachung und impulsivem Ausgreifen aufgrund eines gestörten Selbstgefühls. Daß die Mutter als einzige mit einem druckschwachen Strich gezeichnet wird, verrät eine besondere Unentschiedenheit im Verhältnis zu ihr. Die gelungene Schattierung, die von einer guten Konturierung gebannt wird, weist sowohl auf Gefühls- und Phantasiereichtum als auch auf Verstandesklarheit hin.
2) Stier (Vater), Storch (Schwester), Hase (Christoph), Dackel (Mutter). Der Vater wird betont; ebenso wie die Strichführung deutet auch die Reihenfolge auf eine ungewiß erlebte Muttergestalt hin.
3) Alle Familienmitglieder werden mit verschiedenen Tieren dargestellt. Vater, Mutter, Christoph sind Landtiere, nur die Schwester ist mehr ein Lufttier. Christoph scheint die Verschiedenheit der Charaktere stark zu erleben.
4) Den Mittelpunkt der Familie bildet in übermächtiger Weise der Vater. Auf seinem Rücken stolziert die Schwester. Die Mutter unmittelbar unter ihm verrät keinen Zusammenhang mit der übrigen Familie. Christoph selbst befindet sich rechts außen, nicht dazugehörig.
5) Das Größenverhältnis der Tiere untereinander entspricht ungefähr der Wirklichkeit, wenngleich der Vater besonders massig dargestellt ist.
6) Sicher und gutartig ruht der Vater, seine Hörner sind zwar mächtig, aber trotzdem in ihrer Gebogenheit nach innen weniger gefährlich. Er duldet die auf ihm spazierende Schwester, deren großer, aufgerissener Schnabel besonders hervorsticht. Die Mutter ist zum Laufen bereit, ihre Augen blicken ängstlich; sie scheint durch den Blick des Vaters erschreckt innezuhalten. Sitzend, aber mit Brille versehen, scheint Christoph die Welt nicht unmittelbar, sondern durch Glas oder durch eine Wand zu erleben (Christoph ist kein Brillenträger).

7 *Ochse (Vater)*

In ihm verkörpern sich Riesenhaftigkeit und Stärke. Arbeitsam, ausdauernd, aber auch primitiv und eigensinnig dient er dem Menschen, flößt ihm aber auch Furcht ein.

Storch (Schwester)

Langbeinig und klappernd ist er ein schönes, harmloses Tier, das verehrt und geliebt wird.

Dackel (Mutter)

Er ist ein verspielter, schelmischer, treuherziger Gefährte mit eigenem Sinn.

Hase (Christoph)

Anmutig, scheu, schreckhaft ist er das geliebte, aber flüchtige Frühlingstier.

8) Die Familie bildet eine Gruppe, während Christoph sich abseits, nicht dazugehörig, befindet. Die übermächtige Gestalt des Vaters, auf dessen breitem Rücken in betont selbstsicherer Weise die Schwester stolziert, nimmt den meisten Raum ein. Die Sorgfalt der Ausgestaltung und die dargestellte Gutmütigkeit des Vaters deuten auf vorwiegend gute Beziehungen zum Vater hin; er wird zwar als mächtig erlebt, scheint aber zugleich Wunsch- und Idealbild zu sein. Die allzu vertraute Beziehung zwischen Vater und Tochter wird vom Sohn zum Vater nicht erlebt; denn Christoph sitzt abseits und hat eine Brille auf. Hierin findet die ihn kennzeichnende Kontaktscheu ihren Ausdruck. Er lebt in der Abgeschirmt- und Abgesondertheit, die Welt der Phantasie scheint der ureigenste Bereich des Buben zu sein. So wenig er im allgemeinen aus sich herausgeht, so gut gelingt ihm die zeichnerische Gestaltung.
   Die Mutter wird für den Buben weder Autorität, noch wird sie ihm Inbild bergender Mütterlichkeit sein, denn als Dackel ist sie mehr eine nette Zugabe zum Vater. Sie wird als ängstlich und zart dargestellt.
   Zusammenfassend darf vom Bilde her in Bezug auf den Beratungsgrund geschlossen werden, daß sich Christoph isoliert und unbeachtet fühlt, zum Vater eine besonders starke Bindung hat, die Mutter nicht recht ernst nimmt und wahrscheinlich in der Schwester einen Menschen mit einem beneidenswerten glücklichen Naturell erlebt, das es ermöglicht, sich in selbstverständlicher Weise den ersehnten Kontakt zum Vater einfach zu nehmen. Das Bild ist besonders eindrucksvoll und beweist geradezu, daß Christoph alles andere als gemütsarm ist. Er zeigt deutlich, in wie feiner und differenzierter Weise er seine Mitwelt registriert. Die Fehlverarbeitung der erlebten Familienkonstellation liegt darin, daß er „eine Brille aufzieht“ und sich resignierend abwendet. Von hier aus gesehen, hat man den Schlüssel zum Verständnis seiner scheinbaren Desinteressiertheit und seines schulischen Versagens in der Hand.

Die Anamnese besagt, das Christophs Eltern, als er drei Jahre alt war, geschieden wurden. Der Vater heiratete wieder, Christophs Stiefschwester ist zweieinhalb Jahre alt und der erkärte Liebling des Vaters. Bis vor einem halben Jahr war Christoph in einem Heim untergebracht. Da er während der psychologischen Untersuchung kaum zu spontanen Äußerungen zu bewegen war, wurde diese Zeichnung besonders wichtig für die Erhellung der erlebten Familienatmosphäre. Soviel scheint gewiß, daß die Einkehr in das Vaterhaus bisher nicht das vom Buben ersehnte Einleben gebracht hat. Durch die „Familie in Tieren“ erhielt man zugleich wichtige Hinweise für die Behandlung Christophs. Es scheint vor allem wichtig, daß Christoph Menschen findet, denen er sich anvertrauen und mit denen er sich aussprechen kann. Hier hat sein Vater eine wesentliche Aufgabe zu erfüllen. Christoph müßte sich durch ihn weniger bedroht und entmächtigt, als gestützt und ermächtigt fühlen. Auch zu der Stiefmutter wäre die Anbahnung einer Gefühlsbeziehung möglich, wenn sich die Mutter aus der Befangenheit einen schon „zu großen“ Sohn zu haben, löste und ihm Aufgaben zutraute und Vertrauen schenkte. Sie müßte versuchen, ihn als älteren Bruder an der Betreuung der kleinen Schwester teilhaben zu lassen, damit auch die Geschwisterbeziehung nicht im Sinne einer Rivalität ausartet; Christoph müßte sich letztlich einbezogen fühlen in den Familienkreis, damit sich seine Kräfte nicht in der Resignation verzehren, sondern im aktiven Mittun entfalten.

Fallbesprechung 10

Beratungsgrund: Die dreizehnjährige Rosmarie streunt, schwänzt die Schule seit Jahren, ist streitsüchtig und verstockt. Vor einem Jahr wurde sie mit mehreren Jugendlichen „überrascht", die Vernehmung von einer weiblichen Kriminalbeamtin ergab nichts. Auch zu Hause war trotz Schlägen nichts aus ihr herauszubringen.

1) Der zarte Strich wird nur bei der Mutter an einigen Stellen scharf geführt. Er deutet auf Unentschiedenheit und Empfindlichkeit, die bei der Mutter-Zeichnung auf mögliche Steigerung bis zur verkrampften Reizbarkeit hindeutet. Die unabgesetzte, weder sichere noch unsichere, Strichführung läßt auf ein Überwiegen der Motorik gegenüber der Sensorik schließen und vermittelt damit den Eindruck einer Flüchtigkeit und mangelnden Selbstkontrolle. Die ausschließliche Konturierung zeigt eine Magerkeit des Gefühls und der Phantasie an.
2) Schäferhund (Mutter, Vater, Evi, Rosmarie)
Bei der verhältnismäßig gleichförmigen Reihung fällt auf, daß Rosmarie nur noch halb auf dem Bilde ist.
3) Es sind gleiche Tiere für die Familie verwendet, die Familie wird als Einheit erlebt oder gewünscht.
4) Die Mutter geht voran, unmittelbar vom Vater gefolgt; in einigem Abstand „trabt" die Schwester, für Rosmarie scheint der Platz nicht auszureichen, nur noch ihr Kopf ist auf dem Bilde.
5) Die Schwester Evi ist ebenso groß wie die Eltern gezeichnet und ihnen damit gleichgestellt.
6) Die Schäferhunde sind sich alle sehr ähnlich, sie sind in Bewegung und schauen vorwärts.
7) *Schäferhund (Mutter, Vater, Evi, Rosmarie)*
Der Hund wurde dem Menschen das Brudertier; er läßt sich dressieren. Insbesondere der Schäferhund wird geliebt und geachtet wegen seiner Wachsamkeit und Treue, er kann auch streunend und reizbar dem Menschen Schwierigkeiten bereiten.
8) Die Zeichnung deutet darauf hin, daß Rosmarie nicht ganz zur Familie gehört. Am auffälligsten ist, daß sie sich aus „Platzmangel" nur noch mit dem Kopf auf das Bild zeichnet. Sie wollte sich mit einem resignierenden: „jetzt paß ich nicht mehr hin", zufrieden geben und zeichnete sich erst auf Drängen. Es fehlen ihr anscheinend Initiative und Mut, sich sonst irgendwo auf dem Blatt einen Platz zu sichern; sie weicht aus an den Rand. Der Schwester räumt sie genügend Raum ein. Rosmarie schaut in die gleiche Richtung wie die anderen und könnte damit den Wunsch ausdrücken, dazu zu gehören. Der Strichcharakter deutet Labilität und Empfindsamkeit an. Die Fehlhaltung des Streu-

nens wird einem Sichgehenlassen, einem Ausweichen entspringen, dem weder von einer altersentsprechenden Bindungsmöglichkeit noch vom Willen Einhalt und Steuerung geboten wird. Die „Freundschaft" mit Jugendlichen könnte Ausdruck eines Dranges nach Angenommen- und Beachtetwerden sein, das ihr in der Familie versagt bleibt. Die Gründe, warum sie nicht „ganz" zur Familie gehört, sind vom Bilde nicht ablesbar.

Rosmaries Vater war während des Krieges Soldat und lernte Rosmarie erst kennen, als sie bereits drei Jahre alt war; er lehnte das Kind von Anfang an ab. „Als er heimkam, war sie ihm überall im Wege", berichtete die Mutter. Nach einem Jahr wurde die kleine Schwester geboren, der Vater wendete sich ausschließlich der Kleinen zu. Rosmarie bettnäßte nach der Geburt der Schwester einige Zeit und wurde deswegen hart bestraft. „Für das Kind begann eine Leidenszeit", klagt die Mutter. In der Schule fühlte sich Rosmarie vom ersten Tage an von der Lehrerin zurückgesetzt und bekam mit anderen Kindern keinen Kontakt. „Fühlt sich nur dann glücklich in der Schule, wenn sie etwas Besonderes tun darf", steht im Schülerbogen. Die tiefe Entmutigung, welche die Bevorzugung der kleinen Schwester bewirkte, zeigte sich eindeutig in der „Familie in Tieren".

Rosmaries weitere Entwicklung wird davon abhängen, inwieweit es gelingt, ihr zu dem ihr gebührenden Platz in der Familie zu verhelfen. Dazu bedarf es einer Umorientierung der Eltern, besonders des Vaters.

c) Das dominierende und das unterlegene Kind

Für das übermäßig an die *Machtthematik* fixierte Kind besteht die Mitwelt aus Siegern und Unterlegenen. Selten entspringt der Machtanspruch einer tatsächlichen Überlegenheit, meist ist er Ausdruck kompensierter Unzulänglichkeit und gekoppelt mit einem Herabziehen des anderen, um selbst höher erscheinen zu können (siehe Fallbesprechung 12).

Oft fördert die Mitwelt – besonders Nachgiebigkeit oder Despotie des Vaters – geradezu den Machtanspruch des Kindes. Wie aufgezeigt, hat die Bevorzugung der Machtthematik vom Kinde vorwiegend Beziehungen zum erlebten Vaterbild. Ist das Kind – durch welche Umstände auch immer – einmal auf Domination festgelegt, dann setzt es in der Regel auf rigorose Weise seine Wünsche durch. Mögliche Fehlentwicklungen sind Egozentrik, Selbstüberschätzung, Achtungslosigkeit vor anderen Menschen, Härte, Lieblosigkeit.

Das Kind muß ständig kampfbereit sein und immer Willenskräfte mobilisieren zur Sicherung seiner Stellung, infolgedessen werden Aktivität und Durchsetzung übermäßig entwickelt und die Gemütskräfte vernachlässigt.

Verwandt ist diesem Gefühl das Unterlegenheitsgefühl, welchem bekanntlich der Kummer des verlorenen Kampfes um die Macht innewohnt. Dem Unterlegenheitserleben eignet der Stachel, eigentlich obenhin zu gehören. Die daraus entspringenden möglichen Fehlentwicklungen sind: Mutlosigkeit, Heuchelei, falsche Bescheidenheit, Lahmheit, Lebensneid.

Fallbesprechung 11

Beratungsgrund: Der zwölfjährige Wolfgang tyrannisiert Eltern und Großeltern durch maßlose Ansprüche; dann und wann streunt er; in der Schule leistet er wenig; er zeigt keinerlei Anstrengungsbereitschaft.

1) Der vorwiegend tonige Strich wird sicher und unabgesetzt geführt. Er weist auf Ansprechbarkeit der Gefühle und ein Sichgehenlassen bis Distanzloswerden im Kontakt hin. Die Schattierung – ebenfalls in toniger Art – verstärkt den Eindruck, daß die Gefühle gegenüber dem Verstand vorherrschen.
2) Pferd (Vater), Tiger (Mutter), Adler (Wolfgang), dem Vater kommt als zuerst gezeichneter Gestalt erhöhte Bedeutung zu.
3) Alle Familienmitglieder sind verschiedene Tiere; Vater und Mutter sind Landtiere, Wolfgang ein Lufttier. Vater und Mutter werden als bodenständig erlebt, während Wolfgang sich losgelöst dargestellt hat.
4) Der Vater geht voran, die Mutter folgt, Wolfgang schwebt hoch über beiden.
5) Vater und Mutter sind im entsprechenden Größenverhältnis dargestellt, während Wolfgang sich um ein Vielfaches vergrößerte. Wolfgang scheint sich seines Wertes als Einzelkind durchaus bewußt zu sein.
6) Alle drei sind in Bewegung, Vater und Mutter schauen vorwärts, Wolfgang schaut von oben herab, und er könnte mit seinem Schnabel jederzeit zustoßen.
7) *Pferd (Vater)*
   Es erfüllt verläßlich und treu seine Pflicht und wird vom Menschen geliebt und geachtet; es kann auch empfindlich und bissig sein.
   Tiger (Mutter)
   Der Tiger ist stark und geschmeidig, seine Anpassung ist oft nur eine scheinbare, denn er kann jederzeit aus dem Hinterhalt einfallen.
   Adler (Wolfgang)
   Der Adler ist der König unter den Vögeln, stark, tapfer, unabhängig, aber auch angriffslustig und rücksichtslos.
8) Wolfgang stellt sich über den Eltern schwebend dar und drückt damit eine gewisse Domination aus, die in Verbindung mit der in der graphischen Analyse herausgestellten Gefühlsbestimmtheit und mangelnden Kontrolle eher als kompensatorische Erhöhung anmutet. In gleicher Richtung weist die Diskrepanz zwischen der stolzen Erhabenheit des Adlers an sich und der gesenkten Kopfhaltung, sowie der nach unten gehenden Blickrichtung des gezeichneten Adlers; es scheint eine Spannung zwischen Unabhängigseinwollen und Abhängigseinmüssen zu bestehen.
   In Bezug auf den Beratungsgrund deutet die „Familie in Tieren" an, daß Wolfgangs „Adlerstellung" nicht auf einer tatsächlichen Überlegenheit zu beruhen scheint (siehe Strichcharakter und Haltung des Adlers), und daß möglicherweise, um seine Domination zu sichern, Praktiken „arrangiert" werden, die wertvolle Kräfte binden und ihm Wege echter Anstrengungsbereitschaft verbauen.

Einige Daten aus der Lebensgeschichte geben inhaltliche Hinweise; zugleich werden die Hintergründe sichtbar, aus denen das Streben nach Domination erwachsen konnte. Wolfgang kam als Zwillingskind mit nur zweieinhalb Pfund Geburtsgewicht auf die Welt (die Zwillingsschwester starb sechs Wochen nach der Geburt). Er ist von kleinauf sehr zart und neigt zu Erkältungskrankheiten. Eltern und Großeltern (mütterlicherseits – wohnen im gleichen Haus) hängen mit abgöttischer Liebe an dem einzigen Kind und Enkel. Er spielt beide gegeneinander aus und setzt auf diese Weise jeden Willen durch. Einerseits kann er sich nicht mit sich selbst beschäftigen und muß immer jemanden um sich herum haben, andererseits streunt er zwischendurch und verblüfft durch seine Selbständigkeit. Der Vater ist ein vielbeschäftigter Arzt, die Mutter Arzthelferin und Hausfrau; beide fühlen sich dem Kind nicht gewachsen und sind durch seine Fehlhaltungen verletzt und betroffen. Es gelang den Eltern bis heute nicht, ein wirkliches Familienleben zu gestalten, weil sie beide bis in den späten Abend hinein arbeiten. Jeder führt sein Eigenleben. Die Beziehung untereinander – natürlich auch die Bindung an Wolfgang – wird auf diese Weise nicht gepflegt, so daß Wolfgang sich zwar geliebt, nicht aber wirklich anerkannt fühlt. Mit den Eltern wurde anhand der „Familie in Tieren“ ihre Familiensituation besprochen. Wolfgang müßte sich – besonders von seinem Vater – ernst- und angenommen wissen, damit eine seinem Alter entsprechende, partnerschaftliche Annäherung möglich würde, die ihn in verpflichtender Weise an ein positives Vaterleitbild binden könnte.

Fallbesprechung 12

Beratungsgrund: Der neuneinhalbjährige Friedrich „spielt zu Hause und in der Schule verrückt“. Insbesondere tyrannisiert er seine Mutter, indem er ihr, wenn er seinen Willen nicht bekommt, mit dem Messer droht und sie beschimpft. In der Schule zeigt er ein wechselhaftes Verhalten: Lehrern gegenüber benimmt er sich scheu, ängstlich, verschreckt, während er Lehrerinnen in „frecher“, „herausfordernder“ Weise begegnet.

1) Der tonige, vorwiegend unabgesetzte – aber trotzdem bewegliche Strich deutet auf besondere Gefühlsansprechbarkeit, sowie die Gefahr des Sichgehenlassens hin. Dieser Eindruck wird durch die Schwärzung noch versträkt.
2) Schäferhund (Friedrich), Eichhörnchen (Mutter).
   Friedrich scheint sich seines Wertes wohl bewußt zu sein.
3) Zur Darstellung werden verschiedene Tiere gewählt, die in keiner Beziehung zueinander stehen.
4) Die Mutter flüchtet vor dem angreifenden Buben.
5) Das Eichhörnchen ist im Verhältnis zum Schäferhund zu groß gezeichnet.
6) Der Bub wirkt durch seine geduckte Haltung, die fletschenden Zähne und die heraushängende Zunge, das Eichhörnchen jagend, bedrohlich.
   Die Mutter, abgewandt, auf der Flucht, scheint sich vor dem wütenden Angriff in Sicherheit bringen zu wollen.
7) *Schäferhund (Friedrich)*
   Läßt sich zwar gut dressieren, ist aber reizbar, empfindlich und rauflustig.
   Eichhörnchen (Mutter)
   Das Eichhörnchen wird als fleißig, vorsorglich, flink, zugleich als scheu und ängstlich erlebt.

8) Die „Familie in Tieren“ gibt in eindringlicher Weise Einblick in die tatsächliche Mutter-Sohnbeziehung. Dem kräftigen angriffslustigen Sohn scheint es aber trotz seiner offensichtlichen Anstrengung nicht zu gelingen, die Mutter zum Kampf zu stellen; sie „springt“ vor der Auseinandersetzung davon und bringt sich hilferufend in Sicherheit.

Die Anamnese ermittelte folgende Daten: Friedrich – einziges Kind –, wuchs in einer Ehe auf, die von vornherein durch die Brutalität des Vaters zum Scheitern verurteilt war. Der Bub machte das sog. Trotzalter nicht durch, denn erste Ansätze eigener Willensbekundung wurden vom Vater „niedergeknüppelt“. Die Mutter suchte den Buben ganz für sich zu gewinnen, indem sie ihn maßlos verwöhnte und sich in völlige Abhängigkeit begab.

Nach der Scheidung der Eltern, der Bub war Schulanfänger, mußte die Mutter „mit schlechtem Gewissen“ plötzlich Forderungen an ihn stellen, welche er mit Ablehnung beantwortete. Den Schulbesuch empfand er als Zumutung, gegen die er sich mit allen Mitteln wehrte. Die Mutter verhielt sich in der Folgezeit dem Buben gegenüber ähnlich, wie sie sich ihrem geschiedenen Mann gegenüber verhalten hatte: Sie wandte sich an Nachbarn, an die Verwandten, an den Pfarrer und die Lehrer um Hilfe. Immer wieder mußte Friedrich hören: „Du bist mein einziger Lebensinhalt und bringst mich noch ins Grab.“ Er reagierte – wie sein Vater – mit Aggressivität, Brutalität und Abwehr gegen diese „leidende Abhängigkeit“ seiner Mutter. Vermutlich entluden sich Antriebe, die in der Kleinkindheit aufgrund der despotischen Erziehung des Vaters gestaut wurden, auf diese Weise. Das verschiedene Verhalten männlichen und weiblichen Lehrpersonen gegenüber, zeigt deutlich die Projektion seines Vaterbildes auf alle männlichen und die Projektion seines Mutterbildes auf alle weiblichen Autoritätspersonen.

Eine eingehende Psychotherapie der Mutter und des Buben ist angezeigt.

Fallbesprechung 13

Beratungsgrund: Der siebenjährige Bernd leidet an Enkopresis und hat abnorme Angstzustände. Oft traut er sich nicht einmal die Treppe hinunterzugehen, vor Tieren läuft er davon. Zuweilen schreckt er nachts auf und ruft seine Schwester (Zwilling) um Hilfe. Er hängt sehr an seiner Schwester und läßt sich von ihr völlig ins „Schlepptau“ nehmen. Bernd fährt mit dem Puppenwagen der Schwester spazieren; sie spielt nicht mit Puppen, sondern hämmert und „werkelt“ lieber. Seine schulischen Leistungen sind mangelhaft, er sagt zu allem „ich kann es doch nicht“.

1) Der feste Strich, der unabgesetzt und sicher geführt wird, deutet auf eine impulsive Unbekümmertheit hin. Die Schwärzung mit vorwiegend tonigem Strich ruft den Eindruck einer im Gefühl versuchten Verarbeitung hervor. Die auffallend eckigen Formen können altersentsprechendes, zeichnerisches Ungenügen sein, oder aber auf eine den unbekümmerten Tätigkeitsdrang dann und wann hemmende Verkrampftheit hinweisen.
2) Tiger (Mutter), Hirsch „der gerade aufs Klo muß“ (Vater), Rehkitz (Helga), Elefant (Bernd).
3) Mutter und Sohn gehören dem gleichen Lebensraum des Dschungels oder der Wüste an; es sind herrschende, reißende Tiere; ebenso leben Vater und Toch-

ter in der gemeinsamen Umgebung des Waldes; sie sind gejagte, flüchtige Tiere. Es ist anzunehmen, daß sich hierin eine gewünschte oder gefühlte Beziehung zwischen den jeweiligen Partnern anzeigt.

4) Die Tiger-Mutter geht voran; gefolgt von den übrigen Familienmitgliedern; sie wird als führend erlebt oder gewünscht.

5) Das Größenverhältnis der Tiere zueinander entspricht der Wirklichkeit, am mächtigsten wirkt der Elefant.

6) Die Schwärzung bei Vater und Mutter verleiht beiden ein besonderes Gewicht. Während die anderen Familienmitglieder Gesichter haben, wird das Gesicht des Vaters geschwärzt und in der Situation dargestellt, in der sich Bernd des öfteren befindet. Bernd zeichnet sich als einzigen in der Seitenansicht, er schreitet mit Riesenschritten, die Schwester erdrückend, voran.

7) *Tiger (Mutter)*
Stark und königlich und zugleich blutgierig; grausam; er ist ein gefährliches Wüstentier.
Hirsch (Vater)
Edel und stolz ist er der König des Waldes, gefürchtet wegen seiner Stärke und Streitsucht.
Rehkitz (Helga)
Zart und anmutig, dabei ängstlich und scheu verkörpert es das Unschuldig-Kindliche schlechthin.
Elefant (Bernd)
Kräftig, gescheit, aber auch eigensinnig und zerstörfreudig ist er das beliebte Großtier.

8) Die „Familie in Tieren" gibt Einblick, in welcher Weise Bernd das Einkoten und seine Zurückgebliebenheit auf einer frühkindlichen Abhängigkeitsstufe zu verarbeiten versucht. Es fällt sofort auf, daß Bernd für sich selbst das größte und mächtigste Tier wählt, die anderen mehr oder weniger erdrükkend. Da die Fehlhaltung bekannt ist, darf die zeichnerische Darstellung des Dominierens nur als Kompensation der erlebten eigenen Unzulänglichkeit angesehen werden. Daß für Bernd gerade dieser Verarbeitungsversuch naheliegt, wird aus dem Strichcharakter verständlich, der ja auf eine impulsive Unbekümmertheit hindeutet. Vom Bilde her gesehen, fällt weiterhin sofort die Projektion der eigenen Fehlhaltung auf den Vater auf; die Schwärzung betont noch die Wichtigkeit dieser Übertragung. Die Tatsache, daß gerade der Vater damit belastet wird, läßt ein Solidaritätsgefühl mit der vom Vater repräsentierten Männlichkeit vermuten, weist aber zugleich auf einen unbewußten Protest gegen die vom Vater zu stark ausgehende Autorität hin. Bernd belastet den Vater mit seinem Leiden, macht ihn zum „schwarzen Hirsch" und sich zum „weißen Elefanten". In dieser Projektion liegt eine Entlastung, die ihm den Weg ebnet zu der vorgenommenen Kompensation seiner eigenen Unzulänglichkeit. Ein weiterer Schritt in dieser Richtung ist die Umkehrung der tatsächlich bestehenden Rangordnung der Geschwisterbeziehung; die aktive, selbständige Schwester muß zum abhängigen Rehkitz werden, damit der Weg frei ist für Bernd, sich als Elefant erleben zu können.

Sowohl Projektion, Umkehrung als auch Kompensation sind aber Fehlverarbeitungsweisen, die auf Verdrängung der nicht vom Bewußtsein angenommenen bestehenden Zurückgebliebenheit beruhen. Die Bewältigungsversuche treiben ihn wegen ihrer nur teilweisen Entlastungsfähigkeit nicht nur tiefer in seine Fehlhaltungen, sondern verursachen Angst- und Beklemmungsgefühle, die ihn wiederum in Projektions-, Umkehrungs- und Kompensationsversuche hineintreiben. Auf diese Weise befindet sich Bernd in einem circulus vitiosus, dessen Beginn in der frühen Kindheit gesucht werden muß.

In der Kleinkindzeit Bernds finden sich folgende Anhaltspunkte: Die Geschwister wurden unehelich geboren und blieben bis zu ihrem dritten Lebensjahr in einem Heim, wo sie mit vierzig anderen Kindern in einem Saal schlafen mußten; anscheinend fehlte es dort an der notwendigen Pflege. Mit zweieinhalb Jahren übernahmen die Adoptiveltern die Kinder „in einem unglaublichen Zustand". Vor ihren Adoptiveltern hatten sie zunächst Angst, weil sie nur unter Frauen aufgewachsen waren. Sie konnten mit drei Jahren kaum sprechen und waren beide nicht sauber. Während sich Helga zusehends eingewöhnte, war Bernd in allem viel schwerfälliger. Helga sorgte von kleinauf „rührend" für ihn, sie übernahm in jeder Weise die Leitung. Auch die Adoptiveltern verwöhnten den Buben viel zu sehr, so daß er von hier aus gesehen keinen Anreiz hat, selbständiger zu werden. Trotzdem fehlt es nicht an Vergleichen und Vorwürfen, besonders von Seiten des Vaters. Bernd spürt bereits schmerzlich, daß er nicht den Erwartungen entspricht, behauptet aber in der Exploration – allerdings nicht verlegen – er sei viel gescheiter als Helga und könne alles. Allgemein können die für die Enkopresis verantwortlichen Ursachen außer in einer konstitutionellen Labilität, in einer fehlgeleiteten Reinlichkeitserziehung, in einer Angst vor „Entäußerung" und in der Erinnerung an ein „analsexuelles" Trauma gesucht werden. Die restlose Klärung, welche Ursachen nun bei Bernd zutreffen, wird erschwert, weil über die Kleinkindentwicklung nichts zu erfahren ist. Man wird die Vermutung der Adoptiveltern nur mit Vorsicht als Hinweis aufnehmen dürfen. Sie berichten unter anderem erregt: „Bernd wurde im Kinderheim geschlechtlich gereizt, die Kinder standen unter der Aufsicht ‚gefallener Mädchen'."

Die Aufstellung des Behandlungsplans wird durch die Analyse der Zeichnung wesentlich erleichtert. In der Spieltherapie wird Bernd Gelegenheit haben, die „Angst vor Entäußerung" allmählich zu überwinden und seine problematische Vaterbeziehung zu entspannen. Die nachholende – bis in die frühe Kindheit zurückgehende – adäquate Erlebnisverarbeitung wird ihn nach und nach selbständiger werden und damit in die altersentsprechende Sicherheit hineinwachsen lassen.

Fallbesprechung 14

Beratungsgrund: Die Mitteilung der Lehrerin lautet: „Die neunjährige Maria ist ein sehr schwieriges, undurchsichtiges, eigenbrötlerisches Kind. Stört den Unterricht durch höchst eigenartiges Verhalten, spricht zum Beispiel vor sich hin, beschimpft andere wegen nichtiger Anlässe, will dann wieder gestraft werden für andere. Zuweilen beißt sie in ihr Lineal, zupft und reißt an den Fingernägeln und dreht an ihren Haaren. Die Leistungen sind sehr schwankend."

1) Der feste, sichere Strich deutet auf eine reizbare Verkrampftheit hin, die sich dann und wann in Form einer Distanzlosigkeit ein Ventil sucht. Konturierung und Schwärzung (mit festem Strich!) weisen in die gleiche Richtung. Man darf also auf Nüchternheit mit gelegentlichem Überhandnehmen aggressiver Tendenzen schließen.
2) Löwe (Vater), Löwe (Mutter), Fliege (Maria)
   Der Vater scheint die dominierende Rolle einzunehmen.
3) Die Eltern sind gleiche Tiere – Raubtiere –, Maria ist ein unscheinbares, fliegendes Tier.
4) Vater und Mutter stampfen hintereinander her, die Fliege fliegt nicht frei in der Luft, sondern befindet sich in Augenhöhe des Vaters.
5) Die Fliege ist im Verhältnis zu den anderen zu groß.
6) Die beiden Löwen stehen auf festen Füßen; die Überbetonung des Schwanzes ist bei beiden auffällig.
7) *Löwe (Vater, Mutter)*
   Der König der Tiere ist zugleich kraftvoll, großmütig, wie auch reizbar und gefährlich.
   Fliege (Maria)
   Ein lästiges, von niemandem geliebtes Geschöpf, stört sie Mensch und Tier und wird dementsprechend verachtet und vernichtet.
8) Auf den ersten Blick gewinnt man den Eindruck, daß die Fliege von den beiden mächtigen Löwen „an die Wand gedrückt wird". Auch die überbetonten Schwänze der Löwen machen glaubhaft, daß sie ohne weiteres eine Fliege zerschlagen können. Andererseits vermag die Fliege aber auch die Löwen zu stören; sie kann ihnen zwar keinen empfindlichen Schaden zufügen, aber sie ärgern. Bedeutsam ist noch, daß die Fliege sich zwischen dem Löwenvater und der Frau mit der Rute (oder Fliegenklappe) befindet. Das Bild vermittelt nicht den Eindruck, als ob Maria ein geliebtes, bestätigtes Kind wäre; vielmehr scheint sie sich selbst als lästig und überflüssig vorzukommen, sie scheint eher von ihrem Unwert als von ihrem Wert überzeugt zu sein. Daß dieses unterlegene Kind sich nicht in die Klassengemeinschaft einfügen kann, muß im Zusammenhang mit der Familiensituation gesehen werden.

Maria ist ein uneheliches Kind; sie wurde von dem jetzigen Mann der Mutter nach der Eheschließung adoptiert. Der Adoptivvater ist Hilfsarbeiter. Die Familie bewohnt in einem Bauernhof zwei feuchte, kleine Kammern und lebt völlig isoliert. Marias Schulweg beträgt eine Stunde; sie hat keine Spielgefährten. Die Erziehung ist wenig liebevoll, wenn nicht sogar brutal. Als Maria mit drei Jahren ein paarmal im Trotz mit dem Fuß aufstampfte, reagierte die Mutter nach ihren eigenen Worten wie folgt: „Das hab' ich ihr in vierzehn Tagen ausgetrieben. Ich hab's jedesmal an die Wand gepatscht!" Als Kleinkind erbrach Maria leicht und wollte nicht essen, „da gab's Schläge auf den Mund, bis es ging". Noch strenger ist der Adoptivvater, „da reicht heute ein Blick, dann muckt's nicht mehr".

Die Eltern sind überzeugt davon, daß Strenge die einzige Erziehungsmethode sei, und Maria ihnen viel zu sehr über den Kopf wachse. Sie dünke sich was „Besseres", weil ihr Vater Angestellter sei, das liege ihr im Blut (Maria weiß von ihrer Abstammung nichts und hält ihren Adoptivvater für den wirklichen Vater).

Die „Familie in Tieren" gibt die Gewißheit, daß das Kind sich als unwert erlebt und schwer leidet. Ob es den Eltern gelingt, ihr massives Vorurteil gegen den „Schandflecken" zu überwinden und zu einer das Kind fördernden Gesinnung zu kommen, erscheint fraglich. Es ist daher eine Heimunterbringung zu erwägen, noch besser wäre die Unterbringung in einer guten Familie.

Fallbesprechung 15

Beratungsgrund: Isolde und Resi sind Zwillingsschwestern (anscheinend zweieiige – ein erbbiologisches Gutachten konnte nicht eingeholt werden – sie glichen sich bis vor einem Jahr wie ein Ei dem anderen, entwickeln sich aber jetzt etwas auseinander). Isolde muß die vierte Klasse wiederholen, Resi durfte aufsteigen. Liegt ein Intelligenzunterschied zwischen den beiden Schwestern vor, oder wirken seelische Nöte auf Isolde leistungsmindernd?

1) Der vorwiegend zarte Strich deutet auf gefühlsmäßige Ansprechbarkeit, die sich dann und wann durch Unbeherrschtheit in Form von Reizbarkeit äußert (scharfer, unabgesetzter Strich). Strichcharakter und Strichführung sind bei allen Tieren weitgehend gleich, auffällig ist die Verschärfung der Striche bei der Mutter. Es sind Konturierung und Schattierung vorhanden, wobei die Konturierung etwas überwiegt, so daß ein verhältnismäßiges Ausgeglichensein zwischen Gefühl und Verstand angenommen werden kann.
2) Fisch (Vater), Storch (Mutter), Schlange (Schwester), Raupe (Isolde)
   Der Vater erfährt eine besondere Betonung.
3) Die Familie wird mit Wasser-, Land- und Lufttieren dargestellt. Isolde scheint kein einheitliches Familienklima zu erleben.
4) Der Fisch-Vater ist im Verhältnis zu den anderen sehr groß dargestellt.
5) Die Familie bewegt sich auf einer Ebene, der Vater „schwimmt" voran oder davon.
6) Der Fisch schwimmt voran; der Storch schaut durch seinen dicken Kopf, den ungefährlichen Schnabel und das große Auge gutartig aus, die Schlange könnte auf die Raupe zustoßen.
7) *Fisch (Vati)*
   Für den Menschen ist er ein rätselhaftes Wesen, stumm, kalt und empfindsam.
   Storch (Mutter)
   Er ist majestätisch und eingebildet.
   Schlange (Schwester)
   Geschmeidig und klug, dabei verführerisch und boshaft, wird sie verehrt und verachtet zugleich.
   Raupe (Isolde)
   Die Raupe ist zart und wehrlos, aber auch gefräßig und schädlich. Sie ist unfertig, in ihrem Raupen-Sein liegen noch alle Möglichkeiten verborgen.
8) Isolde identifiziert sich mit einer Raupe, zeichnet sich besonders klein und placiert sich unter die Schwester; dies alles sind Hinweise dafür, daß sie sich unfertig und unterlegen fühlt. Die Schlangen-Schwester könnte sie beschüt-

zen und zugleich bedrohen, sie wird als sehr mächtig erlebt. Über die Beziehung zu den Eltern sagt die Zeichnung sehr wenig aus.
Vorerst ist zu vermuten, daß Isoldes Leistungen zumindest zusätzlich dadurch gedrückt werden, daß sie sich minderwertig und im Vergleich zur Schwester unentwickelt und nicht ebenbürtig fühlt.

In der Exploration erzählt Isolde: „Die Eltern mögen sich nicht und streiten viel, die Mutter geht auch sonntags in eine Tankstelle zum Autowaschen. Mama mag mich schon, aber der Papa gar nicht." Sie wünscht sich, Resi wäre noch in der gleichen Klasse; sie wartet jeden Tag auf die Schwester nach der Schule zum gemeinsamen Nachhausegehen. Die Anamnese besagt, daß Resi acht Minuten früher auf die Welt kam und sich seit kurzem etwas kräftiger entwickelt als ihre Schwester; Resi mag ihre Schwester nicht und wünscht sich, keine Schwester zu haben. Die Zwillingsschwestern scheinen ihre Situation im Mutterleib noch nicht überwunden zu haben, denn jede fühlt sich von der anderen bedroht; ein ungünstiges Familienklima trug dazu bei, diese Frühsteindrücke zu fixieren; die unterschiedliche Zuwendung der Eltern vertiefte die Rivalität. Resi scheint ein wenig stabiler zu sein, denn in der Realität setzt sie sich besser durch und dominiert.

Es wird einer längeren psychologischen Betreuung bedürfen, um die Geschwister aus der hemmenden Fixierung an ihr Grunderlebnis zu lösen und damit neben anderem auch Isolde zum besseren Lernenkönnen zu verhelfen.

Die Haltung der Beziehungspersonen

Wie bereits ausgeführt, besteht zwischen der erlebten Stellung des Kindes und der von ihm erlebten Haltung der Beziehungspersonen ein enger Zusammenhang. Eine wiederholende Schilderung der drei Themen: *Geborgenheit, Kontakt, Macht* erübrigt sich; es werden daher lediglich die Polsituationen etwas näher beschrieben und bezüglich der naheliegenden Fehlhaltungen auf die Schilderung der entsprechenden Pole im vorigen Abschnitt verwiesen.

a) Die Glucken- und die Kuckucksmutter

Bei den folgenden vier Fallbesprechungen ist die jeweilige Fehlhaltung des Kindes vorwiegend durch die Haltung der Mutter beeinflußt. Sie ist maßgeblich beteiligt an der Einschränkung des kindlichen Erlebens auf die *Geborgenheitsthematik*.

In enger Beziehung stehen „Gluckenmutter" und nestverhaftetes Kind beziehungsweise „Kuckucksmutter" und ungeborgenes Kind.

Die „Gluckenmutter" ist – im Extrem – gekennzeichnet durch ein Übermaß an Fürsorge und Aufopferung. Diesem Drang kann aber nur das Kleinkind in seiner Hilflosigkeit entsprechen, weshalb eine solche Mutter sich meist unbewußt bemüht, das Kind klein und abhängig zu halten. Sie erlebt die Entwicklung jeglicher Eigenständigkeit des Kindes als Bedrohung des „Nestfriedens". In oft egozentrischer Weise hält sie vom Kinde alle Außeneinwirkungen (wie Kindergarten, Spielgefährten) als schädlich fern. Diese Mütter schlafen oft ohne äußere Notwendigkeit jahrelang in einem Bett mit dem Kind; sie begleiten es die ersten Schuljahre hindurch zur Schule und holen es ab und überwachen jeden Schritt; auch erwarten sie noch vom Jugendlichen Zärtlichkeiten des Kleinkindes. Die Mutter deckt ihren gesamten Liebesbedarf beim Kinde und überschüttet es mit Gefühlen, die es nicht ohne Schaden zu leiden, ertragen kann. Einer solchen Haltung kann ein Unerfülltsein in der Ehe, eine Flucht vor dem Leben, eine Angst vor dem Alleinsein zugrundeliegen. Das Kind wird auf diese Weise nur schwerlich oder überhaupt nie „flügge", es muß „nestverhaftet" bleiben.

Der „Kuckucksmutter" mangelt es an der natürlichen Kinderfreudigkeit und Wärme. Das Kind bedeutet für sie entweder einen lästigen, ihre Freiheit einengenden „Zwischenfall", den man so schnell als möglich abschiebt und vergißt oder aber ein nettes Spielzeug, das man je nach Laune benutzt.

Sie ist eine untüchtige und zugleich unwürdige Mutter; oft ist sie selbst durch mangelnde Erziehung in ihrer Erziehungstüchtigkeit gemindert. Fast immer lassen sich im Lebensschicksal solcher Frauen schon in recht jungen Jahren – meist in der Kleinkindzeit – Schlüsselerlebnisse für ihr späteres Verhalten finden. Das Kind entbehrt die Mutter im eigentlichen Sinne und mit ihr die besonders für die Gemütsbildung notwendige „Nestwärme", es fühlt sich „ungeborgen".

Fallbesprechung 16

Beratungsgrund: Die zwölfjährige Jutta zeigt in der Schule keine Anstrengungsbereitschaft, sie wirkt lahm und interesselos. Von sich aus geht sie an keine Arbeit heran, sondern muß zu allem aufgefordert werden. Da die Schulleistungen sehr schlecht sind, ist zu fragen, ob ein Begabungsmangel oder „Faulheit" vorliegt.

1) Der tonige, verhältnismäßig sichere, abgesetzte und unabgesetzte Strich deutet auf emotionale Bewegtheit und Empfindsamkeit hin. An dem dann und wann abgesetzten, wiederholt korrigierten Strich wird eine manchmal einsetzende Kontrolle des Bewußtseins sichtbar.
2) Huhn (Mutter), Küken (Jutta, Ulrich), Huhn (Vater)
   Die Bedeutung der Mutter wird betont.
3) Die Familie wird mit gleichen Tieren dargestellt und wahrscheinlich als Einheit erlebt.
4) Die Familie bildet eine harmonische Gruppe, die eng um die Mutter versammelt ist.
5) Die Mutter ist im Verhältnis zu den anderen – besonders zum Vater – vergrößert dargestellt.
6) Im Ausdruck sind sich alle Familienmitglieder sehr ähnlich.
7) *Huhn (Mutter, Vater)*
   Das Huhn wird sowohl als mütterlich-fürsorglich als auch streitsüchtig und eifersüchtig erlebt.
   Küken (Jutta, Ulrich)
   Das Küken ist das schlechthin Kleine, Hilflose, Niedliche.

8) Die Darstellung der Familie mit gleichen Tieren, das enge Beieinander aller, die Betonung der Mutter und nicht zuletzt die Wahl der Hühnerfamilie lassen die Vermutung zu, daß Jutta die Geborgenheitsthematik bevorzugt. Die Mutter hat als „Gluckenmutter“ ihre Küchlein in warmer Obhut. Für Jutta und Ulrich ist das Futter bereitet. Der Vater ist in den schützenden Bereich der Mutter einbezogen, er scheint keine besondere Rolle zu spielen. Entweder drückt Jutta den Wunsch nach mütterlicher Wärme aus, oder aber sie fühlt sich noch ganz im mütterlichen Schoß.
In Bezug auf den Beratungsgrund ist zu vermuten, daß Jutta aus irgendwelchen Ursachen einem „Kükendasein“ im Nest verhaftet ist, und daß sich vorwiegend aus diesem Grunde das anlagemäßige Überwiegen des Emotionalen in Passivität und Lahmheit auswirkt. Das scheinbare Fehlen des väterlichen Leitbildes könnte die Willensbildung im ungünstigen Sinne beeinflussen.

Die Anamnese besagt, daß die Mutter Juttas zehn Jahre älter ist als ihr Mann. Sie betreut die gesamte Familie mit Geduld und Nachsicht. Die Kinder – besonders Jutta – sind ihr „einziger Lebensinhalt“. Von Jutta wurde bisher nie etwas verlangt, die Mutter kümmert sich um alles, auch um die Erledigung der Hausaufgaben. Dem offenbar werdenden Versagen des Kindes, steht sie hilflos gegenüber, fühlt aber bereits die Zusammenhänge. Ohne eine Neuorientierung der Mutter – auch des Vaters – ist keine Hebung der aktiven Kräfte Juttas zu erreichen, weshalb sich Eltern und Kinder einer längeren Betreuung unterziehen müssen.

Fallbesprechung 17

Beratungsgrund: Die dreizehnjährige Irma ist außerordentlich verspielt, verträumt und manchmal kleinkindhaft trotzig. Sie findet keinen Anschluß an Gleichaltrige, sondern spielt nur mit viel Jüngeren. Obwohl Irma eine gute Schülerin ist, bezweifelt die Lehrerin, ob sie für die Mittelschule geeignet ist und bittet um psychologischen Rat. Die Lehrerin steht auf dem Standpunkt „es fehlt ihr an Reife“.

1) Der tonige, vorwiegend unabgesetzte – aber trotzdem beweglich wirkende Strich – deutet auf besondere Ansprechbarkeit des Gefühls und auf die Gefahr des Sichgehenlassens hin.
2) Krake (Mutter), Katze (Schwester), Igel (Irma), Storch (Vater)
Die Mutter erfährt eine besondere Beachtung.
3) Die Familie wird mit sehr verschiedenen Tieren dargestellt, die im Wasser, auf der Erde und in der Luft leben und keine Beziehung zueinander haben.
4) Die Mutter bildet den Mittelpunkt, in ihren „Armen“ hält sie die beiden Kinder.
5) Die Größenverhältnisse entsprechen ungefähr der Wirklichkeit.
6) Die Mutter mit aufgerissenen Augen und zähnezeigendem Mund wirkt betont wach, ihren beweglichen Armen haftet etwas Umgarnendes an. Der Vater steht rechts außen, der Familie zugewandt, vielleicht gebietet er Ordnung (geöffneter Schnabel). Die beiden Töchter Lia und Irma befinden sich mehr oder weniger in den „Armen“ der Mutter; die Gruppe bildet ein enges Beieinander.
7) *Krake (Mutter)*

(gehört zu den größten Tintenfischen, hat um den Mund acht bis zehn Arme zum Festhalten von Beutetieren).
Katze (Schwester)
Sie hat ein doppeltes Gesicht: schmeichlerisch-verspielt und falsch-grausam.
Igel (Irma)
Der Igel ist verschmitzt-gemütlich und zugleich stachelig und rücksichtlos.
Storch (Vater)
Er wird als gravitätisch und eingebildet erlebt.

8) Obwohl die Familie mit verschiedenen Tieren dargestellt wird, deuten Gruppierung und Gebaren der Tiere auf eine „Gluckenmutter" hin. Wir vermuten, daß Irma von der Mutter noch wie ein Kleinkind umsorgt und behütet wird. Mit dem Charakter des Igels – der allerdings auf der Zeichnung eher Haare als Borsten hat – läßt sich ihre Widerborstigkeit in Zusammenhang bringen. Sie scheint sich in einer, ihr selbst sicherlich unbewußten, ambivalenten Einstellung der Mutter gegenüber zu befinden; einerseits fühlt sie sich noch wohl in der Geborgenheit, andererseits versucht sie mit kleinkindhafter Trotzhaltung einen eigenen Willen zu entwickeln. Die altersentsprechende Entfaltung der Eigenständigkeit ist aber in den „Armen der Mutter" nicht möglich, darum werden kleinkindhafte Praktiken beibehalten. Die Katzen-Schwester befindet sich schon fast außerhalb der mütterlichen Schutzzone; sie scheint vom Charakter der Katze her gesehen, zumindest äußerlich, besser angepaßt zu sein als Irma. Eine besondere Beziehung zwischen den Geschwistern ist nicht ablesbar. Der Storch-Vater beschützt Irma noch zusätzlich, es bleibt ihr keine Möglichkeit zum eigenen „Auslauf". Nach der Zeichnung urteilend, wird es für die dreizehnjährige Irma höchste Zeit, daß sie ihren Lebensraum erweitert und sich aus ihrer „Nestbindung" löst. Ein Streben nach Eigenständigkeit äußert sich bereits in der Wahl verschiedener Tiere für die Familie; diese Ansätze müßten besonders von der Mutter gefördert und beachtet werden.

Die Anamnese ergab, daß der Vater im Krieg gefallen ist und die Mutter ihre beiden Töchter in hingebender Art umsorgt. Sie ist nicht berufstätig – lebt bei ihren Eltern in wohlhabenden Verhältnissen auf dem Lande – und hat genügend Zeit für die Kinder. Das Größerwerden der Töchter bereitet ihr Kummer, „als sie noch klein waren, gehörten sie mir ganz", klagt sie. Es muß gelingen, Irmas Mutter behutsam einer neuen Wirkungsmöglichkeit zuzuführen und ihr auf diesem Wege ein Nachlassen der im Grunde tyrannischen Fürsorge zu ermöglichen. Parallel damit wird der Prozeß des Selbständigwerdens mit Irma nachgeholt werden müssen.

Fallbesprechung 18

Beratungsgrund: Der neunjährige Wolfgang streunt, beißt an seinen Fingernägeln und soll verstockt und lügenhaft sein.

1) Der vorwiegend breite, unabgesetze Strich, der sowohl druckstark als auch druckschwach ausfällt, deutet Neigung zum Sichgehenlassen und Unbekümmertheit an. Die Annahme, daß mehr das Gefühl den Buben leitet als der Ver-

stand, wird durch die Schattierung und das lebendige Ausfüllen der Fläche verstärkt.

2) Häschen (Mutti), Sägefisch (Wolfgang), Schlange (Mutti), Giraffe (Vater)
3) Die Familie wird mit sehr unterschiedlichen Tieren dargestellt und vermutlich vom Buben uneinheitlich erlebt.
4) Jeder befindet sich abgekapselt in einem eigenen Gehege, dem Vater wird der größte Raum zugebilligt. Räumlich hat der Sägefisch die nächste Verbindung zum Häschen.
5) Das Größenverhältnis entspricht ungefähr der Wirklichkeit.
6) Ein gutartig schauendes Häschen, ein seine Opfer durchsägender Fisch, eine aufgerichtete, züngelnde Schlange und eine von oben schauende, auf zarten Beinen stehende Giraffe sind sorgsam voneinander getrennt und gegeneinander geschützt.
7) *Hase (Mutter)*
   Ein Lieblingstier der Kinder, anmutig und harmlos, ist er doch auch furchtsam und scheu.
   Sägefisch (Wolfgang)
   Der Fisch ist an sich stumm und zart, empfindlich und geschmeidig. Im Wasser lebend, erhält er in der Version des Sägefisches ein geradezu betont ambivalente Bedeutung, er wird gefährlich und vernichtend.
   Schlange (Mutter)
   Bald teuflisch-bös, bald göttlich-gut, hat die Schlange etwas Verführerisches, Täuschendes, Boshaftes. Man kann ihr nicht trauen, sie ist glatt, ihr Gift kann tödlich sein.
   Giraffe (Vater)
   Sie ist stolz und verträglich, wirkt aber durch ihren langen Hals auch ständig neugierig und vorwitzig.
8) Wolfgang gibt zwei sehr verschiedene Darstellungen der Mutter – einmal ist sie ein Häschen, einmal eine Schlange – womit ausgedrückt wird, daß er seine Mutter äußerst ambivalent erlebt. Diese Spannung wird ihn daran hindern, sich von ihr wirklich angenommen zu fühlen. Die erlebte Trennung wird noch dadurch betont, daß Wolfgang die „Bereiche“ jedes einzelnen abteilt. Häschen-Schlange und Fisch haben nichts miteinander gemeinsam. Zum Giraffen-Vater scheint auch keine besondere Beziehung zu bestehen. Graphische Analyse und Charakter des Sägefischs deuten darauf hin, daß Wolfgang ein phantasiebegabter, sensibler Bub ist, der seine vorhandenen Aggressionen (Säge!) mehr „unter Wasser“ zu haben scheint.

Während der Anamnese mit der Mutter, kam nur ihre „Häschen-Seite“ zum Ausdruck. Wolfgang ist ein uneheliches Kind und kennt seinen Vater nicht. Er sei immer nur in Liebe und Güte erzogen worden, aber bereits im ersten Schuljahr durch seine Lügenhaftigkeit aufgefallen. Mehrere Male kam er nachts nicht nach Hause und schlief in Baustellen und Hausfluren. Nach dem Grund seines Fortlaufens befragt, sei kein Wort aus ihm herauszubringen, er schweige fast gänzlich. Auf der anderen Seite sei er oft lieb, anhänglich und hilfsbereit. Während der Exploration wird Wolfgang gefragt, warum er denn die Mutti zweimal zeichnete, er habe doch nur eine Mutti. Er antwortete prompt: „Das sind zwei Muttis, manchmal ist sie lieb und manchmal bös; wenn's bös ist, schaut's auch anders aus." Veranlaßt durch die Zeichnung, sollte in der Beratung, das in der Zeichnung dargestellte doppelte Antlitz der Mutter näher ergründet werden. Auf Umwegen, das heißt durch indirekte Fragen, öffnete sich die Mutter und bekannte, daß sie die Unehelichkeit des Kindes vertuscht und aus „eigener Nervosität" Wolfgang bald schlägt, bald liebkost, ihm dann aber streng verbietet über die Schläge etwas verlauten zu lassen. Überhaupt seien die Leute so schlimm, sie habe ihm „eingeimpft" über alles, was im Hause vor sich gehe, niemanden gegenüber etwas zu sagen. Auch macht sie das Kind dafür verantwortlich, daß sie „nur" Bürogehilfin ist, durch ihn fehle ihr die Zeit zur Weiterbildung. Sie gibt allerdings zu, daß sie an vier Abenden in der Woche „besetzt" ist. „Ich opfere alles für das Kind und dann noch die Aufregungen, daß er fortläuft. Es wäre schon besser für ihn, er käme in ein Heim, damit was aus ihm wird", sagt sie.

Ohne die „Familien in Tieren" wäre man kaum in so überzeugender Weise dem eigentlichen Grund von Wolfgangs Fehlhaltungen auf die Spur gekommen. Das Bild vermittelt nicht nur Einsicht in die Zusammenhänge, sondern gibt auch zugleich Hinweise für die Beratung. Man muß versuchen, der Mutter darin behilflich zu sein, endlich die Unehelichkeit ihres Kindes sinngemäß in ihr Leben einzubauen und damit zu einer ausgesöhnten Beziehung zu sich und Wolfgang zu gelangen.

Fallbesprechung 19

Beratungsgrund: Der neunjährige Georg macht keine Erziehungsschwierigkeiten; er wurde psychologisch untersucht zur Feststellung der Oberschulfähigkeit. Die Lehrerin schildert ihn als gutmütig und still. Sie bezweifelt, ob er sich in der Oberschule trotz guter Intelligenz wird durchsetzen können.

1) Der überwiegend scharfe Strich wird teils sicher, teils unsicher geführt und verrät einen empfindsamen Buben, der um intellektuelle Verarbeitung bemüht ist und sich zwischen Selbstsicherheit und Selbstunsicherheit bewegt. Die Konturierung betont den Eindruck der verstandesmäßigen Klarheit.
2) Drache (Tante), Schlange (Vater), Giraffe (Georg), Hirsch (Monika) Affe (Mutti)
   Die Drachen-Tante scheint eine übergeordnete Rolle zu spielen.
3) Giraffe, Schlange, Affe sind fremdländische Tiere, der Hirsch dagegen lebt in unseren Wäldern. Der Drache verstärkt den Charakter eines uneinheitlichen „Familienbildes".
4) Das Größenverhältnis der einzelnen Tiere zueinander ist wirklichkeitsentsprechend.
5) Den Mittelpunkt des Bildes nimmt der Drache ein, die übrige Familie gruppiert sich in einiger Entfernung um ihn. Am meisten ist die Mutter abgesondert.
6) Der Drache speit nach allen Richtungen Feuer und wirkt sehr massiv. Die Schlange windet sich auf dem Boden und strebt von der Familie weg. Die Giraffe steht fest auf den Beinen, sie hat den Hals etwas nach unten gebogen. Der

Hirsch ist in Bewegung und könnte auf den Drachen zustoßen. Das Äffchen schaut aus der Ferne auf die übrigen, es wirkt unbeteiligt und harmlos.

7) *Drache (Tante)*
Er ist ein Untier. Stark und mächtig, aber auch bösartig und blutgierig flößt er dem Menschen Furcht ein.
Schlange (Vater)
Sie repräsentiert ganz allgemein das Lebendige im Sinne des Bewahrenden wie auch des Verderblichen, bald heilbringend, bald unheilverheißend, bald teuflisch-bös, bald göttlich-gut.
Giraffe (Georg)
Verträglich und friedlich, dabei neugierig und launisch ist sie doch beliebt.
Hirsch (Monika)
Er ist ein Tier des Waldes und der Einsamkeit – kraftvoll und stolz, aber auch streitsüchtig und scheu.
Affe (Mutti)
Er ist beliebt wegen seiner Anhänglichkeit und Possierlichkeit und verachtet wegen seiner zänkischen, eitlen, diebischen Art.

8) Die formale Analyse beantwortet die im Beratungsgrund festgehaltene Fragestellung positiv, denn die Durchsetzung scheint gewährleistet. Daß aber innerlich mehr erlebt und gelitten wird, als außen sichtbar in Erscheinung tritt, kann man aus der Zeichnung entnehmen. Die bedrohliche Drachen-Tante scheint das Familienklima zu bestimmen; die Schwester Monika ist die einzige, welche anscheinend den Versuch wagt, ihr zu trotzen. Georgs Haltung ist steif (verkrampft?), sein Kopf gesenkt. Die Vater-Schlange, die „sich aus dem Staube macht", könnte verwandt mit der Drachen-Tante sein; den Vater scheint Georg nicht im Sinne eines Vorbilds zu lieben und zu achten, sondern eher zu fürchten und zu verachten. Die Mutter ist niedlich und possierlich dargestellt; sie scheint an dem Familiendrama keinen inneren Anteil zu nehmen, was darin zum Ausdruck kommt, daß sie ganz rechts außen gezeichnet, sich wohl auf ihre eigene Weise vergnügt. Zudem wird sie – als Affe gemeint – kaum in der Lage sein, den Kindern (Giraffe und Hirsch) Schutz und Heim zu geben. Obwohl keine sichtbaren Fehlhaltungen vermerkt sind, ist aufgrund des Bildbefundes, ein näheres Eingehen auf die Familiensituation angebracht.

Die Drachen-Tante ist die Schwester des Vaters, bei der die Familie in Untermiete wohnt. Sie ist ein „wahrhaft böses Weib und versucht die Familie durch Hetzereien auseinanderzutreiben", bemerkt eine Lehrerin, die in unmittelbarer Nähe wohnt. Der Vater ist Trinker und „gebärdet sich oft schreckerregend", so daß die Mutter wiederholt allein – ohne an ihre Kinder zu denken – in eine Pension flüchtete. Die Mutter wird als eine flatterhafte, eitle, vergnügenssüchtige Frau geschildert, welche die Kinder ihrem Schicksal weitgehend überläßt. Für sie bedeuten Mann, Schwester des Mannes und Kinder einen ihre Lebensfreude störenden, lästigen Anhang, den sie nach Möglichkeit meidet.

Da die Bemühungen das Milieu zu ändern, durch die Verstrickung von Abhängigseinmüssen und -wollen der Erwachsenen wenig Erfolg versprechen, muß versucht werden, Georg in einem Schülerheim unterzubringen; denn es erscheint nun doch fraglich, ob er bei den massiven häuslichen Belastungen den Anforderungen des Gymnasiums auf die Dauer wird genügen können, ganz zu schweigen von den sonstigen Schäden, die dieses Milieu verursachen könnte. Da die Familie einen gewissen Familienstolz besitzt, dringt kaum etwas nach außen, so daß die „Familie in Tieren“ hier entlarvend wirkte.

b) Die bewundernde und die teilnahmslose Familie

Manches Kind wird von der ganzen Familie in übermäßiger Weise anerkannt, sei es aufgrund besonderer äußerer Vorzüge, einer außergewöhnlichen Begabung oder aber durch die Stellung in der Geschwisterreihe (Ältester – Nesthäkchen, Bub unter Mädchen – Mädchen unter Buben). Das Kind neigt dann dazu, in die Rolle des „Mittelpunktkindes“ mit den aufgezeigten Fehlhaltungen zu gleiten.

Ebenso kann die teilnahmslose oder ablehnende Familie, die ein Kind zu wenig beachtet, weil vielleicht ein anderes Kind die Vorrangstellung innehat, jenes in die Randposition des „peripheren“ Kindes treiben.

Fallbesprechung 20

Beratungsgrund: Die Lehrerin äußert über die zwölfjährige Ursula: „Ein verwöhntes, verspieltes Kind, das sich nie anstrengt und nur auf dem Wege der Täuschung sich Erfolg verschafft.“ Sie sollte einen Tadel zu Hause unterschreiben lassen und fälschte die Unterschrift.

1) Der scharfe, unabgesetzte, sichere Strich deutet auf ein impulsives Kind, das unbekümmert seinen motorischen Antrieben folgt, trotzdem aber um intellektuelle Verarbeitung bemüht ist.
2) Katze (Ursula), Storch (Mutti), Giraffe (Vati), Rabe (Bruder), mit dieser Reihenfolge betont Ursula sich selbst und den Bruder.
3) Die Familie wird mit verschiedenen Tieren dargestellt, Katze und Vogel sind feindliche Tiere.
4) Der Rabe-Bruder ist im Verhältnis zu den anderen sehr groß dargestellt.
5) Ursula befindet sich in der Mitte, die Familie ist um sie herum gruppiert. Diese Gruppierung deutet auf eine Mittelpunktstellung Ursulas hin.
6) Die Haltung der Katze ist betont breitbeinig. Mutter, Vater und Bruder schauen auf die Katze.
7) *Katze (Ursula)*
   Sie ist einmal schmeichlerisch und anhänglich, das anderemal grausam und scheinheilig.
   Storch (Mutti)
   Der Storch ist beides: Majestätisch und eingebildet.
   Giraffe (Vater)
   Sie wird als verträglich und neugierig bezeichnet.
   Rabe (Bruder)
   Der Rabe ist klug, aber auch frech und zänkisch.

8) Ursula scheint anerkannter Mittelpunkt der Familie zu sein. Sie hat sich besonders sorgfältig gezeichnet und ihre Haltung drückt Selbstgefälligkeit aus. Zwischen ihr und dem Bruder scheint, wenn man an die Beziehung zwischen Rabe und Katze denkt, Feindschaft zu bestehen. Die Katze jagt und frißt den Vogel. Ursula stellt sich als Sieger dar; als Katze kann sie sich die Gunst der Eltern erschmeicheln. Ursulas Schulschwierigkeiten hängen vermutlich eng mit ihrer Stellung innerhalb der Familie zusammen. Sie wird nicht geübt haben, sich durch Anstrengung, Anerkennung zu erringen. Ihre „Täuschungsversuche" entspringen der Tendenz, ihre bevorzugte Stellung auf jeden Fall zu halten.

Tatsächlich ist Ursula Liebling ihrer Eltern, besonders des Vaters. Der drei Jahre ältere Bruder ist der „schwarze Rabe", er wehrte sich von Anfang an dagegen, daß die kleine Schwester bevorzugt wurde. Die Feindschaft der Geschwister ging soweit, daß der Bruder mit zehn Jahren in ein Internat gegeben wurde. In den Ferien „rächt" er sich dann an der Schwester dafür, daß er nicht zu Hause sein darf. Die „Familie in Tieren" überzeugte die Eltern von der Wirkung ihrer allzu verwöhnenden Erziehung mehr als alle Worte.

Fallbesprechung 21

Beratungsgrund: Die vierzehnjährige Helga besucht die Dorfschule. Die Eltern – Vater ist Hilfsarbeiter – sind der Meinung, das Kind sei zu schade für eine Lehre, sie solle die Realschule in der Stadt besuchen. Die Lehrerin dagegen befürchtet, daß Helga sich in der Realschule nicht wird durchsetzen können, weil sie „sich zwar was Besseres als die Dorfkinder dünkt, aber nicht genügend einsatzfreudig ist. Sie ist unnatürlich, geziert, schweigsam und immer für sich allein", schreibt die Lehrerin.

1) Die Strichführung ist bei allen Familienmitgliedern die gleiche. Der tonige Strich deutet auf Beweglichkeit, Ansprechbarkeit und auf eine mit Urspünglichkeit und Sinnenfreude gepaarte Anschauungskraft hin. Die sichere, abgesetzte Linienführung vermittelt den Eindruck eines gesunden, zur Besinnlichkeit und Beherrschtheit neigenden Mädchens. In der Schattierung werden Lebensnähe und zeichnerisches Können sichtbar.
2) Rehbock (Vater), Rehkitz (Bruder), Reh (Helga), (Mutter), (Schwester), Vater und Schwester werden betont.
3) Die Darstellung der Familie mit gleichen Tieren läßt die Vermutung zu, daß Helga die Familie als Verband erlebt.
4) Die Gruppierung drückt ein harmonisches Familienidyll aus, alle haben ein und denselben „Weideplatz". Helga befindet sich in der Mitte.
5) Das Größenverhältnis der Tiere ist dem Alter des jeweiligen Familienmitglieds entsprechend.
6) Der Vater schaut der Familie zugewandt, wachend in die Ferne, während Mutter und Schwester, mehr von außen kommend, sich mit ihren Blicken und ihrer Haltung Helga zuwenden. Der kleine Bruder steht noch nicht, sondern liegt im Grase, Helga befindet sich inmitten der Familie, wendet aber den Blick zum Boden als suche sie dort etwas. Ihre Haltung drückt Besinnlichkeit aus.

7) *Reh (Vater, Mutter, Bruder, Helga, Schwester)*
Die Rehfamilie verkörpert echte Geborgenheit. Das Reh selbst ist ein beliebtes Tier des Waldes, anmutig, geschmeidig, aber auch ängstlich, scheu, fluchtbereit.
8) Helga befindet sich in der Mitte, alle – bis auf den kleinen Bruder – schauen auf sie. Vielleicht erweckt sie gerade dadurch, daß sie in sich gekehrt erscheint, die erhöhte Aufmerksamkeit. Wenn man an den Beratungsgrund denkt, dann ist wahrscheinlich, daß Helga schon früh erfuhr, daß sie durch diese unkindliche Haltung die Aufmerksamkeit sowohl in der Familie als auch unter den Dorfkindern am sichersten errang. Es ist möglich, daß auf diese Weise wertvolle Kräfte, die sie zur aktiven Bewältigung hätten einsetzen können, gebunden wurden, um von Kindheit an eine „Haltung" aufzubauen.

Helgas Eltern kamen als Flüchtlinge in ein niederbayerisches Dorf, als Helga gerade vier Jahre alt war. Sie konnte sich mit ihrer hochdeutschen Sprache nicht verständigen; der älteren, robusteren Schwester gelang die Anpassung mühelos, der kleine Bruder wurde erst in Bayern geboren. Helga zog sich in sich zurück und blickte von oben herab auf die Dorfkinder, die ihr das Leben schwer machten. Das Lernen fiel ihr leicht, sie brauchte sich nicht anzustrengen. Besonders darüber sind die Eltern sehr stolz und sehen in Helga etwas Außergewöhnliches. Der Vater äußerte: „Sie ist von uns die Feinste und die Gescheiteste; mit einem solchen Verstand hätt' ich's auch weitergebracht." Helga lebte sich in eine unechte, unkindliche Haltung hinein; die robuste Durchsetzung entsprach ihr nicht. Aufgrund des Befundes scheint sie für eine Lehre weniger geeignet als für den Realschulbesuch. Sie wird vielleicht in neuem Milieu lernen, ihre guten Fähigkeiten (siehe Strichcharakter) sinnvoll einzusetzen. Man muß ihr dabei behilflich sein, eine neue produktivere „Lebensleitlinie" zu entwickeln.

Fallbesprechung 22

Beratungsgrund: Die zehnjährige Brigitte ist nach Aussagen der Lehrerin und der Eltern „gehemmt". In der Schule sitzt sie, an ihren Nägeln beißend, abwesend da und spricht nur auf Aufforderung; von selbst meldet sie sich nicht. Anfangs ist sie meist verlegen, errötet und stottert. Nachts schreit sie oft auf.

1) Der vorwiegend zarte, bisweilen tonige Strich wird abgesetzt und unabgesetzt geführt. Er deutet auf Empfindsamkeit und einen gefühlsmäßigen Verarbeitungsversuch hin. Selbstkontrolle verhilft zur Abschirmung von Konflikten.
2) Ente (Brigitte), Löwe (Bruder), Biene (Mutter), Hase (Vater)
Brigitte betont dadurch, daß sie sich zuerst zeichnet, ihren Wert.
3) Die Familie wird mit verschiedenen Tieren dargestellt, die keine Beziehung zueinander haben.
4) Der Löwen-Bruder ist im Verhältnis zu den anderen klein dargestellt.
5) Die Familie bildet keine harmonische Gruppe. Mutter und Bruder sind einander zugewandt, während der Vater, ihnen zugehörig, in ein Buch vertieft ist. Von allen getrennt – im Wasser lebend – befindet sich Brigitte. Da die anderen keine Wassertiere sind, ist sie unerreichbar abgetrennt.

6) Ente-Brigitte schwimmt, sich den Wellen überlassend dahin; der Löwe wirkt durch die stehenden Ohren und den aufgerichteten Schwanz munter und in Bewegung; die Biene fliegt den Waben zu und der Hase mit Brille versehen, in gerader Haltung sitzend, erscheint ganz abgeschirmt und konzentriert.
7) *Ente (Brigitte)*
Sie wird als arglos und gutmütig, aber auch als gierig und streitsüchtig erlebt.
Löwe (Bruder)
Der Löwe ist beides: königlich-selbstbewußt und grausam-gefährlich.
Biene (Mutter)
Sie dient fleißig und honigspendend; stechend und saugend dagegen ist sie menschenfeindlich.
Hase (Vater)
Der Hase ist das allbeliebte Frühlingstier, anmutig und harmlos; wegen seiner Feigheit wird er auch verachtet.
8) Die Isolierung Brigittes von den übrigen – niemand schaut zu ihr hin, obwohl sie ihr Federkleid besonders schön zeichnete –, die bienenhafte Emsigkeit der Mutter, die in sich gekehrte, konzentrierte Lesehaltung des Vaters lassen vermuten, daß sich Brigitte von der Familie nicht genügend beachtet fühlt und in ihrem eigenen Bereich ein Sonderdasein führt. Der kleine Bruder wird, als Löwe dargestellt, vielleicht am mächtigsten erlebt. Ob sich Brigitte als „häßliches Entlein" fühlt? Bedenkt man den Beratungsgrund, so kann man aufgrund der Zeichnung vorerst annehmen, daß Brigitte mit ihrer Stellung innerhalb der Familie unzufrieden ist und sich nach Kontakt und Anerkennung sehnt. Viellicht verschärft die dominierende Stellung des Bruders noch ihr Alleinsein. Sie scheint ihren Kummer weder mit der Mutter noch mit dem Vater besprechen zu können. Vermutlich sammeln sich Aggressionen an, die sich unbewußt im Fingernägelbeißen ein Ventil suchen. Ihre „Gehemmtheit" wird mit der erlebten Isolierung und dem Wunsche, durch besonders gute Leistungen aufzufallen, zusammenhängen.

Der Vater Brigittes ist Schriftleiter und arbeitet Tag und Nacht; die Mutter – Kindergärtnerin – leitet eine große Praxis. Der sechsjährige Bruder wird als Stammhalter von allen besonders geliebt; er tyrannisiert bereits die Familie. Ein Familienleben im eigentlichen Sinne gibt es nicht. Ihre Freizeit widmet die Mutter ausschließlich ihrem Jüngsten.

Brigitte wird seit der Geburt des Bruders in die Rolle der „Großen" gedrängt. Von ihr wird alles als selbstverständlich hingenommen; die Eltern selbst, hart in der Arbeit stehend, übersehen völlig, daß sie noch ein Kind ist.

In mehreren Beratungen wird den Eltern einsichtig gemacht, daß sie zwei Kinder haben, die beide in ihrer Eigenart geachtet und geliebt sein wollen. Brigitte dürfte ihr „Großsein" nicht nur als Verpflichtung, sondern auch als Vorzug erleben. Der Entwicklung des Bruders kann eine gerechte, das heißt jedem Kind gemäße Behandlung, auch nur von Nutzen sein. Da sich die Fehlhaltung schon jahrelang eingefahren hat, wird Brigitte in einer spieltherapeutischen Behandlung zur Verarbeitung und Bewältigung geführt werden müssen.

Fallbesprechung 23

Beratungsgrund: Der neunjährige Helmut ist ein „Klassenkaspar", in seiner Umgebung ist ständig Unruhe. Sobald ihn der Lehrer aus den Augen läßt, schneidet er Grimassen und macht Unfug. Er wirkt anmaßend und selbstsicher. Es ist zu fragen, ob er sich aus Übermut oder aus Selbstunsicherheit so betont in den Vordergrund spielt.

1) Der feste, unabgesetzte, etwas unsichere Strich deutet auf starke Antriebe, eine mehr im Gefühl versuchte Verarbeitung und auf gelegentliche Störungen des Bewegungsablaufs durch ein kritisierendes Bewußtsein hin. Der unsichere Strich entspringt der Diskrepanz zwischen überwachender Überlegung und unwillkürlichen Impulsen. Die unterschiedliche Schattierung von Vater (mit scharfem Strich) und Mutter (mit zartem Strich) zeigt eine differenzierte Erlebnisweise an.
2) Schmetterling (Helmut), Raupe (Vater, Mutter)
   Helmut beginnt mit sich und betont damit seinen Eigenwert.
3) Die Familie wird zwar mit gleichen Tieren, aber in verschiedenen Entwicklungsstadien dargestellt.
4) Die Gruppierung ist insofern auffällig, als Helmut, sich voranstellend, in stereotypem Nebeneinander jedem seinen abgegrenzten Raum zubilligt. Sein Lebensraum ist am größten.
5) Die Größenverhältnisse entsprechen der Wirklichkeit.
6) Während Vater und Mutter ein „Puppendasein" führen und keine Individualitäten sind, ist Helmut „fertig"; er paßt schon nicht mehr ganz in sein Feld.
7) *Schmetterling (Helmut)*
   Dieses farbenprächtige, gaukelnde Frühlingstier wird als flatterhaft und empfindlich erlebt.
   Raupe (Vater, Mutter)
   Die Raupe wird als zart und seidenspinnend, aber ebenso als gefräßig, langweilig und schädlich empfunden.
8) Seine eigene Vorrangstellung, die Isolierung und der Charakter des Schmetterlings deuten darauf hin, daß Helmut seinen Wert besonders betonen muß, weil er sich vielleicht unbeachtet und nicht einbezogen fühlt. Die Fehlhaltungen geben Hinweise dafür, daß die vorhandenen starken Antriebe (siehe Strichcharakter) weder mit dem Gefühl verarbeitet, noch vom Verstande zur Leistungssteigerung verwendet werden können; es scheint ihm die notwendige Sicherheit, das Ruhen in der Anerkennung der Eltern zu fehlen. Die Antriebe verpuffen sich in dauernden Störversuchen, um unbewußt wenigstens auf diesem Wege in der Schule Beachtung zu finden. Die Überbewertung seines Wertes auf Kosten der Eltern, die er herabsetzt (Schmetterling-Raupe) entspringt ebenfalls dem Streben, selbst besonders viel darzustellen.

Beide Eltern sind berufstätig (das heißt, sie führen gemeinsam eine eigene Bäckerei) und überlassen ihren Einzigen dem Personal. Äußerlich gesehen, ist Helmut sehr verwöhnt und darf sich zu Hause entsprechend aufspielen. Er wird sich trotzdem nicht genügend zugehörig fühlen, außerdem wird für ihn das Schulklima mit seinen Anforderungen und seiner Gleichschaltung der Kinder ungewohnt sein. Man muß den Eltern verständlich machen, daß die beste materielle Versorgung nicht die erforderliche Beachtung des Kindes ersetzen kann. Diese Beachtung besteht darin, daß sie liebevoll auf ihn eingehen und zugleich altersentsprechende Anforderungen an ihn stellen.

c) Der nachgiebige und der despotische Vater

Die enge Beziehung zwischen Fixierung eines Kindes an die *Machtthematik* und dem erlebten Vaterbild wurde bereits betont:

Ein allzu nachgiebiger Vater gefährdet die Entwicklung der aktiven Kräfte der Lebensbewältigung des Kindes ebenso wie ein despotischer Vater; welcher zugleich Diktator, absoluter Herrscher und Tyrann ist. (Bewußt wird an dieser Stelle die mögliche ausgleichende Rolle der Mutter außer acht gelassen.) In beiden Fällen kann das Kind nicht – wie es eigentlich sein sollte – in der Familie Formen der Auseinandersetzung üben. Das Kind wird, je nach seiner konstitutionellen Anlage, auf die väterliche Haltung reagieren. Bei einem allzu nachgiebigen Vater kann es ebenfalls von vornherein die Mitwelt stärker erleben und ihr entsprechend ausweichen oder aber beim ersten Unterlegenheitserlebnis kompensatorisch Gegenkräfte mobilisieren. Die gleichen Möglichkeiten ergeben sich durch das Einwirken eines despotischen Vaters, er kann im Kinde Unterwerfungstendenzen hervorrufen oder aber Auflehnungs- und Abwehrstellung aktivieren. Die Hintergründe zu einem nachgiebigen oder despotischen Verhalten des Vaters werden hier absichtlich nicht näher beleuchtet, da unsere Betrachtung die Wirkung der väterlichen Haltung auf das Kind aufzeigen sollte.

Fallbesprechung 24

Beratungsgrund: Die zwölfjährige Beate leidet an „Nervosität", „Konzentrationsschwäche", „Unordentlichkeit" und „Willensschwäche".

1) Der vorwiegend tonige, abgesetzte und unabgesetzte Strich deutet auf Ursprünglichkeit und Gefühlsaufgeschlossenheit, aber auch auf ein Pendeln zwischen unbekümmertem Sichgehenlassen und einer anscheinend im Vitalen begründeten vorzeitigen Ermüdbarkeit hin.
2) Kater (Vater), Reh (Mutti), Einhorn (Beate), Stier (Mami)
Der Vater erfährt eine besondere Betonung.
3) Verschiedene Tiere bringen ein uneinheitliches Familienklima zum Ausdruck.
4) Der Vater thront mächtig über allen. Zwischen Mami und Beate – wenn auch außen stehend – die Mutti.
5) Der Vater ist um ein Vielfaches vergrößert, ebenso ist die Mutti im Verhältnis zur Mami viel zu groß.
6) Der Vater – zigarettenrauchend – wirkt durch seine geöffneten Augen trotz seiner „Aufgeblasenheit" gutmütig und vertrauenerweckend. Die Reh-Mutti steht auf zarten Beinen und schaut mehr nach unten. Beate existiert gar nicht wirklich, sie ist ein Märchentier. Das Horn ist zum Stoß nach oben gerichtet,

das Einhorn selbst schreitet voran. Der Stier hat den Kopf zuwartend gesenkt, die Hörner sind klein und ungefährlich. Er steht auf festen Füßen.

7) *Kater (Vater)*
Der Kater ist schmeichlerisch, verspielt, anhänglich, aber auch falsch, hinterlistig, naschhaft.
Reh (Mutti)
Geliebt und geehrt wegen seiner Anmut, Zartheit, Seltenheit ist es trotzdem ängstlich und scheu und meidet den Menschen, stets zur Flucht bereit.
Einhorn (Beate)
Ein Märchentier, wild und scheu und stark.
Stier (Mami)
Ein männliches Tier, kraftstrotzend, arbeitsam, aber gefährlich durch seine Sturheit, Reizbarkeit und Unberechenbarkeit.

8) Bei der Gesamtbetrachtung des Bildes ist besonders auffällig der übermächtige Vater, zu dem aufgrund der gemütlichen Art der Darstellung eine besondere Gefühlsbeziehung zu bestehen scheint. Zwischen ihm und Beate steht aber die Mami, so daß Beate keinen unmittelbaren Kontakt zu ihm aufnehmen kann. Eine zweite Mami schiebt sich noch dazwischen, ob sie den Abstand zum Vater noch einmal vergrößert oder aber eigentlich zu Beate gehört, muß dahingestellt bleiben; allerdings ist der Reh-Charakter mehr weich-verbindend als aktiv-trennend. Der Vater scheint nachgiebig-gemütvoll und keineswegs „männlich" zu sein. Dieses Vaterbild könnte bei Beate auf die Entwicklung der willentlichen Bewältigung von Aufgaben einen ungünstigen Einfluß ausgeübt haben und ihr das Ausweichen nahelegen. Beate „wählt" für sich ein Märchentier, was den Verdacht nahelegt, daß sie sich aus der Wirklichkeit in eine irreale Welt flüchtet und ihren eigentlichen Platz in der Welt noch nicht gefunden hat. Auch die Beziehung zum Mitmenschen scheint gestört zu sein. Dieser Rückzug aus der Wirklichkeit wird eine Antwort auf ihre als schwierig erlebte Familienatmosphäre sein und ebenso der Schlüssel für ihre sogenannte Konzentrationsschwäche.

Beates Eltern wurden vor sechs Jahren geschieden. Der Vater heiratete sehr schnell wieder und nahm das Kind zu sich. Bis zum heutigen Tage weiß Beate nicht, daß ihre Eltern geschieden sind. Der Vater war bisher trotz der eingegangenen Scheidung nicht imstande, sich wirklich von seiner ersten Frau zu lösen und klärte aus diesem Grunde das Kind nicht auf. Beate empfindet die „Mami" als Eindringling. Die jetzige Frau des Vaters (Mami) ist eine sehr resolute, überordentliche Frau, die gegen die weiche, sensible, mehr künstlerische Art ihres Mannes und des Kindes mit allen Mitteln anzugehen versucht. Sie fürchtet in der heiteren lockeren Zuwendung zum Leben den „sittlichen Verfall". Die richtige Mutter des Kindes ist Tänzerin. Beate möchte Tänzerin werden und flüchtet sich vor den strengen Anforderungen der Stiefmutter in Märchen und Phantasien, träumt am hellen Tage und vergißt die wichtigsten Dinge. Die „Familie in Tieren" gab für die Beratung wichtige Hinweise. Während die Eltern Beate für nur sorglos-träumend, von allem unberührt hielten, wurde mit Sicherheit ein Zusammenhang zwischen Fehlhaltung, erlebtem Vaterbild und ungeklärter Familiensituation festgestellt.

Fallbesprechung 25

Beratungsgrund: Renate macht nach Angaben der Lehrerin größte Erziehungsschwierigkeiten. Sie soll „gassenfrech und mürrisch sein" und außerdem „ständig maulen". Sie verträgt sich mit den anderen nicht, sondern tyrannisiert die Schwächeren.

1) Sowohl im Strichcharakter, als auch in der Strichführung besteht große Variabilität, welche sich bei genauem Hinsehen als differenziert angepaßt erweist (Schnabel, Krallen, Geweih sind scharf gezeichnet; Gefieder, Flossen, Schneckenhaus mit zarten Strichen gezogen). Renate ist zu einer adäquaten Ausdrucksgestaltung fähig und beweist damit Anpassungsvermögen. Das gleichzeitige Auftreten von Konturierung und Schattierung läßt auf ein ausgeglichenes Beteiligtsein von Gefühl und Verstand schließen.
2) Reh (Mutter), Rabe (Rosalinde), Fisch (Vater), Schnecke (Renate)
3) Die Familie wird mit verschiedenen Tieren dargestellt, die zueinander fast keine Beziehung haben.
4) Das Reh ist im Verhältnis zu den anderen Tieren zu klein gezeichnet.
5) Fisch und Schnecke, Rabe und Reh sind jeweils auf einer Ebene dargestellt.
6) Das Reh schaut starr und unbeteiligt geradeaus, während der Rabe mit spitzem Schnabel angriffsbereit nach unten stoßen will; davon unberührt, schwimmt der Fisch links aus der Mitte des Bildes. Die Schnecke wirkt nicht allzu zart, sie hat ihre Fühler starr wie Pfeile nach oben in Richtung des Raben gestreckt.
7) *Reh (Mutter)*
   Das Reh ist anmutig, lieblich, aber auch ängstlich und scheu.
   Rabe (Rosalinde)
   Der Rabe ist klug und weise, doch unheilverkündend. Er wird als frech, zänkisch und „stehlerisch" bezeichnet.
   Fisch (Vater)
   Er ist ein geheimnisvolles Tier; stumm, empfindlich, kalt und schuppig.
   Schnecke (Renate)
   Sie wird als feinfühlig, zurückhaltend und als schleimig, empfindlich erlebt.
8) Das Bild vermittelt den Eindruck, daß sich Renate mit dem Vater verbunden fühlt; denn Schnecke und Fisch haben die Empfindsamkeit und Kühle gemeinsam. Die Zeichnung der Schwester als Rabe läßt eine negative Einstellung zu dieser vermuten. Es scheint, als fühle sich Renate durch die Schwester (Rabe-schwarz) empfindlich bedroht. Der Fisch geht aber dem Geschwisterzwist aus dem Wege und schwimmt davon. Er bietet keinen väterlichen Schutz; er wird der Situation nicht gewachsen sein. Dieses Erlebnis der bedrohlichen Schwester und des nachgiebigen Vaters könnte in Renate Angriffskräfte lösen, die sich ungesteuert und massiv auswirken, weil das Vorbild für eine aktive Auseinandersetzung mit der Umwelt in Gestalt eines eingreifenden, ordnungschaffenden Vaters fehlt. Damit sind die obengenannten Symp-

tome mit der in der Zeichnung dargestellten Familienatmosphäre ursächlich zusammengebracht.

Die Ehe ist nicht gut, die Mutter scheint die Stärkere zu sein. Sie bevorzugt Rosalinde, Renate gegenüber ist sie besonders streng. Renate berichtet: „Die Mutter mag uns fast gleich, die Rosalinde ein bisserl lieber, die darf mich immer verklagen. Aber der Vater mag nur mich, mir bringt er immer was mit, der Rosalinde nie; wenn wir streiten, mischt er sich aber nie ein, er ist uns nie böse." Die beiden Schwestern befinden sich in einem ständigen Rivalitätskampf, den die Eltern durch die unterschiedliche Behandlung der Kinder schüren. Der Vater leidet unter diesem Zustand, ist aber viel zu nachgiebig und nachsichtig, um erfolgreich einzugreifen. Renates Erziehungsschwierigkeiten werden größtenteils dadurch verursacht, daß sie die häusliche Situation auch auf die Schule überträgt und unbedingt tonangebend und „oben" sein will. In erster Linie muß die Geschwisterrivalität gemildert werden, was vor allem dadurch geschieht, daß die Eltern ihre Töchter einigermaßen gleich behandeln. Die Beratungen werden sich schwierig gestalten, weil die Fehlhaltungen des Kindes ihre eigentliche Ursache im Ehekonflikt der Eltern haben.

Fallbesprechung 26

Beratungsgrund: Der elfjährige Claude schwankt zwischen Lahmheit und Wutausbrüchen hin und her.

1) Die Strichqualität ist druckschwach bis druckstark und schmal bis breit, so daß auf Unentschiedenheit, Reizbarkeit bei überwiegender Gefühlsbestimmtheit geschlossen werden kann. Da die Strichführung ebenfalls wechselnd, bald sicher, bald unsicher ist, sind sowohl Unbekümmertheit als auch Bremsung zu vermerken. Für das letztere spricht auch die Konturierung.
2) Huhn (Mutter), Hahn (Vater), Küken (Claude)
3) Die Familie wird mit gleichen Tieren dargestellt und vermutlich als zusammengehörig erlebt.
4) Hahn-Vater steht auf Huhn-Mutter; Claude befindet sich unter der Mutter.
5) Das Größenverhältnis der Tiere ist wirklichkeitsangepaßt.
6) Die Mutter scheint unter der Last des Vaters den Kopf gesenkt zu haben und schaut auf Claude; der Vater hat eine stolze, aufrechte Haltung, seine scharfen Krallen sind in die Mutter gehakt; Claude hat den Schnabel offen und wirkt hilfsbedürftig und unfertig.
7) *Huhn (Mutter)*
   So recht das Inbild der liebeschenkenden, fürsorglichen Mutter, kann es auch streit- und eigensüchtig sein.
   Hahn (Vater)
   Väterlich und stolz, aber auch eingebildet und kampflustig ist er ein männliches Tier.
   Küken (Claude)
   Das Küken ist das schlechthin Kleine, Harmlose, Schutzbedürftige.
8) Die Wahl der Tiere, die Haltung des Hahns und die Gruppierung der Tierfa-

milie weisen auf einen dominierend, despotisch dargestellten Vater hin. Das zarte, duldende Huhn und das kleine hilfsbedürftige Küken stehen in krassem Gegensatz zu dem in aufrechter Haltung stehenden und mit scharfen Krallen versehenen Vater. „Claude schwankt zwischen Lahmheit und Wutausbrüchen"; es ist zu fragen, ob der Einfluß des Vaterbildes ihn bald zur hilflosen Passivität, bald zum trotzigen Auflehnen verleitet. Strichcharakter und Strichführung deuten an, daß Claude über beide Möglichkeiten verfügt; er scheint sich mit der Mutter solidarisch zu fühlen; denn nach der Zeichnung zu urteilen, sind sie beide in gleicher Weise dem Vater ausgeliefert.

Claude wuchs in einem unbeständigen häuslichen Klima auf, das von Vernachlässigung und Verwöhnung bestimmt wurde. Am Vaterbild konnte sich der Bub in den ersten Lebensjahren nicht orientieren, weil der Vater zunächst in Krieg und Gefangenschaft war. Dann folgten familiäre Spannungen, die mit der Trennung der Ehe endeten. Claude erlebte die Rückkehr des Vaters als Einbruch in ein friedliches harmonisches Dasein. Durch Claudes zarte Konstitution war von Anfang an der Weg geebnet, sich in der Rolle des schutzbedürftigen, kleinen Kindes wohlzufühlen. Besonders aber durch das „männliche" Auftreten des Vaters bestimmt, versuchte er auf jede Weise die Fürsorge der Mutter als Schutzwall um sich zu festigen. Die Mutter kommt diesem Verlangen entgegen, indem sie in Claude ihren „einzigen Lebensinhalt" sieht. Die Besuche des Vaters bedeuten Störung und Unfriede; der Vater beanstandet insbesondere die verwöhnende Erziehung des Kindes und macht sowohl der Mutter als auch Claude die heftigsten Vorwürfe, droht mit Internatsunterbringung und würde am liebsten in wenigen Stunden aus Claude einen Mann machen.

Das wechselhafte Verhalten Claudes hängt zweifellos eng mit der Unvereinbarkeit seines „Kükenseins" mit seinem Vaterbild zusammen.

Die Beratungen zielen dahin, Claude vorsichtig aus der Umklammerung durch die mütterliche Bindung zu lösen, um ihm damit den Weg zur Selbständigkeit und „Männlichkeit" zu ebnen; diese Entwicklung müßte vom Vater durch Güte gefördert und nicht durch Tyrannei verhindert werden.

Fallbesprechung 27

Beratungsgrund: Die fünfzehnjährige Daniela – Oberschülerin – wird immer aufsässiger und verschlossener. Die Leistungen sinken rapide; es muß entschieden werden, ob ein weiterer Schulbesuch sinnvoll ist.

1) Der vorwiegend tonige, bisweilen druckstarke, abgesetzte und unabgesetzte Strich deutet auf Ursprünglichkeit und Gefühlsaufgeschlossenheit, aber auch auf ein Pendeln zwischen unbekümmertem Sichverausgaben und willentlicher Überwachung hin.
2) Papagei (Mutter, Daniela, Vater)
3) Zur Darstellung werden gleiche Tiere gewählt; vermutlich wird die Familie als Einheit erlebt.
4) Die Familie sitzt eng beieinander.
5) Die Größenverhältnisse entsprechen dem Alter.

6) Der Vater schaut in aufgeplusterter Haltung, erhobenen Hauptes auf Mutter und Kind herunter. Die Mutter, etwas zusammengeduckt, auf das Kind blikkend, hält schützend die Tochter im Arm. Beide, Mutter und Tochter, vergießen „dicke“ Tränen.
7) *Papagei (Mutter, Daniela, Vater)*
Der Papagei wird als gelehrig, klug, aufmerksam einerseits, aber auch als vorlaut, eitel und bissig andererseits erlebt.
8) Das Bild vermittelt einen klaren, erschütternden Einblick in die Familiensituation. Der Vater scheint ein tyrannisches Regiment zu führen und in selbstgerechter Weise den Gebieter zu demonstrieren. Mutter und Tochter bilden eine innige Einheit; beide sind traurig und bekümmert.

Tatsächlich bestimmt allein der Vater; keine Widerrede duldend, betont er häufig: „Einer muß Herr im Hause sein!“ Er hatte sich als Stammhalter einen Sohn gewünscht und verzeiht seiner Frau und Tochter diese Enttäuschung nicht.

Die Tochter leidet derartig unter den häuslichen Spannungen, daß es ihr, trotz besten Bemühens nicht gelingt, sich zu konzentrieren.

In diesem Falle scheint die Internatsunterbringung des Mädchens die beste Lösung zu sein, um so einmal Abstand zu den massiven häuslichen Konflikten zu schaffen und eventuell eine entscheidende Konfrontation der Eltern zu ermöglichen.

Fallbesprechung 28

Beratungsgrund: Der dreizehnjährige Hans gilt als lahm, interesselos und dumm. Vor kurzem warf er einer mit der Mutter befreundeten Frau einen Zettel in den Briefkasten, auf den er geschrieben hatte: „Frau X ist eine Drecksau.“ Die Mutter bekam, als sie davon erfuhr, einen Herzanfall. Nach eigenen Angaben schlug sie ihn zur Strafe „halbtot“. Nachts wirft sich Hans so sehr umher, daß er angebunden werden muß.

(Eine psychiatrische Untersuchung ergab Schwachsinn, vermutlich aufgrund einer Hirnhautentzündung. Für die „nervösen“ Symptome brachte die neurologische Untersuchung keine Anhaltspunkte.)

1) Der vorwiegend breite, sichere Strich weist auf ein Sichgehenlassen und ungenügende Selbstkritik hin. Die unabgesetzte Strichführung verstärkt noch den Eindruck der mangelnden Selbstkontrolle. Im Ausfüllen der Fläche zeigen sich, neben Perseverieren, Schattierung bis tonige Schwärzung: beides weist auf eine Vorherrschaft des Gefühls über den Verstand hin.
2) Tiger (Mutter), Tiger (Hans)
3) Mutter und Sohn sind als gleiche Tiere dargestellt.
4) Hans liegt im Gras, die Mutter geht auf ihn zu, zwischen beiden steht ein Baum mit dünnem Stamm.
5) Das Größenverhältnis ist entsprechend.
6) Hans liegt geduckt, zur Mutter hinschauend, im Gras; die Mutter geht mit fletschenden Zähnen und scharfen Krallen auf ihn zu.
7) *Tiger (Mutter, Hans)*
Er wird stark, königlich, aber auch reizbar und grausam erlebt.
8) Es ist zu vermuten, daß Hans die Mutter als gefährlich und übermächtig er-

lebt. Völlig ausgeliefert, preisgegeben, scheint ihm nichts anderes übrig zu bleiben, als passiv, abwartend das „Unheil" auf sich zukommen zu lassen. Der Baum soll den ersten Anprall abhalten, wird aber das drohende Hereinbrechen der Gewalt nicht verhindern können; denn die Tiger- Mutter ist viel mächtiger als der Baum. In diesem Fall scheint die Mutter die Rolle des „despotischen Vaters" zu spielen.

Die Mutter ist über ihren Sohn – sie hat noch zwei ältere Töchter – bitter enttäuscht. Der Vater fiel im Krieg. Während Hans das Sprechen spät und dann noch unvollständig erlernte, war er bereits mit einem Jahr sauber. Die Mutter muß die „Dressur" mit großer Strenge durchgeführt haben. Gebockt und getrotzt habe Hans nie, so etwas dulde sie bei ihren Kindern nicht, versicherte die Mutter; Hans hatte nie Beziehungen zu anderen Kindern, er wurde immer geschlagen und verspottet. In der Schule kam er nicht voran; die Mutter glaubt, es sei Faulheit, denn so dumm könne er auch wieder nicht sein, wie er sich anstelle. Nur Schläge mit dem Stock bewirkten, daß er überhaupt etwas tue, sonst döse er den ganzen Tag. Die Mutter versicherte, die Schläge seien ihm völlig gleichgültig. Sein passives Unbeteiligtsein treibe sie immer noch mehr in Wut.

Die Aussage der Zeichnung konnte gut in die Beratung einbezogen und in der Mutter vom Bilde her ein Gefühl für ihre tyrannische Erziehungsweise geweckt werden. Sie mußte erkennen, daß durch die Strenge und Überforderung dem Buben nur der sogenannte „Totstellreflex" übrig bleibt, und daß sein vermeintliches Phlegma vor allem Notwehr ist.

Der Erfolg einer psychologischen Behandlung

Die „Familie in Tieren" dient – wie gesagt – vor allem der psychologischen diagnostischen Erhellung; häufig führt das Zeichnen auch im Kinde zu einer heilsamen Entlastung; schließlich – und dies ist nicht verwunderlich – gibt der Vergleich zwischen Zeichnungen eines Kindes, welche vor, während und nach einer psychologischen Behandlung angefertigt wurden, Einblick in den Heilungsprozeß.

Fallbesprechung 29a

Behandlungsgrund: Der zehnjährige Luitpold versagt in der 3. Klasse der Volksschule vor allem im Rechtschreiben; Eltern und Lehrer beklagen sich über sein „faules, langsames, interesseloses" Verhalten.

1) Der tonige, unabgesetzte, unsichere Strich deutet auf breite Gefühlshaftigkeit, Selbstunsicherheit und eine Neigung zum Sichgehenlassen hin.
2) Kuh (Felicitas), Ente (Papa), Mutter (Schlange), Kamel (Luitpold)
Die gewählte Reihenfolge verrät, daß Luitpold die Schwester sehr wichtig einschätzt, sich selbst gegenüber aber unsicher und unentschieden ist.
3) Die Familie wird mit verschiedenen Tieren dargestellt, wobei die Schwester und der Vater sowie die Mutter und Luitpold im gleichen Lebensraum leben.

4) Die Tiere schauen alle nach links auf das Kamel, welches ebenfalls den Blick nach links richtet. Es besteht zwischen den Familienmitgliedern kein Kontakt.
5) Vater und Mutter sind vergrößert dargestellt.
6) Ein besonderes Ausdrucksgebaren ist nicht erkennbar. Auffällig ist die Schiene am Bein des Kamels.
7) *Kuh (Felicitas – Schwester)*
   Die Kuh erscheint gemütlich, stark, ausdauernd, aber auch plump und bokkig.
   Ente (Vater)
   Die Ente ist fürsorglich, nützlich und streit- und habsüchtig.
   Schlange (Mutter)
   Geschmeidig, klug, schnell einerseits, falsch, listig, boshaft andererseits wird die Schlange erlebt.
   Kamel (Luitpold)
   Das Kamel – ein genügsames Wüstentier – ist bescheiden und gutartig; doch wird es in der Regel als dumm und träge bezeichnet und dient daher oft als Schimpfname.
8) Die Bildbetrachtung gibt einen klaren Einblick in die erlebte Familiensituation: Luitpold schaut nach links, weg von der Familie, welche ihm zugewandt ist. Er fühlt sich zwar als dummes Kamel an den Rand gedrängt, nimmt aber dennoch einen gewichtigen Platz ein. Auffällig ist die Schiene am hinteren Bein und dessen Schwärzung. Zum Vater scheint eine unproblematische Beziehung zu bestehen, während er sich von der züngelnden Mutter vielleicht bedroht fühlt. Die Schwester Felicitas nimmt den größten Raum ein und wirkt gutmütig und kräftig; er muß sich anscheinend besonders recken, um ebenbürtig zu sein.

Die Anamnese bestätigt, daß sich Luitpold von klein auf „minderwertig", der älteren Schwester gegenüber keineswegs gewachsen fühlt und schwer unter seiner Gehbehinderung leidet. Er machte als Kleinkind eine Kinderlähmung durch, trägt eine Schiene am Bein und ist konstitutionell außerordentlich wenig belastbar. Die Rechtschreibschwierigkeiten sind vor allem auf mangelnde Durchhaltekraft und eine Tendenz, in kleinkindhafter Unselbständigkeit zu verharren, zurückzuführen.

In einer eineinhalbjährigen spieltherapeutischen Behandlung wurden eine Stärkung des Selbstgefühls, eine Steigerung der Selbstbehauptung und eine Nachreifung erreicht (siehe Bild 29b).

Fallbesprechung 29b

Beratungsgrund: Nachuntersuchung des vor zwei Jahren psychologisch untersuchten Luitpold.

1) Der zarte, abgesetzt und unabgesetzt geführte Strich deutet auf erhöhte Sensibilität, Berührungsscheu und verstandesmäßige Überwachung hin.
2) Giraffe (Vater), Schlange (Luitpold), Pudel (Mutter), Flußpferd (Felicitas).

Die gewählte Reihenfolge drückt eine besondere Betonung von Vater und Schwester aus.

3) Die Familie wird mit verschiedenen Tieren gezeichnet, wobei sehr viel Wert auf eine charakteristische Darstellung gelegt wurde.
4) Vater und Sohn sowie Mutter und Tochter bilden je eine Gruppe.
5) Die Größenverhältnisse entsprechen der Wirklichkeit.
6) Der Vater beobachtet mit großem Auge den Sohn, der ihm Widerpart zu leisten versucht. Mutter und Schwester scheinen ihre eigenen Wege zu gehen, wobei die Schwester größer und plumper als die Mutter, die Führung innehalt.
7) *Giraffe (Vater)*
   Sie erscheint stolz, friedlich, aber zugleich vorwitzig und sehr neugierig.
   Schlange (Luitpold)
   Die Schlange verkörpert das Kluge, Geschmeidige, Gewandte ebenso wie das Listige und Tückische.
   Pudel (Mutter)
   Gelehrig, wißbegierig, lustig und eitel scheint der Pudel zu sein.
   Flußpferd (Felicitas)
   Das Fluß- oder Nilpferd ist stark und kräftig, zugleich aber auch schwerfällig und dumm.
8) Vergleicht man die Bilder 29a und 29b, so fällt formal die differenziertere Strichführung auf; zugleich sind sowohl die Wahl der Tiere als auch Gruppierung und Ausdrucksgebaren bedeutend besser durchgestaltet. Luitpold steht nicht mehr isoliert am Rande, abgewandt von der Familie, als dummes Kamel, sondern stellt sich als kluge Schlange in Korrespondenz mit dem Vater dar. Er scheint sich seines Wertes und seiner Möglichkeiten bewußt geworden zu sein; auffällig, daß die Gehbehinderung nicht mehr dargestellt wird.

Tatsächlich besserten sich die Schulschwierigkeiten weitgehend; auch die seelische Unselbständigkeit konnte durch eine Orientierung am Männlichen, speziell durch eine intensivierte Vater-Sohnbeziehung, wesentlich aufgeholt werden.

V. Schlußbetrachtung

Die Fallbesprechungen zeigten in überzeugender Weise den diagnostischen und auch psychagogischen Wert der „Familie in Tieren“ auf. Abschließend und zusammenfassend wird noch einmal die Verwendbarkeit dieses diagnostischen Hilfsmittels innerhalb der Praxis der Erziehungs- und Schulberatung herausgestellt.

Je länger man sich mit schwierigen Kindern befaßt, umso gültiger wird das oft zitierte Wort „Kinderfehler sind Elternfehler“. Diese Erkenntnis ist mit ein Grund dafür, daß die psychologische Untersuchung eines Kindes in der Regel mit einer ausführlichen Anamnese beginnt. Während dieser Erkundung werden nicht nur die Daten der Lebensgeschichte des Kindes ermittelt, sondern es wird gleichzeitig versucht, ein Bild der Persönlichkeit der Mutter beziehungsweise des Ratsuchenden zu erhalten. Darüber hinaus ist beabsichtigt durch die Mutter auch den Vater und die Geschwister in ihrer Eigenart kennenzulernen. Dabei darf man nicht vergessen, daß der erworbene Einblick keinen objektiven Sachverhalt darstellt, sondern mit den Augen der Mutter gesehen und mit den Worten der Mutter gekennzeichnet ist. Die Auswertung jedes mit dem Kinde durchgeführten Tests ergibt nun auch Einblick in die Mitwelt des Kindes. Besonders aber die Exploration, das Gespräch mit dem Kinde, dient dazu, den Berater mit den Beziehungspersonen des Kindes – nun von kindlicher Sicht her – vertraut zu machen. Oft stellt man verblüffende Gegensätze zu den Aussagen der Mutter fest, welche eindeutig zeigen, daß das Kind alle Familienmitglieder, sowie das Familienklima völlig anders erlebt. Wesentlich für den Erziehungsberater sind beide Sicht- und Erlebnisweisen.

Für die Erhellung der vom Kinde erlebten Mitwelt ist der Sceno-Test am gebräuchlichsten. Aber auch der Children-Apperception-Test und der Thematic-Apperception-Test leisten wertvolle Dienste auf diesem Gebiet.

Im Sceno-Test stellt das Kind Scenen aus seinem Leben dar, aus seinem Familien-, Schul- und Traumleben; oft aber verwendet es gar keine Menschen. Man kann dann nur allgemein auf Kontaktschwäche schließen. Der T.A.T. setzt ein Sprechenkönnen und eine Bereitschaft zum Sprechen voraus. In oft sehr verschlüsselter Form deckt er – ebenso wie der C.A.T. – nicht nur die bestehenden und gewünschten Beziehungen zur Mitwelt, zum eigenen Selbst, sondern häufig auch die Verarbeitungsweisen auf. Der einzige Test, der nur die Eltern-Kind-Beziehung zu erhellen beabsichtigt, ist der Blacky-Test. Hier werden dem Kinde Tafeln mit Tieren in Familiensituationen zur Interpretation vorgelegt. Die Auswahl der Situationen ist nach psychoanalytischer Theorie getroffen. Der Test hat sich aber bei der kontinentalen Erziehungsberatung bisher noch nicht eingebürgert. Alle drei Verfahren sind an Material gebunden, benötigen viel Zeit, können nur als Einzeltest verwendet werden und sind bis auf den Blacky-Test nicht spezifisch auf die Familie gerichtet.

Gerade darin, daß die Durchführung unseres diagnostischen Verfahrens kein besonderes Testmaterial erfordert, wenig Zeit beansprucht, in der Gruppe geschehen kann und begrenzt auf die Darstellung der Familie bleibt – die ja immer zugleich eine Eigendarstellung bietet – liegen Besonderheit und Wert des Verfahrens.

Die Fallbesprechungen schließen in der Regel mit einem psychologischen Ratschlag, der den Eltern vermittelt werden muß. Die Elternberatungen dienen dazu, den Eltern die Hintergründe des kindlichen Fehlverhaltens einsichtig werden und sie dann „von selbst" die künftige Einstellung zum Kinde finden zu lassen. Die „Familie in Tieren" ist oft hervorragend geeignet, den Eltern ohne Worte schlaglichtartig die Situation des Kindes bekannt zu geben, beziehungsweise zum Erlebnis zu bringen. Besser und eindringlicher als mündliche Beeinflussung wirkt oft das Bild, was immer wieder die von den Eltern „selbstgefundenen" Vorschläge im Hinblick auf die künftige Erziehung des Kindes beim Betrachten der „Familie in Tieren" beweisen.

Während der Entwicklung dieses Verfahrens drängte sich die Möglichkeit auf, eventuell Tiertafeln oder aber Holz- oder Stoff-Tiere dem Kind zur Auswahl anzubieten, um damit seine Familie darzustellen. Dieses Vorhaben wurde nicht verwirklicht, weil die einhundertacht Tiere, die zur Wahl angeboten werden müßten, nicht in einheitlicher Ausführung zugänglich sind. Ein solches Verfahren böte außerdem nicht annähernd soviel Gelegenheit zur spontanen, subjektiven Äußerung, weil es ja nicht nur auf die Tiere als solche ankommt, sondern auch auf die Größenverhältnisse und ihre spezielle Gestaltung.

Der Gedanke, die „Familie in Pflanzen“ zeichnen zu lassen, wartet noch auf seine Realisierung.

„Im Gegensatz zu einer naturgeschichtlichen Betrachtung erscheint die Pflanze als Traumsymbol von tieferem und entwickelterem Seelengehalt zu sein als das Tier im Traum. Ist das Tier vor allem Ausdruck unserer Instinkte und Begierde, so bleibt die Pflanze, freilich mit mancher Ausnahme, als ein Gleichnis dessen, was in uns ruhig, selbstverständlich, getreu dem inneren Gesetz zu einer ausgeglichenen Harmonie der Gestalt heranwächst. Die Pflanze verkörpert Seeleninhalte, welche wurzeln im dunklen Grunde des Daseins.“ [2]

Man könnte auch beide Möglichkeiten zur Auswahl anbieten; sicherlich ließe schon die Wahl, ob Tier- oder Pflanzenfamilie bevorzugt wird, Rückschlüsse auf den Probanden zu. Und endlich wäre auch die Verwendung von Pflanzen und Tieren für ein und dieselbe Familie denkbar, wobei vielleicht schon eine wesentliche Aussage über das betreffende Familienmitglied gemacht wäre, in der Wahl, ob Tier oder Pflanze. Die Entwicklung des Tests die „Familie in Pflanzen“ müßte in ähnlicher Weise getätigt werden, wie die „Familie in Tieren“. Auch müßten über die Eigenschaften der Pflanzen die Kinder selbst befragt werden. Dabei ist zu bedenken, daß im Gegensatz zur Pflanze das Tier einen größeren Aktionsradius hat und sicherlich als Projektionsträger besser geeignet ist.

Eine weitere Untersuchung könnte sich die Aufgabe: „Zeichne Deine Familie in Farben“ zum Ziel nehmen. Dabei müßten allerdings die bereits vorliegenden Befunde von *M. Flury* beachtet werden. Flury läßt Kinder ihre Familie in Farben zeichnen; ein paar Tage später wird den Kindern eine große Anzahl Wollfarben vorgelegt, aus der sie ihre liebsten und unbeliebtesten Farben aussuchen sollen. Der Vergleich mit den auf der Familienzeichnung verwendeten Farben wird dann diagnostisch ausgewertet. Kritisch ist zu diesem Versuch zu bemerken, daß Zeichenfarbe und Wollfadenfarbe vom Material her eine verschiedene Anmutungsqualität haben. Auch die „Familie in Farben“ müßte durch umfangreiche Erhebungen gesichert werden.

Aber nicht nur neue Testversuche wären aussichtsvoll; geradezu notwendig sind weitere Untersuchungen in Bezug auf die „Familie in Tieren“. Vermutlich wird die Wahl der Tiere von der Landschaft, vom Volksstamm, von der sozialen Schicht, vom Geschlecht und Alter beeinflußt. Von einer solchen Differenzierung mußte bei dieser Arbeit abgesehen werden. Zur weiteren Sicherung dieses Verfahrens ist es erforderlich, künftig alle Kinder nicht nur vor der psychagogischen Betreuung zu diagnostischen Zwecken ihre Familie in Tieren zeichnen zu lassen, sondern auch nach der „Behandlung“, um zu bestätigen, daß sich die günstigere Erlebnisverarbeitung stets in der Zeichnung deutlich widerspiegelt.

Der Test findet zunehmend in der psychiatrischen Klinik Verwendung, indem er in die eventuell noch vorhandene Familienbeziehung des Patienten, ihre bereits eingetretene Störung und auch gegebenenfalls ihre Wiederherstellung Einblick gewährt.

Literatur

Zitierte Literatur

[1] *Aellen, E.*, Fünfzig Fabeln. Basel 1937
[2] *Aeppli, E.*, Der Traum und seine Deutung. Erlenbach-Zürich 1943
[3] *Anacker, T.*, Verzauberung und Erlösung im deutschen Volksmärchen. Königsberg und Berlin 1941
[4] *Bernhart, J.*, Chaos und Dämonie, München 1954
[5] *De Boor, H,*, Geschichte der deutschen Literatur. München ²1956
[6] *Brem, K.*, (Hrsg.), Pädagogische Psychologie der Bildungsinstitutionen, 2 Bände. München/Basel 1968
[7] *Brem, K., Fidder, E.*, Musische Bildung und Kunstverständnis. München/Basel 1966
[8] *Busemann, A.*, Beiträge zur pädagogischen Milieukunde
[9] *Buytendijk, F. J.*, Mensch und Tier. Hamburg 1958
[10] *Caesar, B.*, Autorität in der Familie. Hamburg 1972
[11] *Claessens, D., Milhoffer, P.*, Familiensoziologie. Frankfurt 1973
[12] *Cooper, D.*, Der Tod der Familie. Hamburg 1972
[13] *Danzel, Th. W.*, Der magische Mensch. Potsdam 1928
[14] *Günzel-Haubold, M.*, Kinderpsychologie. Bad Heilbrunn, Obb. 1953
[15] *Hansen, W.*, Die Entwicklung des kindlichen Weltbildes. München ²1960
[16] *Hartge, M.*, Bericht über das Ergebnis einer Untersuchung der Handschriften von 28 Schwerverbrechern. Zs. f. Menschenkunde, Jg. VIII, H. 6
[17] *Heiß, R.*, Die Deutung der Handschrift. Basel 1956
[18] *Jaffé, A.*, Bildende Kunst als Symbol, in: Der Mensch und seine Symbolik, Freiburg i. Br. 1968
[19] *Jung, C. G.*, Über die Psychologie des Unbewußten. Zürich 1948
[20a] *Kienzle, R.*, Die Schülerzeichnung als Ausdruck des Charakters. Eßlingen 1938
[20b] – Gesetzmäßigkeiten in der zeichnerischen Entwicklung des Kindes. Basel 1951
[21] *Klima, A.*, Tier und Pflanze in der Karikatur. Hannover 1930
[22] *Krüger, A. M.*, Über das Verhältnis zum Tier. Zs. f. ang. Psychologie, Bd. 47, 1934
[23] *Lersch, P.*, Aufbau der Person. München ⁶1954
[24] *Lückert, H.-R.*, Konfliktpsychologie. München/Basel 1965
[25] *Mey, W.*, Spontanes und Wahlführertum in der Schulklasse. Pädagogische Studien und Kriterien, Bd. 12, Weimar 1935
[26] *Pokorny, R.*, Psychologie der Handschrift. München/Basel 1968
[27] *Pophal, R.*, Eidetische Graphologie. Stuttgart 1966
[28] *Portmann, A.*, Zoologie und das neue Menschenbild. Hamburg 1956
[29] *Pulver, M.*, Symbolik der Handschrift. Zürich ⁵1949
[30] *Rackham, A.*, Das Fabelbuch. München 1919
[31] *Renner, M.*, Der Wartegg-Zeichentest im Dienste der Erziehungsberatung. München/Basel ⁴1968
[32] *Seifert, F.*, Tiefenpsychologie. Düsseldorf/Köln 1955
[33] *Stern, E.*, Die Tests in der klinischen Psychologie. Basel 1956
[34] *Stern, W.*, Allgemeine Psychologie auf personalistischer Grundlage. Den Haag 1950
[35] *Sully, J.*, Untersuchungen über die Kindheit. Leipzig ³1909
[36] *Wieser, R.*, Persönlichkeit und Handschrift. München/Basel 1960

[37] *Wolff, H.*, Die Kinderzeichnung, Form und Farbe. Weimar 1928
[38] *Zillig, M.*, Märchen und Tiere. Heidelberg 1961

Weiterhin beachtete Literatur

Bachofen, J. J., Urreligion und antike Symbole. Leipzig 1926
Bächthold-Stäubli, H., Handwörterbuch des deutschen Aberglaubens. Berlin und Leipzig 1930
Beck J., Erziehung in der Klassengesellschaft. München 1970
v. Beit, H., Symbolik des Märchens. Bern 1952
Bernhart, J., Heilige und Tiere. München 1937
v. Blankenburg, W., Heilige und dämonische Tiere. Leipzig 1943
Flury, M., Zeichne Deine Familie. Praxis der Kinderpsychologie und Kinderpsychiatrie. Göttingen 1955
Fritsche, H., Tierseele und Schöpfungsgeheimnis. Leipzig 1940
Gottschalch, W., Sozialisationsforschung. Frankfurt/Main 1972
v. Hagen, M., Von Capperos bis Bonnie. München 1949
Haensch, D., Repressive Familienpolitik. Hamburg 1969
Hollstein, W., Sozialarbeit unter kapitalistischen Produktionsbedingungen. Frankfurg/Main 1973
Hermann, P., Deutsche Mythologie. Leipzig 1906
Hilger, H., Tiere in der Heiligen Schrift. Würzburg 1951
Jensen, A. E., Mythos und Kult bei Naturvölkern. Wiesbaden 1951
Lämcke, D., Mittelalterliche Tierfabeln und ihre Beziehungen zur bildenen Kunst in Deutschland. Greifswald 1937
Lewinsohn, R., Eine Geschichte der Tiere. Hamburg 1952
Lorenz, K., Die angeborenen Formen möglicher Erfahrung. Zs. f. Tierpsychologie, Berlin 1943
Lützeler, H., Das Tier und der Mensch. Freiburg/Brg. 1940
Naumann, H., Primitive Gemeinschaftskultur. Jena 1921
Nork, F.. Vorschule der Hieroglyphik. Leipzig 1837
Piper, R., Das Tier in der Kunst. München 1922
Rosenbaum, H., Familie und Gesellschaftsstruktur. Frankfurt/Main 1974
Schaefer, A., Die Verwandlung der menschlichen Gestalt im Volksaberglauben. Darmstadt 1905
Schlender-Kienle, K., Germanische Mythologie. Berlin 1934
Schultz-Hencke, H., Lehrbuch der Traumanalyse, Berlin 1949
v. Siebenthal, W., Die Wissenschaft vom Traum. Heidelberg 1953
Silberer, H., Probleme der Mystik und ihrer Symbolik. Wien 1914
Vetter, A., Natur und Person. Stuttgart 1949
– Der Ausdrucksgehalt in Handschrift und Zeichnung. Neue Zeitung, Oktober 1951
Zucker, K., Vom Wandel des Erlebens. Heidelberg 1950

Ursula Avé-Lallemant

Der Wartegg-Zeichentest in der Jugendberatung

Mit systematischer Grundlegung von August Vetter

160 Seiten, 463 Abb., kt (3-497-00865-6)

Ursula Avé-Lallemant legt hier eine ganz auf die praktische Beratung angelegte Testanwendung vor. Wesentlicher Bestandteil ist die von August Vetter verfaßte Niederschrift seiner in Forschung, Beratung und Lehrtätigkeit gereiften Konzeption, die er der Verfasserin zur Verfügung stellte. Auf dieser Grundlage und in Verbindung mit ihrer eigenen langjährigen Erfahrung, erarbeitete Ursula Avé-Lallemant vorliegendes Diagnostikum für die Jugendberatung, das Zugang zur Tiefenpsyche des Jugendlichen gibt und somit eine zuverlässige Voraussetzung für Lebenshilfe bietet.

Ursula Avé-Lallemant

Baum-Tests

Mit einer Einführung in die symbolische und graphologische Interpretation

3. Auflage, 231 Seiten, 58 Abb., kt (3-497-01173-8)

Daß der Baum von jeher als Symbol des Lebens galt, ist bekannt und anerkannt. Nicht so geläufig ist die Tatsache, daß sich im »Bild« des Baumes in Träumen und Zeichnungen die Eigenart eines individuellen Selbst eines Menschen widerspiegeln kann. Das geschieht nicht nur in Träumen, die die Tiefenpsychologie analytisch auszuwerten vermag, es ist auch von der Psychodiagnostik zur Grundlage eines »Baum-Testes« gemacht worden. Als Test hat die Baumzeichnung den Vorzug großer Einfachheit und Natürlichkeit; die Fragestellung ist schlicht die Aufforderung: »Zeichne einen Baum«. Das Arbeiten mit dem Baum-Test stellt allerdings besondere Ansprüche an Können und Redlichkeit des Diagnostikers. – Ziel des Buches ist es, durch Anschauung und Interpretation von Baumzeichnungen den Baum als Selbstausdruck des Menschen in seinen vielfältigen Aussagemöglichkeiten zu zeigen. Es richtet sich an alle, die sich beruflich im Rahmen der Lebensberatung um eine individuelle und tieflotende Diagnostik bemühen.

Ursula Avé-Lallemant

Der Sterne-Wellen-Test

190 Seiten, 103 Abb., kt (3-497-00902-4)

Dieser Test erlaubt schon im Kindergartenalter die Feststellung von Reifestadium, Störsymptomen und Charakteristika des Kindes. Diagnostisch ergänzt der Sterne-Wellen-Test die bisherigen graphischen Ausdrucksverfahren in mehrfacher Hinsicht. Die graphische Gestaltung macht die Grundelemente Formung und Bewegung, die in der Handschrift durchdringen, an Sternen und Wellen getrennt sichtbar. Entsprechendes gilt für die Auswertung von Zeichenstrich und Flächenbehandlung. Der Test bringt eine Erweiterung der diagnostischen Möglichkeiten für Lebensberatung, Therapie und Forschung. Besondere Chancen liegen in der frühen Diagnose von Entwicklungsretardierungen und psychischen Störungen, was es ermöglicht, Kinder vor Überforderungen wie z. B. verfrühter Einschulung zu schützen.

Louis Corman

Der Schwarzfuß-Test

Grundlagen, Durchführung, Deutung und Auswertung

2. Auflage, 150 Seiten, 16 Abb., gb (3-497-01245-9)

Testmappe. *2. Auflage, 18 Bildkarten (3-497-00845-1)*

Dieser Test basiert auf den Auswertungen von Erfahrungen mit vorangegangenen Testmethoden, wie z. B. dem TAT, dessen Modifizierung durch Bellak, dem Black Pictures Test (Blum), dem CAT. Der vorliegende SF-Test arbeitet mit der bewährten Anregung durch Bilder zur Projektion unbewußter Tendenzen. Die Projektion auf den Helden gelingt hier besonders gut, weil nur ein Wesen, Schweinchen Schwarzfuß, als Identifikationsfigur angeboten wird nach der neu entwickelten Methode der bevorzugten Identifikation.

Themen: Oralität, Analität, Sexualität,
Aggressivität (auch gegen Eltern),
Geschwisterrivalität (Un-)Abhängigkeit,
Schuld, Umkehrung des Geschlechts,
Nährvater, ideale Mutter

Werner Seifert

Der Charakter und seine Geschichten

Psychodiagnostik mit dem TAT

158 Seiten, 2 Abb., kt (3-497-01068-5)

Der Thematische Apperzeptions-Test (TAT) wird als ein Persönlichkeitstest vorgestellt, der die Kunstgriffe der Lebensgestaltung eines Menschen zu entdecken erlaubt. Die Testperson wird während der Betrachtung von Bildern zur Gestaltung von Geschichten veranlaßt. These des Buches ist, daß sie beim Erzählen dieser Geschichten unbewußt oder bewußt auf die eigene Lebensproblematik zurückgreift. TAT-Diagnostik ist das Bemühen, den Zugang zu den Problemen eines Menschen über Geschichten zu finden, in die er verwickelt ist. Das Buch wendet sich an alle, die am Charakter und seinen Geschichten Interesse haben. Insbesondere möchte es die Praktiker ansprechen, die ein anschmiegsames und sensibles diagnostisches Verfahren für unentbehrlich halten.

Ada Abraham

Der Mensch-Test

Auf der Grundlage des Mensch-Zeichentests Karen Machovers

186 Seiten, 23 Abb., gb (3-497-00862-1)

Der Mensch-Test als Intelligenzmessung/
als projektives Verfahren
Das Körperbild
Der soziale Aspekt
Der Ausdrucksaspekt
Methodologie und Forschung
Genese und Störungen der
Ausdrucksfähigkeit
Der Mensch-Test in einer Testreihe
Der Einfluß des Psychologen
Der »Ich, meine Familie, mein Haus«-Test
Der Haus-Baum-Mensch-Test
Die Rolle des Gesprächs
Praktische Anwendung des Tests

ERNST REINHARDT VERLAG MÜNCHEN BASEL

Luitgard Brem-Gräser

Handbuch der Beratung für helfende Berufe

Dieses Handbuch ist ein umfassendes, detailliert wissenschaftlich fundiertes Informations- und Nachschlagewerk der Beratung im psycho-sozialen, pädagogischen, ärztlichen, philosophischen und seelsorgerlichen Bereich. Es vermittelt Grundwissen und konkrete Hilfen zur Reflexion beraterischen Tuns. Es bietet eine Basis für Diskussionen mit Klienten und Fachvertretern und enthält Material, dem Verdacht des naiven Eklektizismus und Dilettantismus zu begegnen, der diesem Hilfe-Bereich gegenüber z. T. geäußert wird.
Das Handbuch weist große didaktische Vorzüge auf, z. B. die konzeptionell klare Gesamt-Struktur und die konsequent vergleichende Darstellung der Therapie-/-Beratungsformen. Im Zentrum der Ausführungen zur kooperativen Beratung steht das Beratungsgespräch.

Prof. Dr. phil. *Luitgard Brem-Gräser*, Dipl.-Psych., Lehrtätigkeit am Fachbereich Sozialwesen der Fachhochschule München. Aufbau und Leitung der Zentrale für Erzieher- und Jugendberatung des Schulreferats und des Schulpsychologischen Dienstes der Stadt München. Leitung der Aus- und Fortbildung der Schuljugendberater Bayerns. Dozentin an der Akademie für Lehrerfortbildung (Dillingen). Lehraufträge in Erziehungsberatung, Sexualerziehung und Sonderpädagogik an der Universität München.

Band 1
A Allgemeine Grundlagen psycho-sozialer-pädagogischer Beratung
B Beratungsrelevante Sonderphänomene

Ca. 384 Seiten. (3-497-01247-5)

Band 2
C Allgemeiner Vergleich Beratung – Therapie
D Psychodynamische und fokalanalytisch orientierte Beratung/Therapie
E Lernorientierte, verhaltensmodifizierende Beratung/Therapie

Ca. 432 Seiten (3-497-01248-3)

Band 3
F Die klienten- bzw. personenzentrierte Beratung
G Die psycho-soziale, kooperative Beratung

Ca. 548 Seiten. (3-497-01249-1)

Interessenten: Private und institutionelle Beratungsstellen, Schulen, Angehörige aller helfenden Berufe (Psychologen, Psychotherapeuten, Lehrer, Sozialpädagogen/Sozialarbeiter, Erzieher, Ärzte, Seelsorger, Supervisoren etc.) sowie Studenten und Dozenten der entsprechenden Studiengänge, Bibliotheken, Einrichtungen der Fort- und Weiterbildung.

ERNST REINHARDT VERLAG MÜNCHEN BASEL